헤르더 문학론

헤르더 문학론

초판 발행 2018년 5월 30일

지은이 요한 고트프리트 헤르더
옮긴이 김대권
펴낸이 황준성
펴낸곳 숭실대학교 지식정보처 중앙도서관 학술정보출판팀
서울 동작구 상도로 369
등 록 제14-2호(1982.1.25)
TEL.02-820-0772
FAX.02-817-5297
http://press.ssu.ac.kr
찍은곳 한컴인쇄정보
TEL.02-2274-3394
FAX.02-2274-3397
값 15,000원
ISBN 978-89-7450-384-0 03850

Soli Deo Gloria

헤르더 문학론

요한 고트프리트 헤르더 지음
김 대 권 옮김

헤르더에게 과거는 특별한 의미를 지닌다. 과거는 현재의 실상을 보여주는 거울이자, 현재의 문제점에 대한 해결책이나 대안을 제시해주는 보고(寶庫)이다. 뿐만 아니라 이를 통해 과거는 미래의 방향을 정립해주는 나침반 구실을 한다. 헤르더는 당대 문학의 문제점을 목도할 때면 극복방안을 찾아 과거로 거슬러 올라간다. 그 과거 중에서도 특히 호메로스를 비롯한 고대 그리스 문학, 성서, 오시안, 셰익스피어, 야생적인 민족의 노래와 민요를 손꼽을 수 있다. 이와 관련하여 헤르더의 글 네 편을 번역했다. 「오시안과 옛 민족들의 노래에 관해 주고받은 편지 발췌」, 「셰익스피어」, 「시대의 총아 호메로스」와 「호메로스와 오시안」이 그것이다.

「오시안과 옛 민족들의 노래에 관해 주고받은 편지 발췌」는 출판업자 보데의 요청으로 1772년 말에 단행본으로 출간되었다가, 1773년에 「셰익스피어」와 함께 『독일의 기질과 예술에 대해 *Von deutscher Art und Kunst*』에 실렸다. 이 글에서 헤르더는 오시안의 시와 옛 민족들의 노래에서 느껴지는 진솔함과 생생함, 그리고 이들 노래에 담겨 있는 정신을 원용하여, 자연스러움과 생동감을 잃어가는 근대문학에는 활력을 불어넣고, 민족 고유의 문화유산은 무시한 채 외국의 것을 수용하기에 급급한 독일문학에는 경종을 울리고자 한다. 특히 그는 오시안의 시, 옛 민족들의 노래와 맥이 닿는 민요에 관심을 갖고서 민요를 수집하라고 촉구하며, 이를 통해 독일 민족문학의 기초를 다지고자 한다.

「셰익스피어」는 1771년 여름에 집필되었다가 수정을 거친 후 1773년에 완성되었다. 원래는 게르스텐베르크에게 보내는 편지로 기획했으나 결국에는 편지글 형식을 포기했다. 헤르더는 역사주의 관점에서 셰익스피어 비극과 고대 그리스 비극을 비교하여 전자의 독특성을 강조하고, 고대 그리스 비극을 모방하는 프랑스 고전주의 연극은 비판한다. 무엇보다도 그는 셰익스피어처럼 전통문화에 관심을 갖고 여기에서 소재를 취해 창작하는 괴테를 지켜보며 그를 응원한다.

「시대의 총아 호메로스」는 실러의 『호렌』 지(誌) 1795년 9월호에 기고한 글이다. 이 글에서는 호메로스 작품의 특성을 거론하는 가운데 그에게 시간과 공간을 초월하는 위상을 부여하며 그를 신격화한다. 그렇다고 헤르더가 항상 호메로스를 서양문학의 영원한 전범으로 떠받드는 것은 아니다. 이의 한 예가 「호메로스와 오시안」이다. 이 논문은 헤르더가 「시대의 총아 호메로스」에 뒤이어 『호렌』 지(誌) 1795년 10월호에 기고한 글이다. 이 글에서 헤르더는 풍토설과 묘사방법 등 여러 가지 측면에서 남구의 호메로스와 북구의 오시안을 비교하면서, 은영 중 호메로스의 절대적인 권위를 상대화하고 고대 그리스 문학에 대한 대안으로 오시안의 작품을 내세운다.

번역하면서 여러 분들의 도움을 받았다. 먼저 셰익스피어에 대해 많은 조언을 해주신 숭실대 백정국 교수님, 프랑스어 번역에 도움을 주신 숭실대 이재룡 교수님, 그리고 희랍어와 라틴어 번역을 도와주신 서울대 인문학연구원 김 헌 교수님께 이 자리를 빌려 심심한 사의를 표한다. 또한 거친 번역을 꼼꼼하게 교정해주신 박동억 선생님께 감사를 드린다. 그리고 이 책의 출간을 허락해준 숭실대학교에 진심으로 감사한다. 마지막으로 항상 곁에서 지켜보며 격려해주는 사랑하는 아내 혜영이와 딸 예원, 그리고 아들 예준이에게 남편으로서, 아빠로서 고마움을 전한다.

2018년 상도동 조만식기념관에서

김대권

목 차

일러두기

1. 헤르더가 직접 단 주(註)는 '원주'로 처리했고, 옮긴이가 주를 단 경우에는 '옮긴이의 주'라 표기했다. 그 밖에 참고문헌을 토대로 주를 작성한 경우 별다른 표기를 하지 않았다.
2. 원문에서 이탤릭체로 표기된 부분은 본문에서는 굵은 글씨로 강조했다. 단, 이탤릭체로 표기된 인명과 지명 등의 고유명사는 강조표시를 하지 않았다. 그리고 이탤릭체로 표기된 작품과 저서, 그리고 시나 논문 등은 각각 '『 』'과 '「 」'로 갈음했다.
3. 인명과 지명 등 고유명사는 되도록 원어에 가깝게 옮기려고 했다. 단, '오디세이아', '오디세우스', '올림포스', '트로이', '스파르타' 등처럼 이미 굳어져 관행처럼 쓰이는 경우에는 관행을 따랐다.
4. 단행본과 잡지는 '『 』'으로, 논문과 시와 찬송가는 '「 」'으로, 부조물 혹은 조각품은 '〈 〉'으로, 옮긴이의 보충설명은 '[ ]'으로 표기했다.

약 어

FHA	Johann Gottfried Herder, *Werke* in zehn Bänden, hrsg. von Günter Arnold u.a., Frankfurt a.M. 1985-2000.
Proß(프로스)	Johann Gottfried Herder, *Werke*, hrsg. von Wolfgang Proß, München u. Wien 1984-87.
Reclam(레클람)	Herder, Goethe, Frisi, Möser, *Von deutscher Art und Kunst. Einige fliegende Blätter*, hrsg. von Hans Dietrich Irmscher, Stuttgart 1968.
SW	Johann Gottfried Herder, *Sämtliche Werke*, hrsg. von Bernhard Suphan. 3., unveränderter Nachdruck der Ausgabe Berlin 1877-1913. Hildesheim 1994
FHA(Proß) a, b	헤르더 선집(FHA 판 혹은 프로스 판)의 권수(a)와 쪽수(b)
Reclam c	레클람 판의 쪽수(c)

오시안과 옛 민족들의 노래에 관해 주고받은 편지 발췌

Auszug aus einem Briefwechsel über Ossian und die Lieder alter Völker

일러두기

1. 번역 원본으로는 FHA 2, 447-497을 사용했고, 프로스 판(Proß 1, 477-525)과 레클람 판(Reclam 5-62)도 참조했다.
2. 참고한 번역본은 다음과 같다.
   - 헤르더(저)/이해경(역), 『오시안과 옛 민족들의 노래』, 동과서 2009.
   - 헤르더(저)/안성찬(역), 「오시안 및 옛 민족의 시가에 대한 편지에서 발췌한 글 모음집」, 실린 곳: 『독일적 특성과 예술에 대하여』, 서울대학교출판문화원 2016, 11-128쪽.
   - *Extract from a Correspondence on Ossian and the Songs of Ancient Peoples*, in: Timothy J. Chamberlain (ed.), *Eighteenth Century German Criticism: Herder, Lenz, Lessing, and others*, New York 1992, pp. 132-143.
   - *Correspondence about Ossian and the Songs of Ancient Peoples*, in: Philip V. Bohlman, *Song Loves the Masses: Herder on Music and Nationalism*, University of California Press 2017, pp. 140-167.
3. 시의 원문은 필요한 경우에 한해서만 실었다.

---[1] 저 또한 당신[2]과 마찬가지로 서사시 원본[3]에 대해 그랬던 것처럼, 우리 민족과 우리 언어를 위한 오시안 번역[4]에 무척 매료되었습니다. 인간적 삶의 고귀함, 순진함, 소박함, 활동성과 지복(至福)으로 아주 충만한 시인은 분명히 영향을 미칠 겁니다. 사람들이 "로마의 쓰레기 같은 사람들 속에서"[5] 양서(良書)가 끼치는 영향력에 완전히 절망하지 않으려 한다면 말이죠. 그리고 이 시인은, 보잘 것 없는 스코틀랜드의 오두막에서도 살기를 원하면서 그런 오두막 축제를 위해 자기 집을 바치는 심정을 지닌 이들을 틀림없이 감동시킵니다. - 데니스의 번역 또한 상당한 성실성과 취향을 보여주고 있어, 일부는 이미지의 적절한 비약을, 일부는 독일어의 힘을 보여주고 있어, 저는 그 번역 또한 즉시 제 서고의 애독서 가운데 두었습니다. 그리고 독일에 저 스코틀랜드 음유시인(Barde)[6]의 일깨

1 (옮긴이의 주) 원문에는 말줄임표(---)가 상당히 많이 나오는 데, 이는 실제로 편지에서 발췌했다는 인상을 주기 위한 일종의 장치라 할 수 있다.

2 편지의 수신자로 등장하는 "당신"은 일종의 허구적 인물이다.

3 맥퍼슨(James Macpherson)은 1760년에 『스코틀랜드 하일랜드 지방에서 수집하고, 게일어 혹은 어스어에서 번역한 고대 시가 단편 *Fragments of ancient poetry, collected in the Highlands of Scotland, and translated from the Galic or Erse language*』(이하 『고대 시가 단편』)을, 1762년에는 『여섯 권으로 된 고대 서사시 핑갈. 핑갈의 아들 오시안이 지은 몇 편의 다른 시와 함께 *Fingal, an Ancient Epic Poem in Six Books, together with several other Poems, composed by Ossian, The Son of Fingal*』(이하 『핑갈』)를, 그리고 1763년에는 또 다른 오시안의 텍스트인 『8권으로 된 고대 서사시 테모라. 핑갈의 아들 오시안이 지은 몇 편의 다른 시와 함께 *Temora, an Ancient Epic Poem in Eight Books, together with several other Poems, composed by Ossian, the Son of Fingal*』(이하 『테모라』)를 출간했다. 그리고 1765년에는 이 모든 텍스트를 묶어 『핑갈의 아들 오시안의 작품 *The Works of Ossian, the Son of Fingal*』을 펴냈다.

4 예수회 회원인 데니스(Johann Nepomuk Cosmas Michael Denis)는 맥퍼슨의 모음집을 독일어로 번역하고 3권으로 엮어 『고대 켈트족 시인 오시안의 시 *Die Gedichte Ossians, eines alten keltischen Dichters*』(1768-69)를 출간했다.

5 키케로, 『아티쿠스에게 보내는 편지 *Epistulae ad Atticum*』 II, I, 8.

6 (옮긴이의 주) 오시안.

움을 받은 음유시인[7]이 있는 것을 축하했습니다. - 당신은 전에 아주 완강하게 스코틀랜드의 오시안의 진정성과 신빙성을 의심했습니다.[8] 그런데 이제 당신은 제가 변호인[9]으로서 [그것을] 완강하게 의심하는 것을 듣지 않고, 오히려 독일어 번역에서 드러나는 온갖 성실성과 취향, 비약, 힘에도 불구하고 우리의 오시안[10]은 분명 더 이상 진정한 오시안이 아니라고 주장하는 것을 듣게 될 겁니다. 지금은 제게 이것을 입증할 지면이 부족합니다. 따라서 저는 터키의 율법학자가 자신의 법 감정(鑑定)을 내놓듯이,[11] 제 주장을 단지 내놓을 수밖에 없습니다. 그리고 여기서 그 율법학자의 이름은 ---

--- 제가 독일의 오시안[12]을 반대하는 이유는 당신이 호의적으로 생각하듯이, 독일적 6보격시행[13] **일반**을 거부하는 제 고집 때문만은 아닙니

7 데니스. 그는 『마리아 테레지아 날을 축하하기 위한 음유시인들의 노래 경연 *Bardenfeyer am Tag Theresiens*』(1770)과 『음유시인 지네트의 노래 *Lieder Sineds des Barden*』(1772)를 지었는데, "음유시인 지네트"는 데니스 자신을 가리킨다.

8 이 대목은 게르스텐베르크의 『문학에서 주목할 만한 것에 관한 편지 *Briefe über Merkwürdigkeiten der Litteratur*』의 8번째 편지(1766)와 연관된다. 이 편지에서 게르스텐베르크는 맥퍼슨이 수집한 오시안 시의 진정성에 대해 의심했다. "우리 생각에는, 현대적인 성향을 보여주는 여러 흔적이나 그 시인[맥퍼슨]이 호메로스 등의 작품에서 기억해 두었던 것과 같은 상이하고 사소한 암시를 보면, 맥퍼슨 씨는 자신이 펴냈다고 하는 책을 심히 날조했거나, 아니면 최근에 위조된 작품을 너무 맹신한 나머지 진짜라고 믿었을지 모른다는 점이 즉시 인지되었다."

9 주변에서 오시안의 시가 맥퍼슨 자신의 창작물이라고 주장했음에도 불구하고 헤르더는 맥퍼슨이 펴낸 오시안 시의 진정성을 의심하지 않으며, 이후에는 오시안 시의 진정성 문제에 그리 큰 비중을 두지 않는다. 이에 대해서는 졸고 「헤르더의 오시안 관(觀)」(『독일문학』 112(2009), 109-110쪽) 참조.

10 (옮긴이의 주) 데니스가 번역한 오시안의 시.

11 이슬람의 율법학자(Mufti)가 논쟁 중인 사안에 대해 피력한 견해(Fetwa)는 재판관(Kadi)의 판결에 결정적인 영향을 미쳤다. 본문에 나오는 율법학자의 감정이란 '자의적인 절대 명령'을 의미한다.

12 (옮긴이의 주) 데니스가 번역한 오시안의 시.

13 (옮긴이의 주) 6보격시행(Hexameter)은 고대 그리스·로마 서사시에서 주로 사용했던 강약(약)격 6운보 시행이다.

다. 왜냐하면 예를 들어 제가 클라이스트의 6보격시행을, 클롭슈토크의 6보격시행[14]을 느낄 수 없다면, 당신은 제게 어떤 느낌이, 어떤 영혼의 분위기와 조화가 있다고 믿겠습니까? 물론 당신이 전에 스스로 그런 생각을 했기 때문이기는 하지만, 오시안의 시에서 클롭슈토크의 6보격시행이란 무엇일까요? 물론 또한 [제가] "그 때문에 눈물을 흘리는 겁니다!"[15] D[16]씨가 내적인 귀를 가지고 오시안의 본래 시풍을 조금이라도 생각했더라면 좋았을 겁니다. - 오시안은 이미지와 느낌이 아주 간결하고 강하며 남성적이고 단절적입니다. - [이에 반해] 클롭슈토크는 아주 생생하게 묘사합니다. 그의 시풍은 느낌을 완전히 발산하게 하는 데 있어, 그리고 느낌이 일렁이다가 잔잔해지고 다시 생기듯이, 말과 어군(語群) 또한 털어놓게 하는 데 있어 아주 탁월합니다. - 이 얼마나 큰 차이입니까? 그리고 클롭슈토크의 6보격시행으로 된 오시안은 과연 무엇일까요? 클롭슈토크의 시풍으로 된 오시안은요? 오시안을 실제로 **서사시 제작자**(Epopäist)로 간주하더라도, 저는 이것들[17]보다 더 상이한 두 시풍을 거의 알지 못합니다.

그런데 오시안은 서사시 제작자가 아닙니다. 보시다시피, 이것을 당신에게 단지 말하려 했는데, 오시안에 대해서는 이미 비판적인 서평집[18]

---

14 특히 클라이스트(Ewald Christian von Kleist)는 『봄 *Der Frühling*』(1749)에서, 그리고 클롭슈토크(Friedrich Gottlieb Klopstock)는 『메시야 *Der Messias*』(1748-73)에서 6보격시행을 독일어에 맞추려고 시도했다.

15 테렌티우스(Publius Terentius Afer), 『안드로스 가문의 처자 *Andria*』 I, 1, 99. 이 인용문은 클롭슈토크의 6보격시행을 읽고 감동하여 눈물을 흘리는 것은 아니라는 뜻이다.

16 (옮긴이의 주) "D"는 'Denis'의 첫 철자로 '데니스'를 가리킨다.

17 (옮긴이의 주) 오시안의 시풍과 클롭슈토크의 시풍.

18 헤르더는 니콜라이(Friedrich Nicolai)가 발행하는 잡지 『독일 일반 서평집 *Allgemeine deutsche Bibliothek*』(1765-1806)에 익명으로 기고한 글(FHA 2, 736-750 참조)에서 데니스의 오시안 시 번역을 평했다. 참고로 『독일 일반 서평집』은 일 년에 4번 발행되던 계간지로, 여기에는 신간 서적 소개와 주요 저서에 대한 서평이 실렸다.

에서 언급했다고 생각합니다. 하지만 그것은 저와는 아무 상관이 없습니다. 제가 단지 당신에게 상기시키고자 하는 것은, 오시안의 시는 **노래, 민중의 노래,** 배우지 못한 감각적인 민중의 **노래**라는 점입니다. 이 노래는 아주 오랫동안 부계 전통의 구전으로 계속 불릴 수 있었습니다. - 그것이 우리의 멋진 서사적 모습을 갖춘 것이었을까요? 그것이 그럴 수 있었을까요? - 벗이여, 제가 처음에 오시안의 진품성을 반대하는 당신의 회의적인 완강함에 대해 내적인 증거만을, 그 작품 자체의 정신만을 내세웠고, 그 작품의 정신이 우리에게 예언하는 목소리로 “그런 것[오시안의 시]을 맥퍼슨이 지어냈을 리 만무하다! 그런 것은 금세기에는 지어낼 수 없다!”라고 확언했을 때, 바로 그 내적인 증거를 가지고 저는 이제 아주 큰 소리로 외칩니다. “그것[19]은 실제로 노래 부를 수 없다! 야생적인 산골 사람의 그런 어투로는 실제로 계속 불러서 보존할 수 없다! 따라서 거기에서[20] 노래했던 것은, 아주 오랫동안 계속 불렸던 것은 오시안이 아니다!” 당신은 저의 내적인 증명에 대해 뭐라고 말하겠습니까? - 다음에는 어쩌면 당신을 위해 이것으로 지면을 채울 지도 모르겠습니다!

--- 당신이 독일의 오시안을 아주 완강하게 옹호한 나머지 분석과 개별적 비교를 통해 “독일의 오시안은 분명히 영국의 오시안처럼 훌륭하다!”라는 견해를 제게 강요하고자 한다는 생각이 제게 들지 않았더라면 좋았을 텐데요! 적나라하고 빠른 느낌이라는 사안에서는 뭔가를 분석해낼 수 없답니다. 골몰하면서 하는 분석을 통해서는 뭔가를 입증할 수 없습니다. [분석을 통해 입증할 수 있는 느낌이라고 한다면] 그것은 - 적

19 (옮긴이의 주) 데니스가 번역한 오시안의 시.

20 (옮긴이의 주) 데니스가 번역한 오시안의 시에서.

어도 이전의 빠른 느낌은 분명히 아닙니다.[21] 당신이 매우 자주, 자주, 그리고 매일 느끼는 바이지만, "한 단어의 생략과 다른 단어의 추가가, 또 다른 단어의 바꿔 쓰기와 반복이, 말할 때의 강세와 시선과 목소리의 다름이 나에게 얼마나 다른 느낌을 줄 수 있을까?"를 이번에 잘 생각해봤나요? 저는 의미는 건드리지 않으렵니다. 그런데 어조는요? 색깔은요? 장소와 목적의 특성에 대한 가장 빠른 감정은요? - 그런데 한 편의 시의 온갖 아름다움은, 말의 모든 정신과 힘은 이것들에 근거하지 않나요? - 따라서 당신에게 항상 시인했던 바이지만, 우리의 오시안은 시적인 작품으로서는 영국의 오시안처럼 훌륭합니다. 아니 그보다 더 낫습니다. - 독일의 오시안은 아주 멋진 시적인 작품이라는 바로 그 이유 때문에, 그는 고대의 음유시인 오시안이 더 이상 아닙니다. 이 점이 제가 바로 말하고자 하는 바입니다.

셰익스피어의 작품이나 영국의 이런 유형의 모음집들[22]에 있는 옛 노래들 가운데 하나를 택하세요. 그리고 그것에서 화음과 운(韻)과 단어배치와 멜로디의 어두운 진행이라는 온갖 서정성을 벗겨내세요. 그것에서 의미만 남겨두고 그러저러한 방법으로 그것을 다른 언어로 옮겨보세요. 이는 마치 당신이 페르골레시[23]의 어떤 멜로디 안에 있는 음표나 한 쪽 지면 위에 있는 철자들을 뒤집어엎는 것과 같지 않을까요? [그러

---

21 (옮긴이의 주) "빠른 느낌"은 분석하거나 분석을 통해 입증할 수 없다는 뜻이다.

22 "이런 유형의 영국의 모음집들"이란 퍼시(Thomas Percy)가 편찬한 담시 모음집 『옛 영웅 담시와 노래, 그리고 이전 우리 시인들의 (주로 서정시 유의) 다른 작품과 더불어 몇몇 이후 시기의 작품이 포함된 옛 영국시의 자취 *Reliques of ancient English poetry: consisting of old heroic ballads, songs and other pieces of our earlier poets, (chiefly of the lyric kind) Together with some few of later date*』(1765, 이하 『옛 영국시의 자취』)의 영향을 받은 모음집들을 가리킨다.

23 헤르더는 1771년 6월 초순 뷔케부르크(Bückeburg)에서 있었던 공연을 계기로 페르골레시(Giovanni Battista Pergolesi)를 알게 되었다. 페르골레시의 음악은 1731년에 간막극 『마님이 된 하녀 *La serva padrona*』가 파리에서 성공한 이후로 자연스러운 음악의 모범이자, 인위적인 비가(悲歌)극과 교회음악에 대한 도전으로 간주되었다.

면] 페르골레시는 어디에 남아있을까요? 방금 셰익스피어의 『십이야』에 들어있는 노래가 제 손에 들어왔습니다. 이 노래에서는 상사병을 앓고 있는 공작[24]이 죽고자 합니다.

그 흘러간 옛 노래 말인데
발 빠르고 어지럽게 돌아가는 이 시절의
가벼운 노래와 머리 굴린 말씨보다
내 고통을 정말로 크게 덜어 준 것 같아.

[…] [간밤에 들었던 그 노래는] 예스럽고 단순해.
직녀들과 햇볕 아래 양털 짜는 사람들
근심 없는 처녀들이 뼈 막대에 실 감으며
부르곤 했었지. 간단한 진실을 얘기하며
사랑의 순수함을 지나간 시절처럼
희롱하는 노래야 […][25]

이제, 그런 칭찬을 들을 때 당신은 사랑에 빠진 기사 자신처럼 그렇게 열망하게 되지 않나요? 자! 이 노래를 신속하게 데니스의 6보격시행으로 옮겨보세요.

---

24 (옮긴이의 주) 일리리아 공작인 오르시노를 가리킨다.

25 윌리엄 셰익스피어(저)/최종철(역), 『십이야』, 실린 곳: 셰익스피어 전집 1, 민음사 2014. 위 노래는 『십이야』 2막 4장 3-6행(417쪽), 44-49행(419쪽)에 해당한다. 이 노래는 이후 헤르더의 『민요집 *Volkslieder*』(FHA 3, 208-209; SW 25, 289-290)에서는 "달콤한 죽음 Süßer Tod"이라는 제목하에 독일어로 번역되어 실린다.

노래

어서 오라 죽음이여, 어서 오라!
　측백나무 슬픈 관에 날 뉘어라!
사라져라 목숨이여, 사라져라!
　곱고 독한 아가씨가 날 죽였다!
주목 가지 잔뜩 꽂은 내 흰 수의,
　오, 그것을 준비하라!
나보다 더 충실한 이 그 누구도
　죽은 적 없었다!

예쁜 꽃은 한 송이도, 한 송이도
　나의 검은 관 위에 놓지 마오.
내 뼈를 묻을 곳에, 시신에 절하러
　친구 하나, 친구 하나 오지 마오.
한숨을 천 번, 천 번, 아끼려면
　참사랑의 슬픈 연인
무덤에 와 절대 울지 못하는 곳
　오, 거기에 날 묻어 주오.[26]

아주 소박한, 아무것도 말하지 않는 위 노래가 특히 생생하게 불릴 때 함께 느낀 것이 아무것도 없는 사람이라면 제 친구가 아닐 겁니다! 그럼에도 불구하고 만약 위 노래가 번역된다면(이런 유형의 대다수 사람들이 그러하듯이 빌란트[27]는 이 노래를 번역하지 않았답니다!), 만약 제가 이 점에 대해 유연성을 가지고 있다고 믿는 거의 유일한 사람이자, 「스

---

26 위 노래는 『십이야』 2막 4장 52-67행(419-420쪽)에 해당한다.

27 빌란트는 22편의 셰익스피어 작품을 산문으로 번역하면서 몇몇 노래는 번역하지 않았다. 바로 이 점을 헤르더는 애석하게 생각한다.

칼데의 노래」[28]와 「아스파시아의 묘비명」[29]과 「그리스의 수확의 노래」[30], 「메추라기와 하늘의 수확하는 처녀를 위한 달콤한 조가(弔歌)」[31]와 「저 선량한 목사의 큰 두려움에 대한 달콤한 조가」[32]를 부르는 가인(歌人)이 – 만약 이처럼 여러 가지 노래를 지었고, 지은 이 여러 가지 노래가 아주 탁월할 수 있는 이 시인[33]이 위 노래를 번역한다면, 그는 내적인 느낌의 각인을 형식, 음향, 분위기, 멜로디 속에서 외적인 것과 감각적인 것의 각인을 통하지 않고는, 노래와 더불어 도도히 우리의 영혼 속으로 흘러 들어오는 온갖 미지의 것과 명명할 수 없는 것의 각인을 통하지 않고는 달리 어떻게 얻을까요. 도즐리가 발행한 『옛 영국시의 자취』[34]를 한쪽 끝에서 다른 쪽 끝까지 펼쳐서 뭔가를 번역하되, 당신이 원하는 대로 멋지게, 하지만 그 노래와는 다른 어조로 하세요. 그러면 당신이 무엇을 갖게 될 것인지 보게 될 겁니다!

당신도 잘 알고 있는 사랑스럽고 달콤한 로만체[35]인 「하인리히와 카트

---

28 게르스텐베르크의 시(1766)로 원제는 "어떤 스칼데의 시 Gedicht eines Skalden"이다. 스칼데는 고대 스칸디나비아의 궁정 시인이다.

29 「아스파시아의 묘비명 *Grabschrift Aspasiens*」(1765)은 게르스텐베르크가 쓴 시이다. 아스파시아(Aspasia)는 재색을 겸비한 페리클레스의 정부(情婦)였다.

30 게르스텐베르크의 시(1771)로 원제는 "게스너에 따른 그리스의 수확의 노래 Griechisches Schnitterliedchen. Nach Geßner"이다.

31 이 시(1771)의 저자는 게르스텐베르크가 아니라 라믈러(Karl Wilhelm Ramler)이고, 원제는 "한 메추라기의 죽음에 대한 조가 Nänie auf den Tod einer Wachtel"이다.

32 게르스텐베르크의 시(1762)로 원제는 "저 선량한 목사의 큰 두려움에 대한 시 Gedicht auf die Herzensangst jenes guten Pfarrers" 혹은 "밤에 부쳐 An die Nacht"이다.

33 (옮긴이의 주) "거의 유일한 사람", "가인", "이 시인"은 모두 게르스텐베르크를 가리킨다.

34 도즐리(Robert Dodsley)는 퍼시가 편찬한 『옛 영국시의 자취』의 발행인이다.

35 (옮긴이의 주) '로만체'(Romanze)는 14세기경 스페인에서 유래한 민요조의 이야기 노래로 영웅담이나 사랑이야기가 주를 이룬다. '로만체'는 독문학계 외에서는 낯선 개념이므로, 맥락에 따라서는 이에 상응하는 '로맨스'라는 표현을 사용하겠다.

리네』[36]가 도즐리가 발행한 『옛 영국시의 자취』에 실리지 않은 것을 보고 의아했습니다.

> 옛날 브리튼 섬에서
> 헨리 경은 잘 알려져 있었다네.[…]
> In ancient times in Britain Isle
> Lord Henry was well knowne -

이름이 새뮤얼 비숍인 영국의 한 학교장은 어떤 『시적인 한가한 시간』을 찬미했습니다. 즉, 그는 『대개 비가적인 내용의 영국시를 라틴어로 번역했다.』[37]를 썼습니다.(저는 당신을 위해 인정받을 만한 그 책 제목을 기록합니다.) 그리고 라틴어로 번역된 이 영국시들 가운데 비가적인 내용의 우리 로만체 또한 이렇게 비가적인 운율로도 멋지게 낭독되고 관용구화 되고 있습니다. 우리의 로만체는 이렇게 시작됩니다.

> 옛날 영국 귀족들 가운데 잘 알려졌다네
> 　존경받을 만한 귀족의 정수(精髓)인 헨리는!
> Angliacos inter proceres innotuit olim
> 　Henricus priscae nobilitatis honos!

그런데 이제 로만체는 어디에 있나요? - 당신이 맥파랜의 멋진 『테모

---

36 이 로만체의 원제는 "헨리 경과 아름다운 캐서린 Lord Henry and Fair Catherine"이며, 전문(全文)은 헤르더의 『민요집』(FHA 3, 103-104; SW 25, 166-169)에 독일어로 번역되어 있다.

37 런던 태생의 시인 새뮤얼 비숍(Samuel Bishop)이 번역한 책(1766)의 원제는 "시적인 한가한 시간 혹은 대개 비가적인 내용의 영국시를 라틴어로 번역했다. Feriae poeticae: sive carmina Anglicana elegiaci plerumque argumenti Latine reddita"이다. 이 책에서 비숍은 고대와 현대 영국시인들의 작품을 라틴어로 번역하여 원문과 함께 실었다.

라』 번역[38]을 한번만이라도 본다면 오시안도 이와 거의 다르지 않다는 것을 알게 될 겁니다. 이 저자 자신은 오시안이 노래하는 것을 들었으며, 따라서 그를 틀림없이 느끼는 스코틀랜드 사람이었던가요? 라틴어에 밝고 능숙하며 기민한 사람의 수중에서, 오스카가 죽으면서 몸을 연인 쪽으로 돌리는 감동적인 장면이 어떻게 되었는지 이제 보십시오. -『순수문학과 자유학예 관련 신(新)총서』[39] 9권 2호 344쪽에는 맥퍼슨과 맥파랜과 데니스의 번역이 나란히 놓여 있습니다. 당신은 찾아서 볼 수 있습니다!

--- 당신이 제기하는 이의는 기이합니다. 당신이 명명하기 좋아하는 옛 고딕식[40] 노래이거나, 압운시와 로만체와 소네트와 그와 같은 인위적인 혹은 심지어 기교를 부린 8행시연의 경우 당신은 제 견해를 따릅니다. 그러나 야생적인 개화되지 않은 민족들 - 야생적인 개화되지 않은 민족들 - 이들의 기교를 부리지 않은 옛 노래는 어떻습니까? 저는 이 노래 구절을 거의 베껴 쓸 수 없답니다. 당신의[41] 오시안과 그의 고귀하고 위대한 핑갈은 정말로 야생적인 개화되지 않은 민족의 일원이었을까요? 설령 오시안이 모든 것을 이상화했을지언정, 그처럼 이상화할 수 있었던 민족이라면, 그처럼 이상화의 대상이 될 수 있었던 민족이라면, 그와 같은 이미지와 그와 같은 이야기, 밤에 꾸는 꿈과 낮에 보는 징조가 휴양과 마음의 최상의 기쁨일 수 있었던 민족이라면, 이런 민족이 야생

---

38 스코틀랜드 출신의 맥파랜(Robert MacFarlane)은 1763년에 오시안 시의 라틴어 번역(『라틴어로 표현된 『테모라』 제1권 *Temorae Liber primus versibus latinis expressus*』)을 출판했다.

39 『순수문학과 자유학예 관련 신(新)총서 *Neue Bibliothek der schönen Wissenschaften und der freyen Künste*』(1765-1806)는 바이세(Christian Felix Weiße)가 발행한 잡지로 총 72권으로 구성되어 있다.

40 여기서 "고딕식"이라는 표현은 '야만적인' 혹은 '형식을 갖추지 않은'이라는 의미를 지닌다.

41 (옮긴이의 주) 원문에는 "ihr Ossian"로 표기되어 있으나 문맥상 프로스 판과 레클람 판("Ihr Ossian")에 따라 번역했다.

적인 민족이었을까요? 단지 자신이 좋아하는 견해만을 구제하기 위해서라면 나아갈 바를 알지 못한 채 해맬 수 있습니다.

따라서 당신은 다음과 같은 점을 알아두세요. 어떤 민족이 야생적일수록, 다시 말하면 생동할수록, 자유롭게 활동할수록, (왜냐하면 이 말은 이 이상의 것을 의미하지 않습니다!) 그 민족에게 노래가 있다면, 그 민족의 노래 또한 더욱더 야생적임에, 다시 말하면 더욱더 생생하고 자유롭고 감각적이며 서정적으로 작용함이 틀림없습니다! 그 민족이 인위적인 학문적인 사고방식과 언어와 문체로부터 멀어질수록, 그 민족의 노래 또한 그만큼 종이를 위해 만들어지지 않았으며, 죽은 문자로 이루어진 시행이 아님은 분명합니다. 노래의 서정성, 노래의 생생하고, 말하자면 무도(舞蹈)적인 면, 이미지의 생생한 현존, 내용과 느낌의 맥락과 절박함, 말과 음절, 그리고 몇몇 경우 심지어 글자의 대칭, 멜로디의 진행, 그리고 생생한 세계와 격언 가요와 민족 가요의 구성요소이면서 이것들과 더불어 사라지는 수많은 다른 것들 – 위와 같은 것들에, 바로 위와 같은 것들에 이 노래들이 지닌 본질과 목적과 기적적인 모든 힘이 달려 있습니다! 이 민족의 영원한 계승된 흥겨운 노래이게 하는 원동력과 환희가 달려 있습니다! 위와 같은 것들은 야생적인 아폴론의 화살인데, 그는 이것을 가지고 마음을 꿰뚫고 이것에 영혼과 기억을 붙들어 맵니다! 노래를 더 오래 지속시키려 할수록, 영혼을 각성시키는 위와 같은 것들은 그만큼 더 강하고 그만큼 더 감각적이어야 합니다. 그리하여 이것들은 시대의 힘과 세기의 변화에 굴하지 않습니다. - 지금 논의가 어떤 방향으로 흘러가고 있나요?

오시안의 시 도처에 등장하는 스칸디나비아 사람들이, 약하게 이상화된 스코틀랜드 사람들보다 더 야성적이고 더 거친 민족이라는 것은 의심할 여지가 없습니다. 저는 부드러운 느낌이 흐르는 그 어떤 스칸디나비아 사람들의 시를 알지 못합니다. 그들은 전적으로 바위와 얼음과 얼어붙은 땅 위를 걷습니다. 그리고 그런 가공 작업과 문화의 측면에서 볼 때 저는 이 점에서 오시안의 시와 비교할 수 있을 그 어떤 스칸디나비아 사람들의 작품도 알지 못합니다. 그런데 보름, 바르톨린, 페링스키욀트, 그리고 베렐의 책[42]에 실린 이들의 시를 한 번 살펴보세요. – 얼마나 많은 운율이 있는지요! 각 운율은 즉시 느낄 수 있는 귀의 박자에 의해 얼마나 자세하게 규정되어 있는지요! 시행 한가운데서 유사한 첫 음절이 대칭적으로 열거되어, 이것은 흡사 박자를 맞추기 위한 암호이자, 군대의 보조를, 걸음걸이를 맞추기 위한 두드림입니다. 유사한 첫 글자는 선공(先攻)을 위한 것이자, 음유시인의 노래가 방패 안으로 울려 퍼지기 위한 겁니다![43] 2행시구와 시행은 상응합니다! 모음은 똑같습니다! 음절은 화음을 이룹니다. – 정말로 시행의 리듬성은 너무 정교하고 너무 빠르며 너무 자세하기에 책을 읽고 지식을 쌓은 우리들은 눈으로만 봐서는 그것을 찾아내기 어려울 겁니다. 그러나 그것을 읽지 않고 들었으며 어려서부터 듣고 함께 노래 부르면서 그것에 맞춰 귀 전체를 단련했던 저 생동하는 민족들에게도 마찬가지로 어려울 것이라고 생각하지 마십시오. 그 어떤 것도 귀의 습관보다 더 강하고 더 영원하고 더 빠르고 더 섬세하지 않습니다! 귀에 한번 강하게 포착되는 것은 얼마나 오랫동안 간

42 보름(Ole Worm)이 펴낸 것은 『루네 문자, 덴마크 최고(最古)의 문헌 *Runir seu Danica literatura antiquissima*』(1636)이고, 바르톨린(Thomas Bartholin)은 『지금껏 덴마크인들이 경시해왔던 죽음의 원인들에 관한 덴마크인들의 옛 풍속들에 대해 지금까지 축적되었으나 발표되지 않은 오래된 필사본과 기념물로 구성된 세 권의 책 *Antiquitatum danicarum de causis contemptae a danis adhuc gentilibus mortis libri tres ex vetustis codicibus & monumentis hactenus ineditis congesti*』(1689)을 출간했다. 페링스키욀트(Johan Peringskiöld)와 베렐(Ole Verel)은 각각 『스웨덴에 거주한 고트족의 기념물들 *Monumenta Sueo-Gothica*』(1710-19)과 『헤르바라르 사가 *Hervarar-Saga*』(1672)를 펴냈다.

43 (옮긴이의 주) "그들[게르만족]은 무엇보다 거친 소리와 둔탁한 굉음을 내려 하는데, 목소리가 되울려 더 낭랑하고 굵직해지도록 방패를 입에 갖다 댄다."(타키투스(저)/천병희(역), 『게르마니아』, 숲 2012, 28쪽)

직되는지요! 어릴 적에 더듬거리는 말로 포착된 것은 얼마나 생동감 있게 되살아나는지요. 그리고 생생한 세계의 온갖 현상과 아주 재빠르게 연결될 경우 얼마나 풍요롭고 강력하게 상기되는지요. 제가 만약 한번 심리적인 측면에서 해석하고자 한다면, 음악과 노래와 연설에서 발생하는 많은 기이한 현상을 당신에게 언급할 수 있을 겁니다.

제가 과장한다고 생각하지 마세요. 저는 스칼데들의 136가지 리듬유형 가운데 단 한 가지, 노래할 수 있는 것을 보름의 책에서 자세하게 연구했습니다. (왜냐하면 그들 고유의 운율학인 『에다』의 제2부[44]는 제가 알기로 아직 출판되지 않았기 때문입니다!) 8행으로 이루어진 이 리듬 속에는 2개의 2행시만이 운율학적으로 규정된 것이 아니라, 오히려 각 2행시에서 3개의 유사한 첫 철자와, 화음을 이루는 세 개의 단어와 울림이, 그리고 이것들은 나름의 영역에서 다시금 운율학적으로 규정되어 있어, 전체 연이 흡사 운율상의 루네 문자 구조가 되었다고 한다면, 당신은 어떻게 생각합니까. - 그런데 모든 것은 살아 있는 노래의 울림이자 소리이며, 박자와 기억을 일깨워줍니다. 모든 것은 두드렸고 밀쳤으며 함께 울렸습니다! - 이제 시험 삼아 해보세요. 보름의 책에 실린 루네 문자로 된 라그나르 로드브로크[45]의 조가(弔歌)를 연구하세요. 그런 다음 전혀 다른 어조와 전혀 다른 운율로 된 섬세하고 우아한 독일어 번역을 읽어보세요. - [전자에 비하면 후자는] 아름다운 그림의 너무나도 찌그러진 동판화입니다! 이제 누군가가 와서, 데니스 씨가 가울과 모르니의 대

---

44 스노리 스투를루손(Snorri Sturluson)이 1220년에 쓴 『신(新) 에다 *Jüngere Edda*』에는 북구의 대표적인 운율을 다룬 '하타탈'(Hattatal)이라는 부분이 있다.

45 (옮긴이의 주) 라그나르 로드브로크(Ragnar Lodbrok)는 바이킹 시대에 활약했다고 하는 전설적인 덴마크 왕이다.

화와 핑갈과 로스크라나[46]의 대화를 가지고 했듯이, 디센의 전투가[47]와 오딘이 지옥의 문가에서 한 마법의 대화[48]와 『에다』에 등장하는 신들의 최후의 심판[49]을 가지고서 6보격시행으로 혹은 멋진 그리스 운율로 된 멋진 영웅시 한 편을 만든다고 한다면, 아이빈드르 스칼다스필리르가 지은 「하콘을 위한 만가(輓歌)」[50]를 가지고서 「로트실트에 있는 묘」[51]의 어조로 된 한 편의 비가(悲歌)를 만든다고 한다면 – 아버지 오딘과 늙은 스칼다스필리르는 무슨 말을 할까요? - 이제 이런 스칼데의 리듬은 아이슬란드와 스칸디나비아에 국한되지 않는다는 것을 힉스[52]와 다른 이들의 저서를 보거나, 최근에는 도즐리가 발행한 『옛 영국시의 자취』에 실린 「양심의 불평」(제2부 3권, 277쪽) 앞에 있는 서문격인 논문[53]을 본

---

46 가울(Gaul)은 아버지 모르니(Morni)의 유령과, 핑갈은 후에 부인이 되는 로스크라나(Roscrana)와 대화를 나누는데, 이들은 모두 맥퍼슨의 『테모라』에 등장한다.

47 (옮긴이의 주) 디센(Disen)은 산파 혹은 개인이나 부족 전체의 수호신 혹은 전투를 돕거나 임박한 죽음을 알려주는 존재로 북구신화에 등장하는 발퀴레에 가깝다. "디센의 전투가"는 이 번역본(50-54쪽)에 나오는 「발퀴레들의 베틀가」를 가리킨다.

48 『에다』(임한순·최윤영·김길웅(역), 서울대학교출판부 2004, 58-63쪽)에서는 "백탐의 노래 혹은 발드르의 꿈 Vegtamskvidha oder Baldrs draumar"이라는 제목으로 실렸으며, 이 번역본(44-50쪽)에 있는 「오딘의 지옥 행차」를 가리킨다.

49 "신들의 최후의 심판"에 대한 노래는 『에다』(5-20쪽)에 실린 '예언녀의 계시'라는 뜻의 「뵐루스파 *Völuspa*」를 가리킨다. 『민요집』(SW 25, 460-469)에서는 "볼루스파 Voluspa"라는 제목으로 실린다.

50 이 만가는 노르웨이 스칼데인 스칼다스필리르(Eyvindr Skáldaspillir)가 963년 스토르드(Stord) 전투에서 전사한 하콘(Hakon) 왕을 기린 것으로, 『민요집』(FHA 3, 147-151; SW 25, 217-222)에서는 "하콘 왕을 위한 만가 König Hako's Todesgesang"라는 제목으로 실린다.

51 「로트실트에 있는 묘 *Rothschilds Gräber*」(1766)는 클롭슈토크가 자신의 후원자인 덴마크의 프리드리히 5세의 죽음을 기리기 위해 쓴 비가이다. '로트실트'는 덴마크 셸란 섬(Sjælland)에 있는 도시 '로스킬레'(Roskilde)를 가리키는데, 로스킬레 대성당에는 덴마크 왕들이 묻혀 있다.

52 힉스(George Hickes)의 저서는 『앵글로 색슨족과 모에시아(Moesia) 지역에 거주한 고트족의 문법 교육 *Institutiones grammaticae Anglo-Saxonicae et Moeso-Gothicae*』(1689)이다.

53 『옛 영국시의 자취』 제2부 3권은 「양심의 불평 *The Complaint of Conscience*」이라는 노래로 시작되는데, 퍼시는 이 노래 앞에 중세 영어의 예를 근거로 두운시행을 다룬 논문인 「『농부 피얼스의 꿈』

다면 알 수 있을 겁니다. 이 논문에서는 그와 같은 앵글로색슨족의 시로부터 한 가지 이상의 사례를 인용하고 있습니다.

그런데 [사례는] 더 많이 있습니다. 오시안의 시를 상세히 검토해보세요. 기회가 있을 때마다 불리는 음유시인의 노래를 보면 오시안의 시는 지금도 지상에 살며 노래하고 행동하는 다른 민족의 노래와 너무나 유사합니다. 따라서 저는 선입견과 착각 없이 이 민족의 행적에 대한 이야기 속에서 오시안과 그의 조상의 이야기를 한 번 이상 생생하게 인식했답니다. **북아메리카**에 **다섯 부족**[54]이 있습니다. 조가와 군가, 전투가와 만가, 조상을 기리고 조상에게 바치는 역사적인 송가 – 이 모든 노래는 오시안을 읊는 음유시인들과 북아메리카 야생인들에게 공통적입니다. 저는 고문과 복수를 조장하는 북아메리카 야생인들의 노래는 제외합니다. 그 대신에 부드러운 칼레도니아[스코틀랜드] 사람들은 사랑의 부드러운 피로 노래를 채색했습니다. 샤를부아, 라피토, 로저스, 캐드월러더 콜든[55]과 같은 모든 여행 작가들이 또한 이방인의 귀를 위해서 이 노래들의 음색과 리듬과 힘에 대해 무엇을 말하는 지 이제 한번 보세요. 모든

에 나타난 운율에 대한 소론 *Essay on the Metre of Pierce Plowman's Visions*』을 실었다. 『농부 피얼스의 꿈』은 윌리엄 랭란드(William Langland)가 쓴 중세 영국의 우의적 서사시로 원제는 "농부 피얼스 Piers Plowman" 혹은 "윌리엄이 꿈에서 본 농부 피얼스 Visio Willelmi de Petro Ploughman"이다.

54 캐나다의 성 로렌츠 강 유역에 살았던 인디언 부족연맹체로 이로쿼이족으로 알려져 있다.

55 샤를부아(Pierre François Xavier de Charlevoix)는 『새로운 프랑스에 대한 역사와 일반적인 기술, 그리고 왕의 명령에 따라 북아메리카를 돌아보고 기술한 역사적인 여행일지 *Histoire et description générale de la Nouvelle-France, avec le journal historique d'un voyage fait par ordre du roi dans l'Amérique septentrionale*』(1744)을, 라피토(Joseph François Lafitau)는 『원시 풍속과 비교한 아메리카 야생족의 풍속 *Moeurs des sauvages amériquains comparées aux moeurs des premiers temps*』을(1724) 저술했다. 로저스(Robert Rogers)는 『북아메리카에 대한 간단명료한 기술 *A concise account of North America*』(1765)을 저술했다. 그리고 콜든(Cadwallader D. Colden)의 저서는 『아메리카 뉴욕 주에 의존하는 다섯 인디언 민족의 역사 *The history of the Five Indian Nations depending on the province of New-York in America*』(1727)이다.

보고에 따르면 여기에서는 생생한 움직임과 멜로디와 신호법과 몸짓이 무척 중요하다고 하는데, 이런 점을 확인해보세요. 그리고 스코틀랜드 사람들을 잘 알고 있으며 아메리카 사람들과 함께 아주 오랫동안 살았던 여행가들이, 예를 들면 선장 팀벌레이크[56]가 이제 두 민족[57]의 노래 사이의 명백한 유사성을 인정했다고 한다면 – 계속 추론해보세요. 데니스 곁에 있으면 우리는 빳빳하고 굳은 상태로 지상에 서 있게 됩니다. 우리는 가령 나름의 좋은 시적인 언어로 된 의미와 내용을 듣습니다. 그러나 모든 야생적인 민족의 노래와 유사한 어떠한 소리도, 어떠한 음색도, 칼레도니아 사람들의 언덕에서 불어오는 어떤 생생한 미풍도 듣지 못합니다. 이 미풍은 우리를 들어 올리고 흔들며 이들의 노래의 생생한 음색을 듣게 해줍니다. [하지만 데니스 곁에 있으면] 우리는 앉아 있습니다. 우리는 읽습니다. 우리는 빳빳하고 굳은 상태로 땅에 달라붙어 있습니다.

영국 여행[에 대한 계획][58]이 여전히 제 영혼 속에서 살아 움직였을 때 – 오, 벗이여, 당신은 제가 그 당시에 이 스코틀랜드 사람들을 [만나보는 것] 또한 얼마나 기대했는지 모르실 겁니다! 저는 영국 민족의 공공 정신과 무대와 살아 있는 연극 전체를 대강 둘러볼 생각이었습니다. 이는 한 외국인의 머릿속에 이 경이로운 국가의 역사와 철학과 정치와 기이한 것에 대해 아주 모호하고 기이하게 형성되다가 엉클어지곤 하는 이념을 전체적으로 해명하기 위함이었습니다. 그다음에는 연극이라는 가장 큰 기분전환거리를 생각했습니다. 스코틀랜드 사람들에게로! 맥퍼

56 팀벌레이크는 『1762년 세 명의 체로키 인디언을 동반하여 영국에 온 헨리 팀벌레이크 중위의 회고록 *The memoirs of Lieut. Henry Timberlake, who accompanied the Three Cherokee Indians to England in the year 1762*』(1765)을 집필했다.

57 (옮긴이의 주) 스코틀랜드 사람들과 북아메리카 인디언들.

58 헤르더는 1769년 바다여행 중에 영국으로 갈 계획을 세웠지만, 이는 실현되지 않았다.

슨에게로! 거기에서 저는 살아 있는 민중의 노래를 생생하게 듣고, 이것이 끼치는 모든 영향을 보며, 시(詩) 도처에 살아있는 장소를 보고, 이 옛 세계의 풍속에서 이 세계의 자취를 연구하고자 했습니다! 잠시 동안 옛 칼레도니아 사람이 되려고 했습니다. - 그런 다음 영국으로 되돌아가 영국 문학의 기념비와 그들이 끌어 모은 예술작품과 그들의 특성의 세세한 면을 좀 더 알고자 했습니다. - 저는 그 계획[의 실현]을 얼마나 고대했던가요! 그리고 제가 만약 번역자였다면 분명히 다른 길로 하여 유사하지만 지금 - 데니스가 내딛지 않은 걸음을 내딛었을 겁니다. 맥퍼슨이 시험 삼아 해본 원어(原語)에 대한 번역[59]조차 인쇄되었지만 그[데니스]에게는 전혀 소용이 없었습니다.

--- 볼테르가 루소를 네발로 걷는 것이 그의 마음에 잘 들 것이라고 비웃었던 것[60]과 거의 마찬가지로 당신은 야생인들에 대한 저의 열광을 비웃고 있군요. 그렇다고 해서 제가 풍속과 품성 면에서 우리의 이점을, 그것이 어떤 점에서든지 간에, 무시한다고는 생각하지 마세요. 인류에게는 무대와 교육과 풍속이 계속해서 진행되도록 정해져 있습니다. 자신이 등장해서 활동하다가 생애를 마쳐야 하는 무대가 마음에 들지 않는 사람에게 화 있을 진저! 그러나 자신의 무대를 유일한 것으로 여기고 최초의 무대를 항상 최악의 것으로도 오인하는, 인류와 풍속에 대해 철학하는 사람에게도 화 있을 진저! 모든 무대가 함께, 계속 진행되는 연극 전체의 일부에 해당한다면, 각 무대에서는 인류의 새로운 매우 기억할

59 맥퍼슨은 『핑갈의 아들 오시안의 작품』 앞에 붙인 「오시안의 시에 대한 논문 *Dissertation concerning the poems of Ossian*」에서 게일어 원어로 된 32개의 시행을 시험 삼아 번역했다.

60 볼테르는 1775년 8월 30일 루소에게 쓴 편지에서 그의 『인간 불평등 기원론』에 대해 감사하면서도 인간과 동물의 비교에 대한 그의 논의와 자연상태로 회귀하자는 그의 주장을 비꼈다.

만한 측면이 나타납니다.[61] - 그리고 다음에는 제가 **오시안의 시에서 나온 심리학**으로 당신을 성가시게 하지 않는다는 점을 주목하세요. 적어도 이에 대한 이념들은 충분히 깊고도 생생하게 제 영혼 속에 놓여 있습니다. 그래서 당신은 여러 기이한 점을 읽게 될 겁니다!

이제, 당신은 제가 왜 한편으로는 **야생인들의 노래**에 대해, 다른 한편으로는 특히 오시안에 대해 그런 감정을 갖고 있는지를 아십니까? 제가 처음 오시안을 읽었던 것은, 항상 시민적인 일과 풍속과 만족감 속에서 정신이 분산된 대부분의 독자들이 그를 단지 **읽다가 말다가 하는 재미있는 읽을거리**로는 거의 읽을 수 없는 상황에서였습니다. 당신은 제가 바다 여행할 때 겪었던 모험[62]을 알고 있습니다. 하지만 당신은 다소 긴 그런 바다 여행의 영향을 일반 사람들이 느끼듯이 그렇게는 결코 생각할 수 없습니다. 시민 세계의 일과 혼란과 우스꽝스러운 행동으로부터, 학자의 팔걸이의자와 사교계의 부드러운 소파로부터 갑자기 내팽개침을 당한 상태에서. 기분전환거리와 열람실과 학술신문과 대중신문 없이.[63] 하나의 널빤지 위에서, 드넓은 공해상에서, 뤼쿠르고스[64]의 공화

---

61 (옮긴이의 주) 헤르더는 각 개체의 독특성을 인정할 뿐만 아니라 개체와 전체 간의 유기적 연관성도 강조한다. 이런 시각에서 그는 특정 문화나 가치관을 절대시하는 시각, 즉 고대 그리스에 편향된 입장이나 유럽중심주의를 비판한다. 그의 상대주의적 유기적 역사관은 『인류교육을 위한 또 하나의 역사철학 *Auch eine Philosophie der Geschichte zur Bildung der Menschheit*』(1774)에 잘 나타나 있다. 이에 대해서는 안성찬의 번역 『인류의 교육을 위한 새로운 역사철학』(한길사 2011) 참조.

62 1770년 1월 헤르더는 프랑스를 떠나 안트베르펜을 거쳐 암스테르담으로 가는 배를 탄 적이 있었는데, 그 배가 그만 덴 하그(Den Haag) 근처에서 폭풍우를 만나 모래톱에 좌초했다. 다행히 헤르더를 포함한 모든 승객은 배가 침몰하기 전에 구조되었다.

63 (옮긴이의 주) "갑자기 시민 세계의 일과 […] 학술신문과 대중신문 없이."에 대해서는 헤르더(저)/김대권(역), 『1769년 여행일지』, 인터북스 2009, 22쪽 참조.

64 (옮긴이의 주) 뤼쿠르고스(Lykurgos)는 기원전 800년경에 활동했던 스파르타의 입법자로서 스파르타의 모든 분야에 걸쳐 철저한 개혁을 시도했다. 그가 도입한 정체(政體)는 이후 플라톤이 구상한 이상국가의 모형이 되었다.

국보다 더 엄격한 법을 지닌 사람들로 구성된 소국가[65]에서. 살아 움직이는 전혀 다른 자연의 광경 한가운데에서, 절벽과 하늘 사이에 떠 있으면서, 매일 동일하고 무한한 요소에 에워싸인 채, 그리고 때로는 새로운 먼 해안가에만, 새로운 구름에만, 지구상의 이상적인 지역에만 주의를 기울이면서 - 이제는 옛 스칼데들의 노래와 행적을 손에 들고, 이것들로 온전히 영혼을 채운 채, 이것들이 일어났던 현장에서 - 여기서는 상당히 많은 기적 같은 이야기가 들리는 올라프 절벽[66]을 지나면서 - 저기서는 마법을 지닌 저 아스 여신[67]이 이마 앞에 별이 반짝이는 네 마리의 힘센 황소들을 데리고 파서 일군 섬[젤란 섬]을 마주보며, "파도가 세찬 비처럼 공중으로 솟구쳤고, 황소들이 무거운 쟁기를 끌면서 돌아서는 곳에는 8개의 별이 그들의 머리 앞에서 반짝였다."[68] 전에 스칼데들과 바이킹족이 칼과 노래를 갖고서 지대(地帶)를 달리는 준마(배)를 타고 바다를 두루 돌아다녔던 모래땅[69]을 지나쳐가면서. 이제는 핑갈의 행적이 있었고 오시안의 노래가 비애를 노래했던 해안가를 멀리서 지나면서. 바로 움직이는 대기 밑에서, 세계 속에서, 정적 가운데에서 - 이런 상황에서는 당신도 생각하듯이 스칼테들과 음유시인들의 노래는 교수의 강단

65 (옮긴이의 주) "소국가"란 배를 가리킨다. 헤르더의 『1769년 여행일지』에 따르면 악천후 등 주변의 열악한 상황에 대처하기 위해서 선상(船上)에서는 "전제정치에 가까운 통치기구"(31쪽)가 필요하다.

66 덴마크 젤란 섬과 스웨덴 남부 스코네(Skåne) 주 사이에 있는 해협. 여기에서 노르웨이 왕 올라프 트뤼그바손(Olaf Tryggvason)이 덴마크와 스웨덴 연합군과 벌인 전쟁(1000년 경)에서 패한 후 절벽에서 바다로 뛰어들었다고 한다. 헤르더는 1769년 바다여행 중에 이 지역 근처를 지나갔다. 이에 대해서는 『1769년 여행일지』, 110쪽 참조.

67 전쟁과 지배의 신들인 아스(As) 신족의 여신 게피온(Gefion). 북구신화에 따르면 게피온은 스웨덴 왕 귈피(Gylfi)를 흥겹게 해준 대가로 황소가 사흘 밤낮 동안 갈아엎을 수 있는 땅을 선물로 받았다. 이에 게피온은 네 아들을 황소로 둔갑시켜 이들을 데리고 땅을 갈아엎다가 너무 깊이 고랑을 팠는데, 이때 생긴 섬이 젤란이다.

68 이 인용문에 대해서는 SW 5, 720 참조.

69 유틀란트 반도(Jütland).

곁에서와는 다르게 읽을 수 있답니다. 트로이의 폐허 위에서 읽는 호메로스에 대한 우드의 저서[70]와, 바람에 나부끼는 돛 밑에서 딸그락대는 키(舵) 밑에서 읽는 아르고 호 원정대 이야기[71]와 『오디세이아』와 『우스 루지아다스』[72]도 마찬가지입니다. 이야기의 현장인 섬을 바라보면서 읽는 우탈과 니나토마[73] 이야기도 그렇답니다. 적어도 저처럼 감각적인 사람에게는 그런 실감나는 상황들은 상당한 영향을 끼칩니다. 그리고 더 이상 어떤 폭풍에도 어떤 파도에도 미동하지 않는 난파하는 배 위에서, 바닷물에 몸을 적신 채, 한밤중 바람에 떨며 『핑갈』을 읽고 아침을 고대했던 그날 밤에 느꼈던 감정은 아직도 제 안에 있습니다. --- 따라서 적어도 이런 유형의 인상을, 오랫동안 알고 지낸 내밀한 친구로 여기고 이에 의지하는 늙은 상상력을 용서해주세요. -

하지만 이것 또한 당신이 저를 비난하는 그[야생인에 대한] 열정의 본래 기원은 아직 아닙니다. 왜냐하면 그렇지 않다면 그 열광은 어쩌면 개인적인 기만에, 제게 나타나는 단순한 바다의 허깨비에 지나지 않을 것이기 때문입니다. 아시다시피 제 자신이 현존하는 민족들 가운데 이런 야생적인 옛 노래와 리듬과 춤의 생생한 자취를 볼 기회가 있었습니다.[74] 우리 풍속이 이들 민족에게서 언어와 노래와 관습을 완전히 빼앗

---

70 우드(Robert Wood)가 1742년 근동지방을 여행한 후 집필한 『호메로스의 독창적 천재성에 대한 논문 *An essay on the original genius of Homer*』(1769)을 가리킨다.

71 이아손의 주도하에 금양모피를 얻기 위해 아르고 호를 타고 흑해 연안의 콜기스로 떠난 원정대 이야기. 이 전설을 토대로 아폴로니오스 로디오스(Apollonios Rhodios)는 『아르고 호 이야기 *Argonautica*』(강대진(역), 개정판, 작은이야기 2010)라는 서사시를 썼다.

72 『우스 루지아다스 *Os Lusíadas*』(1572)는 포르투갈 시인 까몽이스(Luís Vaz de Camões)가 쓴 민족서사시이다. 그는 이 작품에서 포르투갈 항해자들의 탐험과 정복을 찬양했다. 자세한 것은 김창수가 번역한 『루지아다스』(삼영서관 1988) 참조.

73 우탈(Uthal)과 니나토마(Ninathoma)는 오시안의 시 「베라톤 *Berrathon*」에 등장하는 연인이다.

74 헤르더는 리가에 머무는 동안(1764-69) 라트비아어를 공부했고, 라트비아 농가의 하지축제 등에 참여하면서 라트비아 민요를 알게 되었다. 그밖에 그는 리투아니아와 에스토니아 민요에도 관심을

고, 그 대신 심히 훼손된 것 혹은 하찮은 것을 주는 일은 아직 가능하지 않았습니다. 당신도 아시다시피 저는 그런 옛 ... 노래의 야생적인 진행을 들을 때마다 거의 항상 프랑스인 마르셀[75]처럼 "미뉴에트 한 곡에 모든 것이 담겨 있지 않는가!"라고 고백했습니다. 아니 오히려 그런 민족들이 자신들의 노래를 토막 난 미뉴에트, 그리고 이 미뉴에트 같은 운(韻)과 바꾼다고 해서 무엇을 얻는단 말인가요? -

당신은 **라트비아 노래** 두 편[76]을 잘 알고 있습니다. 이것들은 레싱이 루이히의 사전[77]에서 가져와『최근 문학 관련 편지』[78]에 실은 겁니다. 그리고 당신도 아시다시피 언어의 상당히 많은 감각적 리듬이 이 두 편의 노래의 본질일 수밖에 없습니다. 이제 제가 가르실라소 데 라 베가의 저서[79]에 실린 몇 편의 **페루 노래**를 발췌하여 말과 음향과 리듬에 따라 가능하면 많이 번역해 보겠습니다. 그러면 당신은 즉시 그 노래가 어느 정도 번역될 수 있는가를 스스로 알게 될 겁니다.

첫 번째 노래는 황혼녘에 한 연인이 부르는 세레나데입니다.

가졌는데, 이들 발트해 연안 국가들의 민요는『옛 민요집 *Alte Volkslieder*』과『민요집』에 수록되었다.

75 마르셀(Marcel)은 걸음걸이와 자세를 보고 사람의 성격을 알 수 있었다고 하는 파리의 유명한 무용가이다.

76 이 두 편은「결혼하는 딸과의 작별 *Abschied einer heirathenden Tochter*」과「딸은 연인과 함께 갔다네. *Eine Tochter hatte ihren Geliebten begleitet.*」이며『옛 민요집』(SW 25, 88-91)에 실린다. 하지만『민요집』(FHA 3, 304-305; SW 25, 404-405, 587-588)에서는 제목이 각각 "결혼 축가 Brautlied"와 "아침 산보 Der Morgenspaziergang"로 바뀌고 내용도 조금 달라진다. 그리고『옛 민요집』과『민요집』에서는 이 두 편이 "라트비아 노래"가 아니라 '리투아니아 노래'로 소개된다.

77 루이히(Philipp Ruhig)의『리투아니아어·독일어 사전과 독일어·리투아니아어 사전 *Litthauisch-deutsches und deutsch-litthauisches Lexikon*』(1747).

78 레싱의『최근 문학 관련 편지 *Briefe, die neueste Litteratur betreffend*』(33번째 편지, 1759년 4월 19일).

79 베가(Garcilaso de la Vega)는 스페인 군인이자 시인으로『페루의 일반 역사 *Historia general del Peru*』(1617)를 저술했다.

오, 사랑하는 이여, 잠드시오, 잠드시오
　내 노래를 듣고 평온히
오, 사랑하는 이여, 한밤중에
　당신을 꼭 다시 깨울 테니![80]

자기 소녀에게 이보다 더 많이 더 멋지게 무엇을 말할 수 있을까요? - 두 번째 노래는 단순한 이미지이며, 천둥과 번개에 대한 페루 신화를 허구화한 겁니다. 구름 속에 한 요정이 적절한 시기에 대지에 비를 주기 위해 한 손에 물동이를 들고 대기하고 있습니다. 그녀가 물주기를 중단하여 대지가 가뭄에 시달리면, 그녀의 오빠가 와서 물동이를 때려 부숩니다. 이로 인해 번개와 천둥이 치고, 그런 다음 동시에 비가 내립니다. 가뭄 가운데 비를 동반한 뇌우에 대한 시가 감각적인 것, 직관적인 것으로 당신 맘에 든다면, 원하는 대로 그 요정에게 바치는 이 노래 혹은 기도를 들어보세요.

아름다운 여신이여,
하늘에 계신 따님이시여!
물이 가득 찬
동이를 들고 계시는.
당신 오빠가 그것을
이제 때려 부수니
몰아칩니다
뇌우가
번개와 천둥이!

80 이 노래는 "페루의 저녁 세레나데 Eine Peruanische Abend-Serenate"라는 제목으로 『민요집』(SW 25, 549)에 실린다.

아름다운 여신이여,
왕의 따님이시여!
이제 뚝뚝 떨어뜨리소서
우리에게 비를,
부드러운 비를!
하지만 종종 뿌리소서
눈송이도
그리고 우박도!
그렇게 하도록 당신에게
그분 세계정신이!
그분 세계신께서!
비라코카[81] 님이!
힘을 주셨습니다
임무를 주셨습니다!

지혜가 담긴 것이라 하여 제가 이 노래를 인용한 것은 아닙니다. 왜냐하면 당신은 어리석은 페루 사람들이 어떤 평판을 받고 있는지를 알기 때문입니다. 저는 리듬의 대칭과 노래할 수 있는 것의 대칭에 대해 말하고 있습니다. 그런데 제가 모사(模寫)한 것은 원문을 모범으로 삼고 있음에도 아주 맥이 없고 약하네요.

당신은 클라이스트가 지은 시 「한 라플란드인의 노래」를 잘 알고 있습니다. 그런데 이 용감한 남자[82]의 손이 우리를 위해 할 수 있었던 것은 미화(美化)하는 일뿐이었습니다. 하지만 제가 이제 당신에게 이 거친 라플란드인의 노래를 준다면요? - 적어도 제3자에게서 가져온 것이기는 하

81 (옮긴이의 주) 비라코카(Viracocha)는 잉카인들이 세계를 창조했다고 믿었던 신이다.

82 (옮긴이의 주) 클라이스트(Ewald Christian von Kleist).

지만요. 왜냐하면 제게는 셰퍼의 저서[83]가 없기 때문입니다.

> 오, 태양이여, 당신의 가장 밝은 빛은 오라(Orra) 호수를 비춰주시오!
> 오라 호수를 볼 수 있다면 가문비나무 우듬지에 오를 것이오!
> 꽃을 좋아하는 내 여인을 보기 위해서라면 우듬지에, 그곳에 오를 것이오!
> 우듬지를 가지치기 하고 그것의 모든 가지를, 그것의 녹색 가지를 동강낼 것이오.
> 당신에게 날아갈 날개가 있다면, 까마귀의 날개가 있다면
> 구름의 진행을 좇아 오라 호수로 가겠소!
> 하지만 나에게는 없다오, 날개가! 오리의 날개가! 오리의 발이!
> 나를 당신에게 데려다 줄 거위의 물갈퀴가!
> 오, 당신은 오랫동안 기다렸소. 그처럼 많은 나날을! 아름다운 나날을
> 기운을 돋우는 눈을 하고서 다정한 마음을 갖고서! -
> 엮인 현보다, 쇠로 만든 강력한 사슬보다 더 강한 것이 무엇이오?
> 뜻과 의지를 변형시키는 사랑이 그렇게 우리를 묶고 있다오.
> 사랑하는 젊은이의 의지는 지나가는 바람이며
> 사랑하는 이의 생각은 장고(長考)이기 때문이오!
> 내가 이 모든 것을 좇았을 때 정도(正道)를 벗어났소.
> 그 때문에 안전한 길을 걸어가기로 결심했다오![84]

이미 말했듯이 이 라플란드인의 노래는 제3자에게서 가져온 겁니다.

---

83 레싱은 『최근 문학 관련 편지』(33번째 편지)에서 클라이스트의 시 「한 라플란드인의 노래 *Lied eines Lappländers*」의 출처로 웁살라 대학교수인 셰퍼(Johannes Scheffer)의 저서인 『스트라스부르의 요하네스 셰퍼. 라플란드, 즉 라플란드 지역과 그곳의 거주민에 대한 새롭고도 가장 참된 기술 *Joannis Schefferi Argentoratensis Lapponia id est, Regionis Lapponum et gentis nova et verissima descriptio*』(1673)을 거론한다. 그러나 레싱의 주장과는 달리 클라이스트 시의 출처는 로우(Elisabeth Rowe)가 지은 「연인에게 부르는 한 라플란드인의 노래 *A Laplander's Song to his mistress*」이다.

84 이 노래는 『옛 민요집』(SW 25, 93)과 『민요집』(FHA 3, 305-306; SW 25, 405-407)에서는 "「연인에게 가는 길 Die Fahrt zur Geliebten"이라는 제목으로 실리고 내용도 달라진다.

- 그러나 이 갈망하는 라플란드 젊은이가 정말로 자연스럽게, 정말로 애타게 궁리한다는 점은 변함없습니다. 그에게 여정은 너무나 길어지고, 그가 보는 모든 것, 태양과 우듬지와 구름과 까마귀와 물갈퀴는 오라 호수로 향하며 그의 소녀와 연관됨이 틀림없습니다! 이 젊은이는 빠르면서도 느린 여정으로, 성급한 영혼으로, 앞서 떠돌아다니는 생각들로, 지름길을 찾고자 하는 마음으로 되돌아오는데, 이것이 얼마나 자연스러운지요! 얼마나 애타는지요! "미뉴에트 한 곡에 모든 것이 담겨 있지 않는가!" 그런데 저는 당신에게 가장 어물어물하게 말하는, 가장 갈기갈기 찢긴 자취만을 제공하는군요.

저는 「순록에게」라는 라플란드의 다른 사랑의 노래[85]를 또한 당신에게 전하고자 했습니다. 하지만 그 노래는 사라졌습니다. 그런데 누가 [이] 종이쪽지[노래]를 찾을까요? 그 대신 여기에 아주 소름끼치는 옛 스코틀랜드 노래 한 편[86]을 싣기로 하죠. 이 노래는 제가 직접 원어에서 번역했기 때문에 훨씬 더 믿을 수 있답니다. 이 노래는 엄마와 아들 간의 대화인데, 스코틀랜드식 원무(圓舞)에서는 이 노래에 가장 감동적인 시골풍 멜로디가 덧붙여진다고 하네요. 그리고 가사는 이 멜로디에 상당히 많은 공간을 허용한답니다.

너의 칼, 그것은 어찌하여 피로 그처럼 붉게 물들었느냐?
　에드워드야, 에드워드야!
너의 칼, 그것은 어찌하여 피로 그처럼 붉게 물들었느냐

---

85 이 노래는 『옛 민요집』(SW 25, 92)과 『민요집』(FHA 3, 193-194; SW 25, 271)에서는 각각 "라플란드의 결혼축가 Ein Lappländisches Brautlied"와 "순록에게 Ans Renntier"라는 제목으로 실리고 내용도 바뀐다.

86 헤르더가 퍼시의 『옛 영국시의 자취』에서 가져온 「에드워드야, 에드워드야 *Edward, Edward*」라는 시. 이 시는 『옛 민요집』(SW 25, 19-21)과 『민요집』(FHA 3, 365-367; SW 25, 476-478)에서는 "에드워드"라는 제목으로 실리며, 『옛 민요집』과 『민요집』의 내용이 약간 차이가 난다.

[너는] 몹시 슬퍼하며 걸어가는구나! - 아!
제가 저의 독수리를 때려죽였답니다!
어머니, 어머니!
제가 저의 독수리를 때려죽였답니다.
그 일로 인해, 그 일로 인해 몹시 슬프네요! - 아!
네 독수리의 피는 그처럼 붉지 않단다!
에드워드야, 에드워드야!
네 독수리의 피는 그처럼 붉지 않단다.
아들아, 나에게 솔직히 털어놓아라! - 아!
제가 저의 붉은 준마를 때려죽였답니다!
어머니, 어머니!
제가 저의 붉은 준마를 때려죽였답니다!
그 준마는 아주 의기양양하고 충실했어요! 아!
네 준마는 노쇠해서 [네가] 서두를 필요는 없었는데!
에드워드야, 에드워드야
네 준마는 노쇠해서 [네가] 서두를 필요는 없었는데.
너를 압박하는 것은 다른 고통이구나! 아!
제가 아버지를 때려죽였답니다.
어머니, 어머니!
제가 아버지를 때려죽였답니다.
그 일로 인해, 그 일로 인해 마음이 괴롭네요! 아!
그럼, 너는 이제 너에게 무슨 짓을 할 것이냐?
에드워드야, 에드워드야!
그럼, 너는 이제 너에게 무슨 짓을 할 것이냐?
아들아, 나에게 더 털어놓아라! 아!
지상에서 제 발이 쉬지 못하도록 할 겁니다!
어머니, 어머니
지상에서 제 발이 쉬지 못하도록 할 겁니다!
[저는] 바다 위를 떠돌아다니려고 합니다! 아!

그럼, 너의 궁성과 저택은 어찌 되느냐,
　에드워드야, 에드워드야
그럼, 너의 궁성과 저택은 어찌 되느냐,
　평소에 그토록 장려하고 아름다운! 아!
아아! 그것은 계속 있다가 내려앉고 퇴락하겠죠,
　어머니, 어머니
아아, 그것은 계속 있다가 가라앉고 퇴락하겠죠,
　저는 그것을 결코 보지 않을 겁니다! 아!
그럼, 네 아내와 자녀는 어떻게 되느냐
　에드워드야, 에드워드야?
그럼, 네 아내와 자녀는 어떻게 되느냐,
　네가 바다를 건너간다면 – 아!
세상은 넓답니다! 거기서 구걸하게 하죠,
　어머니, 어머니!
세상은 넓답니다! 거기서 구걸하게 하죠.
　저는 그들을 더 이상 보지 않을 겁니다! 아!
그럼, 네 어미는 무엇을 해야 하느냐?
　에드워드야, 에드워드야!
그럼, 네 어미는 무엇을 해야 하느냐?
　아들아, 나에게 말해다오! 아!
지옥의 저주가 당신 위에 머무르면 좋겠네요.
　어머니, 어머니!
지옥의 저주가 당신 위에 머무르면 좋겠네요.
　당신이, 당신이 저에게 그렇게 권하셨기 때문이죠! 아.

카인의 형제 살인이 대중적인 노래에서 [이보다] 더 소름끼치게 묘사될 수 있을까요? 그리고 이 노래는 생생한 리듬 속에서 틀림없이 영향을 끼치는데, 그 영향이란 어떤 것일까요? 그것은 민중의 많고 많은 노래가 끼치는 것과 같은 영향일 겁니다! 하지만 제 편지가 책이 되어서는 안되겠죠 등등.

--- 결국 당신은 관심을 갖게 되어 제게 그러한 민요 몇 개를 보여달라고 재촉합니다. 그러나 저는 이제 다시 당신의 견해에 반대하는 제 주장을 입증할까 합니다. 왜냐하면 예를 들어 당신이 지지난번 편지에서 제기한, "D씨도 정말 상당히 많은 서정적인 작품을 갖고 있으며, 그것들은 너무나 멋지다고 할 수 있을 겁니다!"라는 이의에 대해 말하고 싶기 때문입니다. 그에게는 서정적인 작품이 있으며, 그것은 멋집니다. 그런데 이 서정적인 작품이 얼마나 많은 것이며, 그것은 무엇으로 인해 멋지다는 겁니까? 그에게 서정적이지 않은 다른 것은 원문에서는 무엇입니까? 그의 송가가 꽃이 되게끔 해주는 시의 토대는 무엇입니까? 그것이 6보격시행입니까? 그런데 도대체 데니스의 서정적 작품은 어떻게, 무엇 때문에 멋지다는 겁니까? 로마와 그리스의 멋진 운율로 인해서죠. 그리고 운율 속에서의 너무나 멋진 배열로 인해서죠. 바로 그 때문에 그의 작품은 오시안을 읊은 훌륭한 음유시인의 노래가 더 이상은 아니라고 주장하는 바입니다! 맥퍼슨은 거의 그러한 모든 작품에서, 노래의 영혼이라 할 리듬과 멜로디와 운율의 야생적인 면 혹은 부드러운 면 혹은 장엄한 면 혹은 전투적인 면에 대해 어떤 소리를 외치고 있는가요. – 그러나 이제 제가 고백해야 하는 것은, 대부분의 경우 제게는 바로 그런 로마와 그리스의 운율들을 선택할 일도, 그것들을 권유할 일도 없다는 점입니다. 제가 야생인들의 노래 일반에서 음색을 얻고, 어디에서도 그런 로마와 그리스의 운율들 가운데 **하나**를 권유할 동기를 알지 못하는 경우에는 말이죠. 저는 D씨와 겨루고 싶지 않습니다. 그는 자유자재로 상당히 많은 시적인 문체와 언어를 구사합니다. 하지만 제가 그에게서 보고자 했던 것은, 다른 운율을 사용해서 [그리스와 로마의 운율을 사용할 때와] 마찬가지로 좋아 보이지 않을, 즉 마찬가지로 꾸며댄 것으로 보이지 않

을 하나의 작품입니다. 그런데 몇몇 운율은 솔직하게 말하자면 **악수**(惡手)였습니다.

시험 삼아 제3권[87]을 한 번 훑어보세요. 거기에서 어떤 예술비평가인지는 모르겠지만 그[데니스]에게 스칼데의 운율[88]을 더 많이 사용하라는 충고를 주었답니다. 그리고 이제 이 번역자[데니스]가 어떻게 그 운율을 오용했는지 보세요. 아주 많은 현으로 된 탁월한 황금 하프는 덴마크의 **스칼데**의 손 밑에서는 온갖 마법과 힘과 칠현금과 경이의 음색을, 그리고 다른 한편으론 사랑과 우정과 황홀감의 음색을 가질 수 있었는데, 이 번역자의 수중에서는 두 개의 북채가 달린 목재 북이 되었답니다. - 바로 이로 인해 훌륭한 「셀마에 대한 노래」[89]와 감미로운 「캐릭투라」[90]가 볼품없게 되었다는 점은 유감스러울 따름입니다. 제1권에서 이 번역자는 심지어 온갖 형식의 운(韻)으로 된 칸타타 한 곡을 **지어냈**답니다. 그런데 그가 성공한 운은 채 두 개도 안 되기 때문에, 이 작품 전체는 엄청난 비판을 받고 있습니다.

클롭슈토크는 이 점에서도, 예를 들면 언어에서 얼마나 전혀 다르게 작업했던가요! 평소에는 [생각이나 감정이] 그처럼 흘러넘치는 시인이었던 그가 『헤르만 전투』[91]에서는 얼마나 간결하고자, 얼마나 강하고 단

---

87 (옮긴이의 주) 데니스의 『고대 켈트족 시인 오시안의 시』 제3권을 가리킨다.

88 "스칼데의 운율"이란 쌍운(Paarreim)을 지닌 약강격 4운보를 의미한다.

89 (옮긴이의 주) 맥퍼슨이 번역한 오시안의 시 「셀마에 대한 노래 *The Songs of Selma*」. 셀마는 핑갈이 거했던 성(城)이다.

90 (옮긴이의 주) 맥퍼슨이 번역한 오시안의 시 「캐릭투라 *Carricthura*」. 캐릭투라는 핑갈의 친구인 카툴라(Cathulla) 왕의 성(城)을 가리킨다.

91 클롭슈토크가 창작한 『헤르만 전투 *Hermanns Schlacht*』(1769)는 일명 바르디트(Bardiet), 즉 애국적인 내용을 지닌 음창 시가풍의 드라마이다. 헤르만은 게르만족인 케루스키족(Chesrusci)의 족장 아르미니우스(Arminius)의 독일식 이름이다. 그는 바루스 전투에서 로마군을 격파하여 "게르마니아의 해방자"로 불렸다. 헤르만(아르미니우스)과 그의 수용에 대해서는 최윤영(외), 『독일, 민족, 그리고 신화. 『에다』에서 〈베른의 기적〉까지』, 서울대학교출판문화원 2015, 85-153쪽 참조.

절적이고자, 얼마나 고대 독일어풍이고자 노력했던가요! 어떤 산문이 그의 6보격시행과 닮겠습니까! 어떤 서정적 운율이, 평소에 그처럼 밀려오는 그의 그리스적 운율과 닮겠습니까! 그의 바르디트 안에 극적인 요소가 거의 없다면, 적어도 그 안에는 서정적인 것이 있으며, 이 서정적인 것 속에서 적어도 말의 구조는 아주 극적이고 아주 독일적입니다! 예를 들면 이 고상하고 단순한 소품을 읽어보세요.

이끼 위에, 바람 부는 시냇가에서 […][92]

그리고 상당히 많은 거의 모든 다른 소품도 읽어보세요. 그런 다음 데니스의 작품 속에서 **음유시인 어조**로 된 뭔가를 제게 보여주세요. 이제 클롭슈토크조차도 자신을 상당히 부인할 수 있었고 변해야만 했기 때문에 - 이런 당위성은 큰 교훈이 아닌가요? 당신은 데니스의 운율을 칭찬했는데, 최근 제게 보낸 편지에서 그가 번역한 핑갈과 로스크라나의 대화에서는 (『브레멘 기고집』에 실린[93]) 클롭슈토크의 「헤르만과 투스넬다」가 떠올랐다고 썼습니다. [이런 견해는] 더욱더 좋지 않습니다. 왜냐하면 최근의 클롭슈토크의 음유시인 어조는 완전히 「헤르만과 투스넬다」에서의 그 어조가 아니기 때문입니다. 클롭슈토크의 최근의 작품에서 이 변화된 좀 더 딱딱한 음유시인 어조를 느끼는 사람은 분명히 저뿐만이 아닙니다. 그리고 저는 더 개선된 점 혹은 더 악화된 점은 논하지

92 『헤르만 전투』 제11장에 나오는 구절.

93 클롭슈토크의 송가 「헤르만과 투스넬다 *Hermann und Thusnelda*」는 『브레멘 기고집 *Bremer Beiträge*』이 아니라 『지성과 기지(機智)의 만족을 위해 새로운 브레멘 기고집에 글을 기고한 사람들의 잡록(雜錄) 모음집 *Sammlung vermischter Schriften von den Verfassern der Bremischen neuen Beyträge zum Vergnügen des Verstandes und Witzes*』(1753)에 실렸다. 헤르만은 세게스테스(Segestes)의 딸인 투스넬다에게 청혼했지만 세게스테스가 이를 거절하자 그녀를 납치하여 아내로 삼았다고 한다.

않은 채 계속해서 그 시인이 겪은 세월과 함께, 자연과 함께 가고 싶습니다. 그리고 제가 자부심을 갖는 것은, 그의

> 네 조국이 토르 네게 해준 것이 무엇이더냐[?][94]

에서, 그리고 아주 간결하고 극적인 대화와 뚝 던져진 생각[95]이 펼쳐지는 최근의 모든 작품에서 독일적인 음유시인의 면모를 느낀다는 점입니다. ---

--- 우리의 편지 교환의 실마리가 갖가지가 되다 보니, 계속해서 이 실마리를 이끌어가기 위해서는 어디에서[96] 그것을 붙잡아야 할지 모르겠네요. - 따라서 실마리가 제 수중에 들어오는 곳에서 논의를 시작하는 것이 가장 좋겠습니다.

이런 유형의 "**옛 노래 속에 들어있는 극적인 요소**에 관한" 당신의 논평은 제 뜻과 맞습니다. 저는 고대인들의 특징적인 작품들 가운데에서 그 점을 항상 함께 생각했답니다. 우리 근대인들은 고대인들에게 필적하지 못하는데, 이는 순간을 묘사하는 죽은 그림이, 계속 진행되고 움직이는 생생한 장면에 필적하지 못하는 것과 같습니다. 우리의 송가는 전

94 클롭슈토크의 송가 「우리와 당신네들 *Wir und Sie*」(1776)의 첫 연과 마지막 연의 첫 번째 시행. 이 송가에서 클롭슈토크는 조국 독일("우리")과 영국("당신네들")을 비교했다.

95 "뚝 던져진 생각"(Wurf der Gedanken). '뚝 던짐'(Wurf)은 숙고하지 않고 논리에 얽매이지 않은 채 내뱉는 것, 즉 일종의 즉흥성을 의미한다.(FHA 2, 1122 참조) 이 글에서 '뚝 던짐'은 '비약'(Sprung)과 더불어 오시안과 야생적인 민족의 노래를 특징짓는 주요개념으로 사용된다. '뚝 던짐'이라는 표현은 이해경의 번역에서 가져왔다.

96 원문에는 "[…] daß ich kaum mehr weiß, so ich ihn angreifen soll […]"로 표기되어 있으나, 문맥상 프로스 판과 레클람 판("[…] daß ich kaum mehr weiß, wo ich ihn angreifen soll […]")에 따라 번역했다.

자에 해당하고, 고대인들, 특히 야생적인 민족들의 서정적 작품들은 후자에 해당합니다. 이 민족들의 모든 연설과 시는 행위입니다. 예를 들면 샤를부아의 저서에서 전쟁과 평화를 촉구하는 에스키모인들의 즉흥적인 연설을 직접 읽어보세요. 이 연설에는 모든 것이 이미지이자 시연(詩聯)이자 장면입니다! 「오딘의 지옥 행차」에는, 「발퀴레들의 베틀가」에는, 「헤르보르의 초혼가(招魂歌)」[97]에는, 그리고 오시안에서는 쪽마다 작품마다 행위가 있습니다! 제가 당신에게 많은 것을 열거하면서 아무것도 주지 않는다고 당신이 다시는 말하지 못하도록, 제 부채를 갚는 것으로 시작하겠습니다. 이제는 제가 편지를 쓸 시간이 더 이상 없기 때문에 언급된 작품들 가운데에서 몇 가지를 동봉합니다. 당신을 위해 그것들을 아주 새롭게 꾸미고 이상화할 수도 있었을 겁니다. 그러면 그것들은 더 이상 지금의 상태는 아니겠죠. 그런데 당신과 제게 중요했던 것은 바로 입상에 낀 녹청이자, 작품의 어둡고 단조로운 북구적 마법의 분위기입니다.

오딘의 지옥 행차[98]

인간들의 최고의 신!
오딘이 몸을 일으키고서

97 「헤르보르의 초혼가 *Beschwörungsliede der Hervor*」. 헤르보르는 그녀의 아버지 안간튀르(Angantyr)의 무덤을 찾아가 튀르핑(Tyrfing)을 달라고 그에게 청하는데, 튀르핑은 칼집에서 뽑힐 때마다 사람을 죽이고 그 소유자도 죽이는 마법의 칼이다. 이 노래는 『민요집』(FHA 3, 142-147; SW 25, 211-217)에서는 "안간튀르와 헤르보르 간의 마법적인 대화 Zaubergespräch Angantyrs und Hervors"라는 제목으로 실린다.

98 헤르더는 『에다』에 나오는 시 「백탐의 노래 혹은 발드르의 꿈」을 자유롭게 번역하고 약간 수정하여 『민요집』(FHA 3, 360-362; SW 25, 470-472)에 "여선지자의 무덤 Das Grab der Prophetin"이라는 제목으로 수록했다. 여기에서 "지옥"은 영원히 춥고 어두우며 안개가 자욱한 지하세계인 니플헤임(Niflheim)을 가리킨다.

준마[99]를 붙잡고
그 위에 뛰어올라
타고 내려갔다
지옥의 문으로.
그때 그에게 다가오는 것이 있었으니
지옥을 지키는 개였다!

피투성이었다
개의 가슴은!
아가리는 벌리고
이빨은 날카로우며
발광하며 게거품을 물고 있었다.
아가리를 쩍 벌리고
마법의 아버지를
향해 짖어댔다.
오랫동안 짖어댔다!

오딘이 계속해서 말을 몰자
땅이 진동했다.
그때 그는 높은
지옥의 성에 도착해서
지옥문으로
올라가는 입구로 말을 타고 갔다.
그곳에는 예언녀[100]가
무덤에 누워 있었다.

---

99 (옮긴이의 주) 오딘의 말인 슬레이프니르(Sleipnir)로 다리가 여덟 개이다.

100 (옮긴이의 주) 발라(Wala). 거인족 출신의 무녀이자 마술사인 뵐바(Völva)의 다른 이름.

그 현자[101]는
사자(死者)를 깨우는
조가를 불렀다.
북쪽을 바라보며
루네 문자를 놓고서
사자를 불러내서는 묻고
답변을 요구하자
결국 예언녀는 화를 내며
몸을 일으켜 세우고는
사자의 음성으로 말하기 시작했다.

"거기 누구요?
나는 그대를 모르오!
내 평안을
방해하기 시작하는 그대를!
나는 눈과
얼음에 덮이고
빗물에 스치며
이슬에 젖은 채 누워있었다오.
아주 오랫동안 누워있었다오!"

나는 나그네[102]
전사의 아들이오.
나에게 저승에 대해
알려주시오.
그럼 이승의 소식을

---

101 (옮긴이의 주) 오딘.

102 (옮긴이의 주)『에다』(60쪽)에는 '나그네'가 아니라 발탐(Valtam)의 아들 '벡탐'(Wegtam)으로 되어 있다.

전해주겠소!
저 황금 의자는
누구를 위해 예비된 것이오?
저 황금 침상은
누구를 위해 있는 것이오?

"발드르[103]를 위해 있다오.
이쪽을 보시오! 음료와
꿀을 딴 음료와
문장(紋章)이 그 위에 있다오!
곧 그의 죽음을
신들이 슬퍼할 것이오!
마지못해 말했으니
이제는 나를 놔두시오!"

처녀여! 아직은 쉬지 마시오.
계속 캐물으며
그만두지 않겠소
모든 것을 알 때까지는!
말하시오, 누가 발드르를
죽일 것인지를?
오딘의 아들의
생명을 앗아갈 것인지를?

"회두르[104]라오.

103 오딘의 둘째 아들. 오딘은 아들 발드르(Baldr)의 운명을 걱정해서 예언녀 발라에게 간 것이다.

104 (옮긴이의 주) 회두르(Hödur)는 발드르의 형제로 눈이 멀었다. 발드르가 계속해서 죽는 꿈을 꾸자, 그의 어머니 프리그(Frigg)는 만물에게 자기 아들을 해치지 않겠다는 맹세를 하게 한다. 하지만 겨우살이 가지 하나에게만 이 맹세를 받아내지 못한다. 이를 알게 된 로키(Loki)가 회두르를 부추겨서 겨우살이로 만든 화살을 쏴 발드르를 죽이게 한다.

그가 형제를
죽일 것이며
오딘의 아들의
생명을 앗아갈 것이오!
마지못해 말했으니
이제는 나를 놔두시오!"

처녀여! 아직은 쉬지 마시오.
계속 캐물으며
그만두지 않겠소
모든 것을 알 때까지는!
말하시오, 누가 회두르에게
그 원한을 갚고
발드르의 살인자를
무덤으로 보낼 것인지를?

"서쪽에서 린다[105]가
저녁에 오딘에게
아들 하나[106]를 낳아줄 것이오.
그 아들은 태어나자마자
무기를 들고
손을 씻지 않고
머리를 빗지 않을 것이오,
발드르의 살인자를
무덤에 보내기 전에는.
마지못해 말했으니

---

105 (옮긴이의 주) 린다(Rinda). 오딘은 발드르가 죽은 후에 아들의 살인자에게 복수하기 위해 온갖 계략을 써서 린다와 동침해 아들 발리(Wali)를 낳게 한다.

106 (옮긴이의 주) 발리는 태어난 지 하루 만에 발드르를 죽인 회두르에게 복수한다.

이제는 나를 놔두시오!"

처녀여! 아직은 쉬지 마시오.
계속 캐물으며
그만두지 않겠소
모든 것을 알 때까지는!
거기서 말없이 울며
고통 속에서 베일을
하늘을 향해 내던질
그 처녀들[107]이 누구인지를
나에게 말하시오.
그 전에는 쉬지 못할 것이오!

"오, 당신은 제가 처음에 착각했듯이
나그네가 아니군요!
당신은 인간들의 최고의 신인
오딘 자신입니다."

그럼, 처녀인 그대는
현인도 여선지자도
예언녀도 아닐세.
오히려 그대는
세 거인의 어미[108]라오.

"오딘이여, 떠나가세요!

---

107 바다의 신인 에기르(Ægir)의 딸들로 그녀들의 베일은 물결을 가리킨다.

108 거인족은 오딘의 최대 적이었다. 따라서 "세 거인의 어미"라는 표현은 발라에 대한 일종의 욕이다. 여기에서 "세 거인"이란 로키와 거인족 여인인 안그르보다(Angrboda) 사이에서 태어난 늑대 펜리르(Fenrir)와 지하세계의 여신 헬(Hel), 그리고 미드가르드 뱀(Midgardschlange)을 가리킨다. 이에 대해서는 라이너 테츠너(저)/성금숙(역), 『게르만 신화와 전설』, 범우사 2002, 180쪽 참조.

댁으로 가세요! 그리로 떠나세요!
그리고 댁에서 자랑하세요,
인간 가운데 그 누구도
당신이 했던 것처럼
캐묻지 못할 것임을,
장차 그 악마[109]가
사슬을 끊고
신들이 멸망하고
세상이 무너지며
밤이 시작되기 전까지는요!"

(전투 전에 란트베르 백작의 죽음과 그 왕의 승리에 대한 운명의 여신들인)
발퀴레들의 베틀가[110]

사방이 어두워진다
구름 같은 화살로 인해!
화살은 사방에 퍼지네
악천후를 예고하는 듯!
피가 빗발치듯 하는구나!
출정하라! 창에 묶어라

---

109 로키. 북구신화에 따르면 로키가 묶인 사슬에서 풀려나자 신들의 지배는 종말을 고하기 시작한다.

110 이 베틀가의 배경은 1014년 4월 23일 아일랜드 왕 브라이언(Brian Boru)과 노르웨이 왕 시그트뤼그르(Sigtryggr Óláfsson 혹은 Sigtryggr Silkiskegg) 간에 벌어진 전투이다. 이 전투에서 브라이언 왕은 승리를 거두지만 자신도 전사한다. 여기에서 "란트베르 백작"은 잘못 표기된 것으로 실은 브라이언 왕을 가리킨다. 이 시는 『민요집』(FHA 3, 367-369; SW 25, 478-480)에서는 제목이 "죽음의 여신들 Die Todesgöttinen"로 바뀌고, "호젓한 무덤의 구멍 속에서 한 나그네가 본 환영. 그때 그는 발퀴레들이 베 짜는 것을 보았다. Das Gesicht eines Wandrers in einer einsamen Grabhöhle, da er die Valkyriur also weben sah."(FHA 3, 367)라는 부제를 지닌다. 여기에서 '죽음의 여신들'은 발퀴레들을 가리킨다.

너희 죽음의 자매들이여
란트베르의 죽음을 기리기 위해
새빨간 씨줄이 들어있는
운명의 직물[111]을.

그들은 직물을 짠다
사람의 장(腸)으로 된!
사람의 머리는
거기에 매다네!
피가 떨어지는 창을
던져 관통시키는구나.
무기와
화살로 무장하고서
칼로는 승리의 실을
단단히 촘촘하게 한다.

그들은 짜러 온다
칼집에서 뽑은 칼을 들고서
힐드르, 히오르트리물
상그리다, 스비풀[112]은,
해가 지기 전에
방패는 쪼개지고
갑옷은 찢어지며
칼이 부딪혀
투구가 울릴 것이라네.

우리는 싸네, 우리는 짜네

---

111 (옮긴이의 주) “운명의 직물”이란 브라이언 왕의 운명이 묘사된 직물을 가리킨다.

112 힐드르(Hildr), 히오르트리물(Hiorthrimul), 상그리다(Sangrida), 스비풀(Svipul)은 발퀴레이다.

전투의 직물[113]을!
이 칼을 한때
왕의 아들이 지녔지!
나가자, 나가자
군대로
우리 친구들이
무장한 채 이미 불타오르는 곳으로!

우리는 짜네, 우리는 짜네
전투의 직물을!
나가자, 나가자
왕[114]에게로!
구드르와 곤둘[115]이여!
그때 이들은 이미
방패가 피로 붉게 물든 채
왕을 지켜주는 것을 보았네!

우리는 짜네, 우리는 짜네
전투의 직물을!
나가자, 나가자!
무기 소리가 들리고
영웅들이 싸우는 곳으로!
우리는 왕[116]이
전사하도록 내버려두지 않을 것이다!

---

113 (옮긴이의 주) "전투의 직물"에는 브라이언 왕과 시그트뤼그르 왕 간의 전투 장면이 묘사된다.

114 아일랜드 왕 브라이언.

115 구드르(Gudr)와 곤둘(Gondul)도 발퀴레이다.

116 노르웨이 왕 시그트뤼그르.

생과 사를 주관하는 자는
발퀴레들이라네!

[이] 땅을
황무지에 거하는 이 민족이
지배하게 되리라!
강력한 왕[117]이여
그대에게 전하노니
화살 속에서
죽음이 임박하는구나!
그대의 적[118]은 전사했도다! -

아일랜드를 덮칠 것이다
비통함이,
이것은 그의 자녀들에게서
결코 사라지지 않을 것이다!
직물은 짜였다!
전장에는 붉은 피가
흐른다!
전쟁은 여전히 여러 나라에서
맹위를 떨칠 것이다!

이제 주변을 둘러보니
이 얼마나 끔찍한가!
핏빛 구름이
공중에 흩날리는구나!
아! 전사들의 피로

---

117 아일랜드 왕 브라이언.

118 노르웨이 왕 시그트뤼그르.

대기는 물드는구나,
우리의 목소리가
장차 충일하기 전에.

　너희 모든 자매들이여
왕에게 외치자 만세를!
부르자 승전가를!
우리 자매들과
우리 노래 만세!
전투가를
듣는 자는
배워서 전사들 앞에서
그것을 부를지어다.

[우리는] 준마를 타고
공중에서 저 멀리 간다
칼집에서 뽑은 칼을 들고서
여기를 떠난다!

--- 도대체 제가 스칼데의 시를 모든 면에서 최근 시의 모범인양 내세우려고 했던가요? 결코 아닙니다! 스칼데의 시는 아주 단조롭고 아주 무미건조할지도 모릅니다. 다른 민족들의 노래가 그것보다 훨씬 나을 수 있습니다. 그것은 북구의 직장가인(織匠歌人)들 혹은 즉흥시인들의 노래에 불과한 것으로 간주될 수도 있습니다. [하지만] 그것은, 제가 그것으로 입증하고자 하는 바를 입증해줍니다. 그것에 가득 찬 정신, 거칠고 소박하지만 위대하고 마법적이며 장엄한 풍(風), 아주 강력하게 말해진 각각의 말이 주는 인상의 깊이, 그리고 그 인상이 생기도록 하는 자유로운 뚝 던짐 - 단지 저는 이 점만을 옛 민족들에서 진기한 것, 모범적인 것

이 아니라 자연적인 것으로서 제시하고자 했습니다. 따라서 이에 대해 이야기하겠습니다.

당신은 여행기에서 야생인들이 항상 자기 생각을 얼마나 강하고 확고하게 표현하는지를 알고 있습니다. 그들은 말하고자 하는 대상을 항상 감각적이고 분명하며 생생하게 직관합니다. 그들은 자신들이 말하는 목적을 직접 정확하게 느낍니다. 모호한 개념과 어설픈 이념과 문자의 상징적인 의미(그들에게는 추상명사가 거의 없기 때문에 자신들 언어의 어떤 말에서도 이것[119]에 대해서는 모릅니다.)로 인해, 이 모든 것들로 인해 정신이 분산되지 않습니다. 더욱이 인위적인 면과 노예적인 기대감과 겁먹고서 조심스럽게 접근하는 정치와 혼란스러운 사전 숙고로 인해 타락하지 않습니다. - 그들은 정신을 약화시키는 이 모든 것에 대해 다행히 모른 채 온전한 말로 온전한 생각을 포착하고, 온전한 생각으로 온전한 말을 포착합니다. 그들은 침묵하거나 아니면 관심이 생기는 순간에 미리 숙고되지 않은 확고함과 확실함과 아름다움을 가지고서 말합니다. 모든 유식한 유럽인들은 이것을 보고 항상 감탄할 수밖에 없었으며 – 이것을 그대로 내버려두도록 해야만 합니다. 사전에 모든 것을 급조하여 암기해야만 제대로 방법론적으로 더듬거리는 우리 현학자들, 우리 교사들, 교회 관리인들, 어설픈 학자들, 제약사들, 그리고 학자들의 집을 돌아다니면서 노획하는 것이라고는, 결국 셰익스피어의 란슬럿과 순찰대와 묘파기꾼들[120]처럼 주관 없이 막연하게 말하는, 최후의 죽음의 혼돈 속에서 하는 것처럼 말하는 모든 사람들 – 이런 배운 사

---

119 (옮긴이의 주) "문자의 상징적인 의미".

120 모두 셰익스피어 작품에 등장하는 우스꽝스러운 인물들이다. 란슬럿(Lancelot)은 『베니스의 상인』에 등장하며 샤일록을 떠나 안토니오에게 간 일꾼이고, 순찰대는 『헛소동 *Much Ado About Nothing*』에 나오는 우둔한 치안관 도그베리(Dogberry)와 그 휘하의 두 명의 야경꾼들을 가리키며, 묘파기꾼들은 『햄릿』에 등장한다.

람들, 이들은 야생인들에 비하면 무엇일까요? - 아직도 우리에게 [야생인들에게서 볼 수 있는] 이런 확고함의 흔적을 발견하고자 하는 이는 그것을 그런[배운] 사람들에서 찾지 마세요. - 때 묻지 않은 아이들, 여성들, 사변보다는 행동을 통해서 더 많이 배운 건전한 자연지성을 지닌 사람들, 이들이야말로 제가 열거했던 것이 웅변이라고 한다면 우리 시대의 유일한 최고의 연설가입니다.

그런데 고대에는 바로 이런 표현의 확실함과 확고함을 품위와 화음, 아름다움에 가장 많이 결합시킬 수 있었던 사람들은 시인과 스칼데와 학자였습니다. 그리고 그들은 이렇게 영혼과 입을 가장 확고하게 결속시켜 이것들이 서로를 혼란시키지 않고, 오히려 서로 지지하고 돕도록 했기 때문에, 이로부터 태곳적 가장 위대한 시인들이었던 아오이도이스[121]와 가인들과 음유시인들과 민스트럴[122]들이 지은, 우리가 볼 때 거의 기적에 가까운 저 작품들이 생겼났던 겁니다. 당시에는 여전히 즉흥연설만 알려졌기 때문에, 호메로스의 광시(Rhapsodien)[123]와 오시안의 노래는 말하자면 즉흥적인 작품이었습니다. 민스트럴들은 비록 [오시안에 비해] 아주 약하고 [그와] 동떨어졌지만 그를 좇았습니다. 결국 인위(人爲)가 오고 자연이 없어질 때까지 그동안 그를 좇았습니다. 사람들은 어려서부터 외국어로 이렇게 자신을 괴롭혔습니다. 귀와 자연이 더 이상 우리에게 느끼게 해주지 못하는 음절의 양을 알려고,[124] 천재가 극소수만을 자연의 규칙으로 인정하는 규칙에 따라 일하려고 말입니다. 아무

---

121 헤르더에 따르면 아오이도이스(*αοιδοισ*)는 "그리스의 방랑가인들"(FHA 3, 230)이다.

122 (옮긴이의 주) 민스트럴(Minstrel)은 중세 영국의 가인이다.

123 호메로스의 서사시 『일리아스』와 『오디세이아』를 가리킨다.

124 고대 운율이 음절을 장음과 단음으로 나누는 양적 체계인데 반해, 독일어 운율은 음절의 강세를 중시하는 질적 체계이다. 헤르더에 따르면 이처럼 고대 운율과 독일어 운율이 서로 맞지 않는데도 독일어에 고대 운율체계를 이식하려고 시도함으로써 독일어는 뒤틀리게 된다.

것도 생각할 수 없는, 더욱이 **궁리할** 수 없는, 더욱이 상상할 수 없는 대상에 대해 창작하고, 우리에게 없는 정열들을 짐짓 꾸미며, 우리가 소유하지 않은 영혼의 힘을 모방하려고 말입니다. - 그래서 결국 모든 것은 허위와 약함과 인위성이 되었습니다. 그 어떤 최고의 두뇌조차도 혼란을 겪었고 눈과 손의 확고함과 생각과 표현의 확실함을 잃었습니다. 따라서 진정한 생생함과 진실함과 쇄도함을 잃었습니다. - 모든 것이 사라졌습니다. 가장 격렬하게 휘몰아치고 가장 확실한, 인간영혼의 딸이어만 하는 시문학이 가장 불확실하고 가장 무기력하며 가장 동요하는 것이 되었습니다. 시는 사내아이들의 세심하게 자주 수정받는 연습문제와 학교숙제가 되었답니다. 그리고 물론 이것이 우리 시대가 이해하는 바라고 한다면, 우리는 고대의 작품을 볼 때도 자연보다는 인위에 점점 더 많이 경탄하고자 합니다. 따라서 그로부터 마음이 내키는 대로 때로는 너무 많은 인위를, 때로는 너무 적은 인위를 발견하지만, 거기에서 노래하고 있는 자연의 정신을 발견하는 경우는 드뭅니다. 확신하건대 호메로스와 오시안이 소생하여 그들의 시가 읽히고 칭송되는 것을 듣는다면, 우리가 그들의 시에 부여하고 거기에서 취하는 것을 보고, 우리가 그들의 시를 꾸미고서 다시 거기에서 느끼지 못하는 것을 보고 너무나 자주 놀랄 겁니다.

물론 오늘날 우리의 영혼은 오랜 세대에 걸쳐 어려서부터 교육을 통해 다른 방식으로 형성됩니다. 우리는 더 이상 거의 보고 느끼지 못하며 오히려 생각하고 골몰할 뿐입니다. 우리는 생생한 세계에 대해서, 그 세계 속에서, 그런 대상과 그런 느낌의 질풍과 합류 속에서 시를 짓지 않습니다. 오히려 주제 혹은 주제를 다루는 방법 아니면 이 두 가지를 꾸밉니다. - 그런데 이미 아주 오랫동안, 너무나 자주, 너무 어려서부터 이것을 꾸며왔기에 이제는 물론 더 이상 자유로운 육성이 거의 성공하지 못할 겁니다. 왜냐하면 다리가 마비된 사람이 어떻게 걸을 수 있겠습니까?

우리 대부분의 새로운 시에 확고함과 확실함과 완성된 윤곽이 없는 경우가 너무 빈번한 것 또한 이 때문입니다. 완성된 윤곽은 최초의 뚝 내던짐(Hinwurf)만이 부여합니다. 이후에 추가적으로 정확히 검토해 본다고 해서 생길 수 있는 것은 아닙니다. 우리가 아무리 시적인 열심을 갖고 있다고 하더라도 호메로스나 오시안 같은 시인이 보기에 우리는 분명히, 라파엘 같은 화가나, 하나의 스케치만으로도 아펠레스[125]임이 입증되는 아펠레스 같은 화가가 보기에 손힘이 약해 끄적거리는 수습 사내아이와 다를 바가 없을 겁니다. - 등등.

--- 최근에 제가 어떤 시의 최초의 뚝 던짐에 대해 말한 것이 우리의 재능 없는 젊은 시인들의 덤벙거림과 마구 쓴 것에 아주 조금이나마 도움이 될 수 있을까요?[126] 이들의 시에서는 무엇을 말하고자 하는지 혹은 말해야 하는지를 모르는 것, 바로 생각과 말의 막연함과 불확실함보다 더 눈에 띄는 그 어떤 실수가 있을까요? - 그런데 누군가 그것을[127] 모른다고 한다면, 그가 어떻게 온갖 교정으로 그것을 배울 수 있을까요? 조각한다고 해서 고기구이용 꼬챙이가 아폴론 대리석상이 될 수 있을까요?

제 생각에 현재 우리 시문학의 상황에 비추어 볼 때 이 점에서는 중요한 두 가지 경우가 가능합니다. 시인이 일부 자신의 대상과 창작 방법이 요구하는 영혼의 힘, 그리고 자신에게 지배적인 영혼의 힘이 **표상하고 인식하는** 힘임을 인식한다면, 그는 생각 속에서 대상과 시의 내용을 숙

125 아펠레스(Apelles)는 코스 출신의 고대 그리스 화가로 18세기에는 최고의 고대 화가로 간주되었다.

126 (옮긴이의 주) 시에서 즉흥적인 '뚝 던짐'을 강조한다고 해서 젊은 시인들이 아무 생각 없이 마구 써 댄 것을 옹호하는 것은 아니라는 의미이다.

127 (옮긴이의 주) "무엇을 말하고자 하는지를 혹은 말해야 하는지를".

고하고, 이것을 명확하고 분명하게 파악하며 변화시키고 정돈해야 하는데, 이것을 흡사 모든 철자가 자신의 영혼 속에 새겨져 있을 정도로까지 해야 합니다. 그리고 그는 시에 이것을 단지 온전하고 솔직하게 찍어내기만 하면 됩니다. 그러나 시가 정열과 느낌의 발산을 요구한다면, 혹은 영혼 속에 이런 유의 힘이 가장 활동적이고 가장 친숙한 동인(動因)이 되고, 이것들 없이는 작업할 수 없다고 한다면, 그는 행복한 시간의 열정에 몸을 맡긴 채 시를 쓰고 매혹하면 됩니다. 첫 번째 경우에 해당하는 시인으로는 밀턴, 할러,[128] 클라이스트와 다른 이들이 있었습니다. 그들은 쓰지 않은 채 오랫동안 궁리했습니다. 그러나 그들이 말을 했을 때 시가 생겼고, 이것은 시로서 존속했답니다. 밀턴의 경우 몇 안 되는 시행을 밤새도록 흡사 모자이크 세공[129]처럼 영혼 속에서 만든 다음 이른 아침에 서기[밀턴의 딸]에게 말했다고 합니다. 할러의 시를 충분히 살펴보면 그것이 얼마나 숙고한 것인지, 압축적인지를 [알게 됩니다.] 제 생각에 레싱의 경우 후기 시문학 작품 또한 이 부류에 속합니다. - 그처럼 생생하게 영혼 속에서 온전히 완성된 모든 작품은 인상의 재빠름이 아니라면, 인상의 깊이와 지속성에 의해서 두드러집니다. 이 작품들은 지속됩니다. 그러면 영혼은 인상이 새롭게 반복될 때마다 말하자면 처음에는 인지하지 못했던 좀 더 심오한 것과 완성된 것을 발견하게 됩니다. 확실히 두 번째 유형에 속하는 시인으로는 예를 들면 클롭슈토크가 있는데, 그의 시에서 [정열과 느낌을] 가장 많이 발산하는 구절에서 그렇습니다.

---

128 할러(Albrecht von Haller)는 생리학 분야에서 독보적인 업적을 쌓은 스위스의 저명한 자연과학자이자 시인으로 교훈시 『알프스 산 *Die Alpen*』(1729)을 지었다.

129 프로스(Proß I, 831)는 "Mosaische Arbeit"를 "모자이크 세공"(Mosaik)으로 해석하여, 밀턴의 시 쓰기는 모자이크 세공처럼 많은 인내를 요하는 작업이었다고 해석한다. 또한 이 문구는, 모세가 시내산에서 십계를 받기 위해 40일 낮과 밤을 지낸 것, 즉 '모세의 노고'(Mosaische Arbeit)를 암시하기도 한다.(FHA 2, 1148 참조)

글라임[130]이 그러한데, 그의 시에서는 최초의 뚝 던짐에 대해 눈에 띄는 점들이 아주 많답니다. 야코비[131]가 그러한데, 그의 시는 순간의 부드러운 환담과 다름없습니다. 그리고 물론 나중에는 대상을 과장하여 냉담함에 이르기까지 했던 다른 시인들도 마찬가지입니다. 제 생각에 라믈러[132]는 두 가지 유형을 결합하려고 합니다. 물론 첫 번째 숙고하는 유형이 그에게는 훨씬 더 눈에 띄기는 하지만요. 빌란트는 이 둘을 결합하려고 합니다. 그는 마음에 두고 있는 세상사에 대한 지식 분야에서 [소재를 취해] 점점 더 많이 시를 쓰는 것 같기는 하지만요. 게르스텐베르크는 [이 두 가지를] 결합하려고 합니다. - 그리고 대체로 운이 좋다면 누구나 두 가지 유형을 어느 정도는 결합합니다. 왜냐하면 두 유형이 처음에는 아주 동떨어지게 보이더라도, 한 천재가 다른 천재의 방식을 즉석에서 제 것으로 삼을 수 없더라도, 그 두 유형은 마침내 합치하기 때문입니다. 오랫동안 강하고 생생하게 생각한 것 혹은 빠르고 효과적으로 느낀 것 - 이 두 가지는 행동할 때 즉흥적인 것이 되거나 그러한 것의 확고함과 진실함과 생동함과 확실성을 얻습니다. 그리고 이것이 – 바로 이것이 제가 말하고자 했던 바입니다. 그런데 이 점에서 교육과 교양과 가르침의 위대하고 풍요로운 진리를 끄집어 낼 수 있었으면 합니다! 대체로 우리 영혼의 인식하고 느끼는 부분[133]의 이런 균형 혹은 불균형으로부터 심리학적이고 실천적인 논평을 할 수 있었으면 합니다! 그러나 당신

130 글라임(Johann Wilhelm Ludwig Gleim)은 술과 사랑을 노래한 독일 아나크레온파 시인이지만 7년 전쟁(1756-63) 중에는 전쟁가요를 지어 애국심을 고취하기도 했다.

131 야코비(Johann Georg Jacobi)는 로코코 시대의 대표적인 독일 시인으로 스페인 문학을 독일에 전파했다.

132 라믈러는 "독일의 호라티우스"라고 불렸던 의고전주의 시인이다.

133 이에 대해서는 헤르더의 글 『인간 영혼의 인식과 느낌에 대해 *Vom Erkennen und Empfinden der menschlichen Seele*』(1778)와 졸고 「『인간 영혼의 인식과 느낌에 대해』에서 나타난 헤르더의 인식론」(『괴테연구』 28(2015), 191-217쪽) 참조.

은 오시안에 대한 제 심리학을 기다려야만 합니다!

저는 여기에서 제 영역에 머뭅니다. 야생적인 옛 민족들의 시는 직접적인 현존에서, 감각과 상상의 직접적인 열광으로부터 아주 많이 생성되고, 상당히 많은 뚝 던짐과 비약을 지니고 있습니다. 이 점으로 인해 저는, 많은 것을 지각하고서 우호적인 감정(鑑定)을 받기 위해 당신에게 여기에서 전하고 있는 생각을 오래 전에 갖게 되었습니다. 먼저 감각적인 지성과 상상에게는, 영혼이 거의 감각적인 지성과 상상인 민중에게는, 그와 같은 생생한 비약과 뚝 던짐과 전환이, 당신이 이것들을 뭐라고 명명하든지 간에, 학자들과 예술비평가들이 우리에게 가르치듯, 그렇게 낯설고 이해할 수 없는 것일까요? 당신은 사람들이 항상 그러하듯이, 기독교 민족의 훌륭한 대의를 위해 클롭슈토크의 찬송가에 대해 제기한 이의[134]를 알고 있습니다. 여기에서 무엇이 문제가 되는지 볼까요?

경험과 권위가 관건이라면 당신에게 먼저 말해야 할 것은, 세상에 그 어떤 것도 민중의 노래보다 더 많은 비약과 대담한 뚝 던짐을 갖고 있지 않다는 점입니다. 그리고 바로 민중의 노래에는 이것들이 가장 많이 들어있습니다. 이것들 자체는 민중 가운데에서 생각되고 궁리되고 유래하고 태어났습니다. 그 때문에 민중은 이것들을 아주 많은 흥분과 격정을 가지고 노래할 수 있으며 노래하기를 그만둘 수 없답니다. 예를 들면 저는 「사냥꾼의 노래」[135]를 알고 있는데, 이 노래 전체를 당신에게 알리는 것을 어쩌면 단념할 지도 모릅니다. 그 이유는 그 노래 대부분이, 그리고 그 노래에서 가장 매력적인 부분이 **뿔피리의** 생생한 음색과 **멜로**

---

134 레싱은 『최근 문학 관련 편지』(51번째 편지, 1759)에서 클롭슈토크의 시는 "너무 느낌으로 가득 차 있어 거기에서 전혀 아무것도 느끼지 못하는 경우가 자주 있다"고 비판했다.

135 「사냥꾼의 노래 *Jägerlied*」는 "Jägerliedchen"이라는 제목으로 『옛 민요집』(SW 25, 114-115)에 실린다.

디와 관계하기 때문입니다. 단순하고 대중적임에도 불구하고 비약적이고 뚝 던져진 대화가 없는 시행이 없습니다. 이런 대화는 새로운 시에서 분명히 놀라움을 자아냈고, 이것에 대해 우리의 맥없는 예술비평가들은 이해되지 않는다고, 대담하다고, 격정적이라고 외쳐댈 겁니다. 한 사냥꾼이 저녁 늦게 그물을 친 다음 "늘 밤에"(이 말은 사냥꾼의 반향입니다.) 뿔피리를 불어 야생동물을 곡식으로부터 긴 숲 속으로 내쫓습니다. 이렇게 해서 "늘 밤에" 멀리서 그와 마주치는 것은 한 "거만한 처녀"[136]인데, 이때 대화는 이렇게 시작됩니다.

> 너 야생동물아! 어디서 와서 어디로 가는 거냐?
> 늘 밤에!
> 나는 사냥꾼이니 널 분명히 잡는다.
> [늘, 늘 널 분명히 잡는다]
> [늘 밤에.][137]
> "네가 사냥꾼이라도 날 잡지 못할걸.["]
> 늘 밤에!
> "내가 높이 뛰어오르는 것을 너는 모르잖아.["]
> [늘, 늘 너는 모르잖아]
> [늘 밤에.]
> 네가 높이 뛰어오르는 것을 나는 잘 안단다.
> 늘 밤에!

---

136 (옮긴이의 주) 야생동물 암컷.

137 (옮긴이의 주) 원문에는 "u. s. w."로 표기되어 있으나 제켄도르프(Leo baron von Seckendorf)가 펴낸 『문학 연감 *Musenalmanach*』(1808)에 따르면 해당부분은 다음과 같다. "늘, 늘 너를 분명히 잡는다/늘 밤에 Alleweil, alleweil fang dich schier,/Alleweil bei der Nacht". 『문학 연감』에 실린 원문은 사이트(https://babel.hathitrust.org/cgi/pt?id=hvd.hxjrty;view=1up;seq=32-33) 참조. 이후 "[ ]"으로 표시된 부분은 원문에는 "u. s. w."로 표기되어 있지만 『문학 연감』을 참조하여 보충한 것이다. 참고로 『문학 연감』에서 위 시는 "사냥꾼 Der Jäger"이라는 제목 하에 실린다.

어떻게 해야만 네가 높이 뛰어오르지 못하게 하는지 잘 안단다.
[늘, 늘 못하게 하는 지]
[늘 밤에.]

그런데 보세요. 갑자기 아무런 대비도 못한 가운데 질문이 제기됩니다.

그녀[138]의 오른팔은 왜 그런가?

그리고 갑자기 아무런 대비도 못한 가운데 대답이 주어집니다.

이제 나는 붙잡혔네. [가련하도다]
[늘, 늘 가련하도다]
[늘 밤에.]
그녀의 왼발은 왜 그런가?
"이제 알겠네. 내가 죽어야만 한다는 것을!"

그리고 그렇게 뚝 던짐은 지속됩니다. 그처럼 단순하고 대중적인 사냥꾼의 노래에서는요! 그런데 이 노래를 이해하지 못할 사람은 누구일까요? 바로 그렇다고 해도 막연하게나마 그 생생한 시적인 것을 느끼지 못할 사람은 누구일까요?

모든 옛 노래가 저의 증거입니다! 라플란드와 에스토니아의 노래는, 라트비아어와 폴란드어, 스코틀랜드어와 독일어, 그리고 제가 잘 알고 있는 언어로 된 노래는 오래될수록, 민중적일수록, 생생할수록 더욱더 대담하고 더욱더 뚝 던져집니다. 제가 소개한 스칼데의 노래, 그리고 라

---

138 (옮긴이의 주) 야생동물 암컷.

플란드와 스코틀랜드의 노래가 당신에게 충분치 않다면, 한번 도즐리가 발행한『옛 영국시의 자취』에 실린 다른 노래를 들어보세요. 제가 아주 단순한 노래 하나를 택했는데, 우리 민중에게는 분명히 이것과 유사한 노래가 수백 개나 있습니다. 설령 노래가 없다고 하더라도 전설은 있습니다. 세상에「사랑하는 윌리엄의 유령」[139]보다 더 나은 것은 아무것도 없습니다. 하지만 저는 번역본에서 그 노래에 낀 녹청과 그 노래의 장엄한 대중성은 살릴 수 없답니다.

한헨의 집 문으로 한 유령이 왔네
　많은 탄식을 하며!
자물쇠를 눌러 돌리고서
　뒤이어 서글프게 신음했다네.
"거기, 아빠! 필립이세요?
　동생! 너, 요한이니?
아니면 제 신랑! 빌헬름인가요?
　스코틀랜드에서 오셨나요?"
그대의 아버지 필립이 아니오!
　그대의 동생, 요한이 아니오!
그대의 신랑 빌헬름이오.
　스코틀랜드에서 왔소.
들으시오, 사랑하는 한헨, 내 말을 들으시오,
　듣고서 내 뜻에 따르시오!
내가 그대에게 주었던

139 이 시는『옛 민요집』(SW 25, 72-74)과『민요집』(FHA 3, 408-410; SW 25, 523-526)에 재차 수록된다. 이 시와『옛 민요집』에서는 노래 제목이 "사랑하는 윌리엄의 유령 Sweet William's Ghost"이지만,『민요집』에서는 "빌헬름의 유령 Wilhelms Geist"으로 적혀 있다. 그리고 이 시에서는 유령의 애인으로 '한헨'(Hannchen)이 등장하는 반면,『옛 민요집』에서는 '마르그레트'(Marg'reth)가,『민요집』에서는 '그레트헨'(Gretchen)이 등장한다.

약속과 정절을 되돌려주시오!
"당신의 약속과 정절을 당신에게 주지 않을래요
결코 다시는 주지 않을래요!
당신이 사랑의 키스를 하며 저에게
제 방에 오기 전까지는요!"
그대의 방으로 들어가야 하오?
나는 더 이상 인간이 아니라오.
그대의 장미 같은 입술에 키스해야 하오?
키스하면 그대는 죽을 텐데!
사랑하는 한헨, 내 말을 들으시오,
듣고서 내 뜻에 따르시오.
"당신의 약속과 정절을 당신에게 주지 않을래요
결코 다시는 주지 않을래요!
당신이 혼인반지를 가지고서
저를 교회로 데려가기 전까지는요!"
나는 이미 교회 옆에 누워 있다오
나는 죽은 몸이오!
사랑하는 한헨, 여기 당신에게 들어온 것은
내 유령에 불과하오!
그녀는 백합 같은 손을 뻗어
떨면서 그에게 손을 내미네.
"빌헬름, 당신은 약속과 정절을 지켰군요,
가세요, 안식을 취하러 가세요!"
그녀는 재빨리 옷을 걸치고서
그 유령을 뒤따라갔네.
그 긴 겨울밤 내내
그녀는 그 유령을 뒤따라갔네.
"빌헬름, 당신 머리 부분에는 아직 공간이 있나요,
당신 발치에는 아직 공간이 있나요?

당신 옆구리에는 아직 공간이 있나요,
　그렇다면 주세요, 아, 저에게 그 공간을 주세요!"
내 머리 부분과 발치에는 공간이 없소
　내 옆구리에는 공간이 없소!
사랑하는 한헨, 내 관은 좁아
　그대에게 내 줄 공간이 없소!
그때 수탉이 울었네! 그때 시계가 종을 쳤네!
　그때 동이 텄다네!
"아, 한헨, 이제는, 이제는 그대와 헤어질
　시간이 오고 있소!"
그 유령은 - 더 이상은, 더 이상은 말을 못하고
　서글프게 신음하며
밤과 어둠 속으로 사라졌네.
　그러자 그녀는, 그녀는 홀로 서 있었네!
"기다리세요, 사랑하는 이여! 아직 기다리세요
　당신의 소녀가 부르니!"
그때 그녀의 시선이 흐려졌네! 그녀의 육체는 주저앉았고
　그녀의 뺨은 새파래졌네! -

이제 어떤 노래가 [위 노래보다] 더 대담하게 내던져지고 더 단절적이며 더 자연스럽고 더 단순하고 더 민중적일 수 있는지 제게 말해주세요. 저는 '더 민중적'이라고 말하고 있습니다. 신랑의 풍습에 관련해서는 야생인들, 예를 들면 북아메리카 사람들의 관습을 읽어보세요. 그리고 [윌리엄의] 환영이 입은 복장의 전반적인 상태는 제가 당신에게 설명할 필요는 없습니다. - 앞으로 계속해서 논의를 펼쳐나가겠습니다!

--- 당신은 우리 독일 사람들도 어쩌면 제가 인용한 스코틀랜드의 로

만체[140]와 같은 노래를 더 많이 가지고 있을 것이라고 생각합니다. 저는 그렇게 생각할 뿐만 아니라 그렇게 알고 있습니다. 제가 여러 지역에서 알고 있는 민요와 향토가와 농부가는 분명히 언어의 생동감과 리듬과 소박함과 힘에 있어 스코틀랜드의 많은 로만체에 전혀 뒤지지 않을 겁니다. 다만 그것들을 수집할 사람은 누구일까요? 누가 그것들에 신경을 쓸까요? 누가 거리와 골목과 어시장에서 들리는, 시골주민의 현학적이지 않은 돌림노래로 불리는, 민중의 노래에 신경을 쓸까요? 누가 운율에 따라 낭독되지 않고 제대로 운이 갖춰져 있지 않은 경우가 허다한 노래에 신경을 쓸까요? 누가 그것들을 수집하고자 할까요? - 누가 아주 능숙하게 음절을 셀 수 있고 운율에 따라 낭독할 수 있는 우리 비평가들을 위해 그것들을 인쇄하고자 할까요? 우리는 멋지게 인쇄된 최근 시인들의 작품을 읽기 더 좋아합니다. 그것도 단지 소일거리로요. - 프랑스인들이 고대 샹송을 수집하게 하세요! 영국인들은 고대 가요와 담시와 로만체를 화려한 장정으로 발행하게 하세요! 독일에서는 가령 독보적인 인물인 레싱이 로가우와 스쿨테투스의 시[141]와 **음유시인들의 노래**에 신경쓰게 하세요! 우리의 신진 시인들의 작품은 인쇄가 더 잘 되어 있어 읽기에 더 좋습니다. 아무튼 우리는 오피츠, 플레밍, 그뤼피우스의 작품에서 발췌한 것[142]을 인쇄합시다. - 좀 오래된 진정한 민중의 작품의 자취

---

140 (옮긴이의 주) 「사랑하는 윌리엄의 유령」.

141 레싱은 라믈러와 함께 1759년에 로가우의 격언시 모음집(『프리드리히 폰 로가우의 격언시 12권. 이 시인의 언어에 관한 논평과 더불어 *Friedrich von Logau Sinngedichte; zwölf Bücher. Mit Anmerkungen über die Sprache des Dichters*』)을 발간했다. 그리고 레싱은 1771년에는 스쿨테투스의 시를 모아 별쇄본(『안드레아스 스쿨테투스의 시집 *Gedichte von Andreas Scultetus*』)을 펴냈다.

142 차하리애(Justus Friedrich Wilhelm Zachariae)는 『오피츠에서 시작하여 최근에 이르기까지 독일 최고 시인들의 작품 선집 *Auserlesene Stücke der besten deutschen Dichter, von Opitz bis auf gegenwärtige Zeiten*』(1766-71)을 출판했는데, 이 선집에는 오피츠(Martin Opitz), 플레밍(Paul Fleming), 그뤼피우스(Andreas Gryphius)의 시가 들어 있다.

는 이미 그런 보물이 겪었던 것처럼 소위 매일 더 전파되는 문화로 인해 완전히 사라질지도 모릅니다. - 우리에게는 형이상학과 교리론과 기록물이 있습니다. - 그리고 우리는 가만히 꿈꾸며 시간을 보냅니다. -

하지만 만약 우리가 아직 향토가를 탐색한다면, 각자가 자기 지역에서 그렇게 한다면, 어쩌면 도즐리가 발행한 모음집 『옛 영국시의 자취』에 실린 작품 수의 절반에 불과할지 모르지만, 가치는 그것에 거의 필적할 작품을 모을 것이라는 점을 믿어주세요! 이 모음집에 실린 정말로 많은 작품을, 특히 최고의 스코틀랜드 작품들을 보았을 때 독일 풍속과 작품들이 떠올랐습니다. 독일 작품들은 제가 직접 부분적으로 들은 적이 있습니다. - 당신에게 알자스와 스위스와 프랑켄 지방과 티롤과 슈바벤 지방에 친구들이 있다면 - 먼저 이들이 그 작품들[143]을 부끄러워하지 말도록 부탁하세요. 왜냐하면 예를 들면 대담한 영국인들은 부끄러워하려고도 하지 않았고 그럴 필요도 없었기 때문입니다. 당신을 위해 한 번 인용했던 "어서 오라 죽음이여, 어서 오라!"[144]의 멜로디조차도 한 번 어렴풋하게 들었던 기억이 있습니다. 그리고 아직 오래전 일은 아닌데, 어떤 거지 노래가 기억납니다. 그 노래는 내용이 아주 섞여 있고 비약으로 가득 차 있으며 매우 서정적인 옛 멜로디 속에서 아주 서글프게 울렸답니다. - 페니아[145]라고 하는 여가수가 비탄 속에서 임종에 이르자 거의 기도하는 어조로 노래했답니다. "혹독한 죽음이" 그녀를 "이겨" 그녀의(이것은 관습 혹은 표현이라고 생각됩니다.) "발을 묶었"을 때, 마침내 4명 혹은 6명의 인부들이 와서 조종(弔鐘)이 울리는 가운데 그녀를 집과 친구들로부터 떼어 무덤으로 데려갔습니다. -

---

143 (옮긴이의 주) 방금 언급된 지방의 민요들.

144 이 번역본 19쪽 참조.

145 페니아(Penia)는 빈곤과 궁핍을 의인화한 여신이다.

그런데 조종 소리가 들리지 않으면
친구들은 이미 나를 잊었겠지! -

말해보세요, 노래 진행이 비가적이고 감동적이지 않나요?

제가 당신에게 주저하지 않고 예를 들면 소박한[146] 수공업자의 노래 모음집[147]에서 그리워하는 서글픈 연가(戀歌) 한 편[148]을 취해 여기에 싣는 것은, 이 편지가 구닥다리 운이나 표현에 즉시 얼굴을 찌푸리는 우리 시대의 역겨운 분들 중 어느 누구의 손에도 들어가지 않을 것을 알기 때문입니다! 당신이 도처에서 저와 함께 인위보다는 자연을 더 찾는다는 것을 알기 때문입니다. 만약 글라임이나 라믈러 혹은 게르스텐베르크 같은 사람이 이 노래를 조금이라도 바로잡는다면 이 노래는 근대인들의 많은 시를 능가할 겁니다!

평소에는 모든 것을 잘 달래주던 달콤한 잠이
슬픔으로 가득 찬 내 마음을 달래줄 수 없네
나를 기쁘게 해주었으면 하는 그녀만이 그 일을 해내지!

---

146 원문에는 "어설픈"(schlecht)으로 되어 있지만, "소박한"(schlicht)으로 번역하는 것이 문맥에 맞다. (FHA 2, 1150 참조)

147 일스트(Paul van der Aelst)가 출간한 책 『모든 훌륭한 모임에서 노래 부를 수 있고, 온갖 악기로 연주할 수 있는 정선된 세상적인 점잖은 여러 가지 가요와 시의 정수(精髓)와 전형. 명예심이 있는 모든 젊은이와 부인네와 처녀에게 만족과 기쁨을 주고자 프랑스어, 고지 독일어와 저지 독일어로도 된 노래와 가요집에서 발췌한 것을 모아 인쇄함 *Blum und Außbund allerhandt auserlesener weltlicher, züchtiger Lieder und Rheymen, welche bey allen ehrlichen Gesellschafften können gesungen, und auff allen Instrumenten gespielt werden zu dienstlichem wollgefallen und Ergetzung allen ehrliebenden Gesellen, Frawen und Jungfrawen, so wol auß Frantzösischen, als hoch- und nider teutschen Gesang und Liederbüchlein zusammen gezogen und in Truck verfertigt*』(1602)을 가리킨다.

148 아래 인용되는 노래는 『민요집』(FHA 3, 171; SW 25, 243)에서 "그리움의 노래 Liedchen der Sehnsucht"라는 제목으로 실린다.

어떤 음식도 어떤 음료도 나에게 즐거움을, 영양을 주지 못하네
내 마음을 기쁘게 해주는 것은 심심풀이가 아니네[149]
내 마음 속에 있는 그녀만이 그 일을 해내지!

어떤 모임에도 더 이상 가고 싶지 않고
밤낮 불쾌감 속에서 완전히 홀로 앉아 있네
내 마음 속에 품고 있는 그녀만이 그 일을 해내지.

그녀에 대한 신뢰에만 매달리며
그녀가 오랫동안 나를 떠나지 않았으면 하고 바라네
그렇지 않으면 나는 쓰라린 죽음의 구속을 받게 될 것이 분명하지.

운율이 아름답지 않나요? 언어가 강하지 않나요? 표현이 느껴지지 않나요? 그리고 만약 찾으려는 사람만 있다면 각 유형의 몇몇 작품이 발견될 것을 믿으세요!

예를 들면 우리에게는 각가지 새로운 우화가 많이 있습니다. 그런데 그럼에도 불구하고 당신은 옛 표현과 분위기로 된 그런 옛 우화에 대해 뭐라고 말하겠습니까[?]

뻐꾸기와 나이팅게일[150]

옛날 깊은 골짜기에서
뻐꾸기와 나이팅게일이
노래솜씨를 겨루는

---

149 (옮긴이의 주) 원문에는 "Kein Kurzweil ist, dir mir mein Herz erfreut"로 표기되어 있어 문맥을 파악하기가 어렵다. 따라서 이 행은 프로스 판과 레클람 판, 그리고 『민요집』("Kein Kurzweil ist, die mir mein Herz erfreut")에 따라 번역했다.

150 이 노래는 『민요집』(FHA 3, 330; SW 25, 436-437)에서는 "우화 노래 Fabellied"라는 제목으로 실린다.

내기를 하기로 했네,
재주로든 운으로든 이기는 자가
사례를 받기로 했지.

뻐꾸기가 말했네. "자네가 괜찮다면
내가 이 내기의 판정자를 선정했지!"
그리고는 당나귀를 거명했네.
그에게는 큰 귀가 두 개나 있어서
더 잘 들을 수 있고
무엇이 옳은지 알 수 있을 거야!

이제 당나귀에게 내기에 대해 이야기해주고[151]
그가 판정권을 갖게 되었을 때
그는 그들에게 노래하라고 지시했네!
나이팅게일이 기분 좋게 끝까지 노래하자
당나귀가 말했지. **자네 노래를 들으니 혼란스럽네!**
무슨 말인지 이해할 수 없거든.

뻐꾸기도 시작해서
평소에 하듯이 노래했네.
뻐꾹! 뻐꾹! - 게다가 멋지게 웃네!

---

151 이 시행의 원문은 다음과 같다. "Als ihm die Sach nun ward erzählt, (vermutlich vertalt)" 이 원문을 직역하자면 "이제 당나귀에게 내기에 대해 이야기 해주고 (어쩌면 ['erzählt'는] 'vertalt'[로 대체할 수 있다.])" 'vertalen'은 저지 독일어에서 온 말로 '이야기 하다'(erzählen)라는 의미를 갖고 있다. 그런데 헤르더가 인용한 일스트의 노래 모음집에는 "(vermutlich vertalt)"라는 문구가 없다. 다시 말하면 헤르더는 의미와 운(韻)을 고려하여 이 문구를 추가한 것 같다. 왜냐하면 'erzählt'를 'vertalt'로 대체할 경우, 의미뿐만 아니라 운도 맞아떨어지기 때문이다.

> "Als ihm die Sach nun ward vertalt,
> Und er zu richten hat Gewalt,"

이 시행을 설명해 주신 카이로스 박사님(Dr. Kai Rohs)께 고마움을 표한다.

그것이 당나귀 마음에 들었네.
당나귀가 말했지. 아주 공정하게
판정하겠어.

나이팅게일, 자네는 노래를 잘 불렀어.
그렇지만! - **뻐꾸기는!** - **성가를 잘 부르네!**
그리고 속으로는 박자를 정확하게 맞추지.
나의 고귀한 지성에 의거하여 말하는데
비록 나라 전체가 걸려있을망정
너에게 그것을 주겠어. -

이 우화에 대해 어떻게 생각합니까? 온갖 [누구누구의 우화 모음집][152]보다 이런 우화 열편을 만드는 것이 더 좋지 않을까요? 여기에 도덕은 덧붙이지 않겠습니다. 도덕은 비교적 어설프지만, 비교적 새롭게 얘기되고 있습니다. 그리고 누구나 스스로 이 우화로부터 여러 가지 도덕을 끄집어낼 수 있지 않을까요. - 부분적으로든, 전체적으로든요! 아주 시민적이면서 몹시 호의적으로, 저런 칭호를 지닌 자와 이런 직책을 가진 자라면 그런 것쯤은 이해해야 한다고 생각하는 분들이 있습니다. -

그에게는 **큰** 귀가 두 개나 있어서
물론 **더 잘** 들을 수 있지!

둔감하고 생각이 없어서, 다소 간결하거나 생동하는 개별 양식에 대해 즉시 이렇게 소리 지르는 분들이 있습니다. "이런, 그리스적인 순수

152 원문에서는 이 부분이 "---sche"으로 기재되어 있다. 맥락에 따라 추측해보면 해당 부분은 슐레겔(Johann Adolf Schlegel), 겔레르트(Christian Fürchtegott Gellert), 페펠(Gottlieb Konrad Pfeffel)과 레싱이 발간한 우화모음집을 가리킨다.

함이 아니잖아! 아주 긴 독일식 라틴어 복문으로 된 키케로적인 달변이 아니네! 암시가 그득하고 이미지가 그득하며 생각으로 가득 차 있네 – 그런데 그밖에는 물론" --- 간단히 말하자면,

> 당나귀가 말했지. 자네 노래를 들으니 **혼란스럽네**
> 무슨 말인지 이해할 수 없거든.
> […]
> 그렇지만 뻐꾸기는 성가를 잘 부르네
> 그리고 속으로는 박자를 정확하게 맞추지!
> […]

세상을 조금 안다고 한다면 이와 달리 어떤 해석을 내릴 수 있을까요? - 하지만 우리의 목적으로 되돌아가겠습니다. 얼마나 확고하고 심오하게 이야기하고 있습니까! 유쾌함을 강요하지 않았는데도 각 말은, 각 어법은 얼마나 유쾌하고 강하고 적절합니까! - 삼세판이라는 말이 있습니다! 그리고 우리 시대에는 「동요」[153]에 대해 상당히 많이 **이야기하**고 있습니다. 좀 오래된 독일 동요를 들어보겠습니까? 실은 이 동요에는 아이들이 이른 시기에 배우는 초월적인 진리와 도덕이 들어있지 않습니다. – 이 동요는 유치한 노래에 불과합니다.

---

153 바이세의 『소(小) 동요집 *Kleine Lieder für Kinder*』(1766-71)을 가리킨다. 그밖에 바이세는 『어린이의 벗 *Kinderfreund*』(1775-82)이라는 잡지도 발간했다.

우화 노래[154]

한 아이가 장미를 보았네
들에 핀 장미.
보아하니 너무 싱싱하고 아름다워
서서 가만히 보며
달콤한 기쁨에 잠겨 서있었네.

저는 이 시연을 기억만으로 보충하는데, 이제 각 연에서는 유치한 리토르넬[155]이 뒤따릅니다.

장미, 장미, 붉은 장미
들에 핀 장미!
아이가 말했네, 너를 꺾겠어!
[들에 핀][156] 장미
장미가 말했네, 너를 찌를거야
영원히 나를 생각하도록
나는 참지 않을래!
[장미, 장미, 붉은 장미]
[들에 핀] 장미
하나 거친 아이가 꺾었네
[들에 핀] 그 장미

154 이 노래는 「들장미 *Heideröslein*」의 인쇄용 첫 원고로 괴테는 이 시를 1789년에야 비로소 출판했다. 헤르더는 이 시를 익명으로 "들장미 Röschen auf der Heide"라는 제목으로 『민요집』(FHA 3, 331; SW 25, 437-438)에 수록한다.

155 리토르넬(Ritornell)은 이탈리아 민요풍의 3행시인데, 여기서는 '후렴'이라는 의미를 지닌다.

156 (옮긴이의 주) 원문에는 "Röslein etc."로 적혀 있는데, 실은 "들에 핀 장미!"(Röslein auf der Heiden!)를 의미한다. 『민요집』에서는 이 후렴구를 줄이지 않고 그대로 적었다. 이후 "[ ]"으로 표시 된 부분은 헤르더가 "(Das) Röslein etc."로 표기한 것을 『민요집』을 보고 보충한 것이다.

장미는 방어하다 찔렀네
그러나 아이는 그 후에 잊었지
즐기다가 그 아픔을!
　[장미, 장미, 붉은 장미]
　[들에 핀] 장미

이것은 아이의 말투가 아닙니까? 그리고 또 저는 당신에게 이 생생한 노래에서 달라진 점 하나를 알려야겠습니다. 앞꾸밈음은 민중의 노래에서 상당히 크고 좋은 효과를 발휘하여 독일과 영국의 옛 작품을 보면 **민스트럴들**이 그것을 얼마나 높이 평가했는지 알게 됩니다. 그리고 민요에서 앞꾸밈음은 영어에서처럼 독일어에서는 대개 두 가지 성(性)에 있어 'the'(de Knabe)라는 어두운 소리[157]이고, 'das' 대신에 "s'('s Röslein)이며, 'ein' 대신에 어두운 'a'입니다. 그리고 이것을 이런 유형의 노래에서는 [아래와 같이] 생략부호(')로 표현할 수도 있을 겁니다. 명사는 그런 식으로 해서 항상 훨씬 더 많은 시적인 대상성과 개성을 얻고

아이가 말했네
장미가 말했네, […]
' Knabe sprach
' Röslein sprach, […]

노래에서는 훨씬 더 많은 강세를 받습니다. 그리고 결국 또 다른 논평으로 추론하겠습니다. 재빠르게 굴러가는 운이 맞는 익살스러운 사태인 경우, 그리고 이와는 상반되는 이유로 가장 강하고 가장 격렬한, 비극적인 정열의 자리인 경우가 있습니다. 전자의 경우 특히 가벼운 마음으

157 (옮긴이의 주) "어두운 소리"(der dunkle Laut)는 연구개음을 가리킨다.

로 부르는 노래일 때, 후자의 경우 대개는 간결한 무운시행일 때, 당신은 우리에게 모음생략이 없거나 이것을 만들고자 하지 않는 것이 우리 독일인에게는 얼마나 해로운 가를 자주 깨닫지 못했습니까? 우리 조상은 자주, 그것도 너무나 자주 모음생략을 했습니다. 영국인들은 관사, 그리고 중요하지 않은 단어와 불변화사 등의 경우 모음에서 모음생략 하는 것을 규칙으로 삼았습니다. 이런 점에서 두 언어의 내적인 상태는 완전히 동일합니다. 이 질질 끄는 관사와 불변화사 등으로 인해 우리는 자주 상당한 괴롭힘을 당합니다. 그리고 이로 인해 의미나 정열의 진행은 방해를 받습니다. - 그런데 우리 가운데 누가 모음생략을 감행할까요? 우리 예술비평가들은 음절을 세고 운율에 따라 아주 잘 낭독할 수 있답니다! 따라서 예술비평가가 아닌 당신은 그와 같은 경우에 적어도 제가 남작처럼 맘대로 그 기호(')를 사용할 수 있도록 하는 등을 허용해주기 바랍니다.

--- 그리고 당신은 이렇게 해서 저를 "외관상 소박한 민족들이 그와 같은 대담한 비약과 전환에 익숙할 수 있었던 이유는 무엇인가?"라는 다루었다가 중단한 문제로 다시 이끌어 갑니다. 익숙하다는 것은 항상 설명하기 가장 쉬운 것일 겁니다. 달리 가진 것과 아는 것이 전혀 없다면, 무엇 때문에 익숙할 수 없을까요? 이런 경우 얼마 안 있어 우리에게 오두막은 궁전이 되고, 바위는 평탄한 길이 됩니다. - 그런데 [어떻게] 그럴 수 있을까요? [어떻게] 그것을 자기의 본성으로 여겨 그처럼 좋아할 수 있을까요? 이것이 문제인데, 이에 대한 대답은 아주 간단합니다. 왜냐하면 그것은 실은 상상의 특성이고, 상상은 이보다 더 좁은 길로는 진행할 수 없기 때문입니다.

그런 야생적인 민족들의 모든 노래는 현존하는 대상과 행위와 사건을, 생생한 세계를 맴돕니다! 여기에서는 상황과 현재 진행과 부분적인

돌발 사건이 얼마나 풍부하고 다양합니까! 그리고 눈은 이 모든 것을 보았습니다! 영혼은 그것을 상상합니다! 이로 인해 비약과 뚝 던짐이 생깁니다! 노래 부분들 간의 관계는 숲속의 나무와 덤불 사이, 황야의 바위와 동굴 사이, 사건 자체의 장면들 사이의 관계와 다르지 않습니다. 그린란드 사람이 바다표범 사냥에 대해 얘기할 때, 그는 말하지 않고 오히려 말과 동작으로 각 상황을, 각 움직임을 그립니다. 왜냐하면 모든 것은 그의 영혼 속에 있는 이미지의 부분이기 때문입니다. 따라서 그는 비록 고인을 기리는 찬사와 조사(弔詞)를 할지라도 찬양하지 않습니다. 그는 탄식하지 않습니다. 그는 그립니다. 그리고 온갖 뚝 던져진 상상으로 그려낸 고인의 삶 자체를 말하고 통탄해야 합니다. 저는 그런 유형의 단편 하나를 여기에 가져올 수밖에 없습니다. 그런 작품들에서 나타나는 비약과 뚝 던짐을 근동의 더위로 인한 광기인 양, 예언자의 영의 열광인 양, 혹은 송가의 멋진 인위적인 비약인 양 주장하는 것이 일반적이기 때문에, 그리고 사람들은 이것들로부터 송가의 계획과 비약에 대한 그처럼 훌륭한 직조공 이론[158]을 아주 규칙적으로 생각해냈기 때문에, 여기에는 거의 극지방 아래에 사는 냉정한 그린란드 사람이 등장하여, 더위와 예언자의 영과 송가 이론 없이 상상력의 충만한 이미지로 이야기 한다고 합시다. 모든 장례식 참석자와 고인의 친구들은 손으로 머리를 감싸고 팔은 무릎 위에 기댄 채 상가(喪家)에 앉아 있습니다. 여인들은 [고인을] 바라보며 조용히 흐느껴 웁니다. 아버지, 아들 혹은 가까운 친척들이 울부짖는 목소리로 노래하기 시작합니다.

"이제 빈 네 자리를 바라봐야 하다니 내게 화 있도다! 네 어미가 네 옷가지를 말리

158 "직조공 이론"(Webertheorie)이란 고트셰트(Johann Christoph Gottsched)에게 큰 영향을 미친 프랑스 의고전주의 송가 이론을 가리킨다.

려고 애를 써도 소용없구나!"

"봐라! 내 기쁨은 어둠 속으로 갔고 산 속으로 기어들어갔구나."

"이전에는 밤이면 밖으로 나가 [네가 오기를] 고대했지. 눈여겨보며 네가 오기를 기다렸지."

"봐, 네가 왔구나! 너는 젊은이들과 노인들과 함께 용감하게 노를 저으며 왔단다."

"너는 바다에서 빈손으로 온 적이 결코 없었어. 네 카약에는 항상 바다표범들 아니면 새들이 실려 있었지."

"네 어미는 불을 피워 음식을 만들었단다. 네가 가져온 것을 가지고 만든 음식을 네 어미는 나머지 사람들 앞에 놓게 했고, 나 또한 그중 한 조각을 먹었지."

"너는 멀리서 외돛배의 붉은 기를 보고서 '저기 라르스(상인)가 와요'라고 외쳤지."

"너는 해안가로 달려가서 외돛배의 앞부분을 붙잡았단다."

"그런 다음 너는 어미가 비계를 떼어낸 바다표범을 내보이며 그것을 주고 셔츠와 화살촉을 받았지."

"그러나 이제 이 일은 끝났다네. 너를 생각하면 애가 끓는구나."

"아, 내가 너희들 다른 사람들처럼 울 수 있다면, 고통을 덜 수 있을텐데."

"내가 뭘 소망한단 말인가? 죽음이야 이제 견딜 만하게 되었지만, 누가 내 아내와 나머지 어린 자식들을 먹여 살린단 말인가?"

"나는 잠시 더 살고자 하나, 내 기쁨은 다른 사람들이 평소에 좋아하는 것의 단념 속에 있으리라."[159]

이 그린란드 사람은 비가, 즉

[…] 헤매지만 결코 엉클어지지 않는! […][160]

---

159 이 시는 『옛 민요집』(SW 25, 93-95)에서는 "그린란드의 조가 Grönländisches Todtenlied"라는 제목으로, 『민요집』(FHA 3, 318-319; SW 25, 421-422)에서는 "조가 To[d]tenlied"라는 제목으로 실린다.

160 "[…] irrt, doch nicht verwirret! […]". 이 시구는 우츠(Johann Peter Uz)의 시 「서정시의 무사 여

비가의 부유(浮游)함에 대한 가장 섬세한 법칙을 따르고 있습니다. 그런데 그는 누구에게 그 법칙을 배웠을까요? 송가와 노래의 법칙은 이와 마찬가지 아닐까요? 그리고 이 법칙이 상상력의 본성 안에 있다면, 그것을 누구에게 가르칠 필요가 있을까요? 동일한 상상력을 지닌 사람이라면 그것을 파악하기가 불가능할까요? - 구약의 모든 노래, 가요, 비가, 예언자들의 신탁은 그것으로 가득 차 있습니다. 그런데 이것들은 연습 삼아 짓는 시가 거의 아닐 겁니다.

생동하는 민중은 가요에서는, 노래에서는 일반적인 명제와 추상적인 진리조차도 아주 생생하고 대담하게 다룰 수 있답니다. 민중은 교조적인 상투어의 교육방법과 진행에 대해서는 알지 못합니다. 그래서 그와 같은 상투어의 인도를 받게 되면 분명히 잠들 겁니다. 예를 들어 몇 차례 언급된 도즐리가 발행한 『옛 영국시의 자취』에 실린 「나에게 마음은 왕국이라네」[161] 등과 같은 도덕적인 옛 작품들을 살펴보세요. 이것들은 항상 서정적 진행 속에서 도덕의 꽃만을 취합니다. 그리고 여기에서는 눈에 보이는 어떤 대상도, 서로 결부되는 어떤 이야기와 행위도 상상력과 기억력 앞에 아른거리지 않기 때문에, 전자[상상력]에는 항상 적용을 통해, 후자[기억력]에는 시행의 대칭과 후렴, 그리고 열 가지의 다른 수단을 통해 도움을 줍니다. '사랑에는 저항할 수 없네!'라는 일반적인 명제에 대한 그런 유형의 습작품을 한 번 들어보세요. 새로운 분석적인 교조적인 두뇌[162]를 지닌 사람은 그 명제를 어떻게 상술했을까요? 그리고 이

신 *Die lyrische Muse*」(1749)의 3연 일부("오, 무사 여신이여! 앞서서 날으소서/당신의 자유로운 비행은 자주 헤매지[만] 결코 길을 잃지 않습니다. O Muse! fleug mir vor,/Du, deren freyer Flug oft irrt, nie sich verirret.")를 헤르더가 부정확하게 인용한 것이다.

161 「나에게 마음은 왕국이라네 *My heart to me a kingdom is*」의 원제는 "My mind to me a kingdom is"이다. 헤르더는 이 노래를 번역했지만 『옛 민요집』이나 『민요집』에는 수록하지 않는다.

162 철학과 수사학 교육을 받은 근대 시인을 가리킨다.

제 그 옛날의 가인은요?

산 너머!
샘 건너!
무덤 밑에서
파도 밑에서
심해와 호수 밑에서
심연에 걸쳐 있는 다리에서
바위 위에서, 고지 위에서
사랑은 길을 찾아낸다네.

개똥벌레가 누워 있지 않는
틈새에서, 습곡에서!
파리가 기어가지 못하는
모기가 날지도
빠져 나가지도 못하는
구덩이에서, 갈라진 틈에서!
사랑은 온다네! 사랑은 승리하여
길은 찾아낼 것이네!

말해라, 아모르[163]는 결코
두려워할 아이가 아니라고!
그를 항상 비웃어라
도망자라고, 눈멀었다고!
빗장을 질러 그를 가둬
낮의 빛을 보지 못하게 하라!
[그럼에도] 자물쇠와 빗장을 통해

163 (옮긴이의 주) 사랑의 신.

사랑은 길을 찾아낸다네!

피닉스와 독수리가
너희들에게 굴복한다면!
용과 사자가
호의적으로 몸을 숙인다면!
암사자는 제 먹잇감을
내어주지.
그러나 사랑은 승리하여
제 길을 찾아낼 것이네![164]

생각이 [이 노래에서보다] 더 감각적이고 더 강력하고 더 강하게 상술될 수 있었을까요? 게다가 이미지의 엄청난 비상(飛上)과 더불어! 이미지의 엄청난 뚝 던짐과 더불어! 가장 어리석은 사람에게 그 노래를 세 번 들려주세요. 그는 그것을 들을 수 있으며 기쁘고 황홀해서 노래할 겁니다. 그러나 바로 이와 동일한 것을 그에게 단조롭고 교조적인 방식으로 멋지게 수를 헤아린 연 속에서 말해준다면, 그의 영혼은 잠잘 겁니다.

우리의 모든 옛 찬송가는 이런 뚝 던짐과 도치로 가득 차 있습니다. 그러나 우리 루터가 만든 것보다 더 낫고 더 강력한 찬송가는 없습니다. 클롭슈토크의 노래에 들어있는 그 어떤 전환이 루터가 지은 「내 주는 강한 성이오!」,[165] 「찬양 받으소서, 예수 그리스도여!」,[166] 「죽음에 속박 당하신

---

164 퍼시의 『옛 영국시의 자취』에서 헤르더가 일부만 가져온 것으로 원제는 "사랑은 길을 찾아낼 것이네. Love will find out the way"이다. 헤르더는 이 시를 "사랑의 길 Weg der Liebe"이라는 제목하에 『민요집』(FHA 3, 269-271; SW 25, 358-360)에 싣는다.

165 「내 주는 강한 성이오! *Ein feste Burg ist unser Gott!*」는 루터가 시편 46편을 토대로 가사를 쓰고 곡을 붙인 찬송가이다.

166 「찬양 받으소서, 예수 그리스도여! *Gelobet seist du, Jesu Christ!*」는 루터가 1524년에 가사를 쓴 찬송가다.

그리스도!」,[167] 그리고 이와 같은 찬송가에서 나타나는 어순의 위반에 필적할까요. 그리고 이런 어순의 위반과 도치는 얼마나 강력한가요! 진실로 이것들은 세련되지 않은 무사 여신이 부득이하게 만들어낸 것이 아닙니다. 우리는 그렇게 만들어진 것으로 생각하고서 호의적으로 이것들을 받아들이지만 말입니다. 어순의 위반과 도치는 그런 유형의 모든 옛 노래의 특징입니다. 이것들은 특히 근원적이며 쇠약하지 않고 자유로우며 남성적인 언어의 특징입니다. 상상력은 자연스럽게 이것들로 인도합니다. 그리고 연구하는 학자보다 감각과 상상력을 더 많이 지니고 있는 민중은 어순의 위반과 도치를 상당히 마음속으로 동일하게 느끼는데, 그러한 특별한 이유는 민중이 이것들을 어려서부터 배웠고 흡사 이것들에 따라 자신을 형성했기 때문입니다. 그래서 예를 들면 저는 우리가 노래를 고칠 때 범하는 10가지 우행(愚行)에 대해 놀랄 수밖에 없듯이, 어순의 위반과 도치가 얼마나 신중하게 배척되고, 그 대신에 졸음을 일으키는 행과 가장 인위적으로 만들어진 불변화사들과 가장 맥없는 운(韻)들이 접붙여지는 것을 보고도 놀랄 수밖에 없습니다. 이는 마치 민중이라 불리는, 청중 가운데 위대하고 존경할 만한 부류를 위해 노래를 순화하는데, 이들이 노래를 순화하는 멋진 규칙들 중의 하나를 느끼듯이 말입니다! 그리고 마치 이들이 이미지와 격정, 가르침과 행동에 의해 갑자기 자신들의 마음과 영혼 속에 내던져진 경우보다는 무미건조하고 졸리게 하는 교조적인 형식에서, 잠에 취해 끄덕이는 죽은 일련의 운에서 가르침을 더 많이 느끼고 지각하고 간직할 것처럼 말입니다.

이로써 제가 클롭슈토크의 노래를 옹호하는 글을 쓰고자 한다고 생각하지는 않겠죠? 제가 기꺼이 생각하는 점은 이렇습니다. 클롭슈토크의

---

167 「죽음에 속박 당하신 그리스도! *Christ lag in Todesbanden!*」는 루터가 1524년에 지은 부활절 노래이다.

노래 또한 항상 **민중의 노래**는 아니라는 점입니다. 그의 노래에는 전체 대상보다는 이 대상의 사소한 특징이 더 빈번하게 노래되고, 마음의 전반적인 의무와 행동과 형상보다는 느낌의 섬세한 뉘앙스가, 종종은 중간의 뉘앙스가 더 빈번하게 노래된다는 점입니다. 따라서 상당히 공감을 자아내며 특정 표상을 하도록 상당히 육성 받은 인물이 그의 노래를 부르는 온전한 가인으로 어울린다는 점입니다. 그러나 그럼에도 불구하고 많은 사람이 평소에 클롭슈토크에 반대하여 말했던 것은, 그리고 더욱이 그에 맞서서 내놓는 것은 너무나 무미건조하고 너무나 빈약하고 너무나 인간의 영혼에 무지하기에, 저는 언제든지 내기를 하고자 합니다. 비약과 도치로 가득 차 있으며 아이에게 가르치면 아이가 몇 번에 걸쳐 생생하게 부르는 가장 대담한 클롭슈토크의 노래가, 어떠한 중간 불변화사와 사이 생각(Zwischengedanke)도 생략되어 있지 않는 노래의 교조적인 구절보다 더 많이 아이에게 적합하고 아이 속에 더 깊이 더 지속적으로 머물 것이라는 점을 두고 말입니다. - 저런! 많은 사람이 인간의 영혼을, 아이의 영혼을 얼마나 무미건조하고 메마르게 생각하고 있는가요! 그런데 제가 만약 이런 유형의 노래를 연구한다면, 이와 같은 영혼은 제게 얼마나 훌륭하고 탁월한 이상인가요! 젊은이와 아이의 영혼 전체를 채운다는 것은, 전쟁가요와 영웅가와 조상을 기리는 노래가 옛 야생 민족들의 영혼 속에서 그러했듯이, 대개는 비길 바 없는 노래로서, 일생동안 그들[젊은이와 아이]속에 머물며 그런 노래의 음색을 내고 그들에게는 행동과 휴식, 미덕과 위로를 위한 영원한 목소리가 되는 노래를 그들 속에 심어준다는 것은 - 얼마나 훌륭한 목적인가요! 얼마나 엄청난 작업인가요! 그런데 우리는 도대체 그런 작업을 위해 얼마나 많은 진정한 노력을 기울이고 있는가요? 기껏 해야 운을 갖춘 기도문과 교훈적인 시행이 있을 뿐입니다!

루터가 종교 때문에 화형당한 저 두 사람[168]에 대해 이렇게 이야기를 시작할 때

> 재[169]는 그치려 하지 않고
> 온 땅에서 날리네
> 여기서는 시내도 구덩이도 무덤도 소용없구나,
> 재는 원수를 무력화시키네!
> 원수는 살인에 의해
> 살아생전 재가 소리치도록 강제했지만[170],
> 사후에는 재가 모든 곳에서
> 맑은 목소리와 혀로
> 아주 기쁘게 노래하도록 내버려둘 수밖에 없네. […]

아니면 루터가 다음과 같이 끝낼 때

> 사람들은 이들[171]이 계속 거짓말하게 놔두네
> [하지만] 이들에게는 득이 되지 않는구나!
> 이 점에 대해 하나님께 감사하세
> 그분의 말씀은 회복됐네,

---

168 "저 두 사람"이란 1523년 7월 1일 브뤼셀에서 이단자로 몰려 처형당했던 아우구스티누스파 수도사 요하네스(Johannes)와 헨리쿠스(Henricus)를 가리킨다. 루터는 이들을 기리기 위해 시 「뢰번의 소피스트들에 의해 브뤼셀에서 화형당한 그리스도의 두 순교자에 대한 노래 *Ein Lied von den zween Merterern Christi, zu Brüssel von den Sophisten zu Löwen verbrannt*」(1524)를 썼다. 뢰번(Leuven) 또는 루뱅(Louvain)은 현재 벨기에 중부 플람스브라반트 주의 주도(州都)이며, "소피스트들"이란 면죄부 판매를 옹호하고, 이에 반대했던 개혁주의 성향의 수도사들을 박해했던 세력을 의미한다.

169 (옮긴이의 주) 화형당한 두 순교자의 재.

170 본래 루터의 시에는 "침묵하도록 다그쳤지만"(zu schweigen hat gedrungen)으로 되어 있다.

171 (옮긴이의 주) 두 순교자를 죽인 "뢰번의 소피스트들".

여름은 바로 문 앞에 있고
겨울은 지나갔구나.
정원의 꽃이 피어나네,
그 일을 시작하신 이가
또한 이루시리라. […]

저는 최근의 얼마나 많은 우리 서정시인들이 그와 같은 연을 (저는 내용에 따라서가 아니라 유형에 따라 말하고 있습니다.) 만들었는지, 그리고 얼마나 많은 서정시인들이 루터의 노래를 고쳤는지 묻고자 했습니다.

--- 당신 또한 원래 아주 고귀하고 장엄한 시작(詩作) 방식인 로만체가 우리에게는 저급하고 희극적인 것과 모험적인 것만을 위해 사용되거나, 아니면 오히려 악용된다고 한탄하고 있군요. - 저[도] 분명히 그 점을 함께 한탄하고 있습니다. 왜냐하면 고대 영국 혹은 프로방스 지방의 부드럽거나 감동적인 로만체가 뒤에 남기는 만족은, 저급하고 진부하며 야비한 조소와 말장난으로 가득 찬 최근의 독일 로만체가 뒤에 남기는 만족보다 훨씬 더 진실하고 더 심오하며 더 지속적이기 때문입니다. 그러나 이보다 더 특이한 것은 로만체가 우리에게는 거의 이 후자의 형태[독일 로만체]로 알려졌을 뿐인 것 같다는 점입니다.

글라임은「마리아네」[172]를 너무 아름답게 노래했습니다. - 제가 말하지

172 「마리아네」(1756)의 원제는 "비열한 질투가 빚은 서글프고도 슬픈 결과, 그리고 자녀를 사랑하는 부모는 자녀에게 결혼을 강제해서는 안 되고, 오히려 자녀의 자유의지에 맡겨야 한다는 유익하기도 한 가르침. 이런 내용은 충실한 부인인 마리아네와 죄 없는 그녀의 연인을 비참하게 살해한 후 1756년 4월 11일에 스스로 목숨을 끊은 이작 벨텐의 이야기 속에 들어 있음 Traurige und betrübte Folgen der schändlichen Eifersucht, wie auch heilsamer Unterricht, daß Eltern, die ihre Kinder lieben, sie zu keiner Heirath zwingen, sondern ihnen ihren freien Willen lassen sollen: enthalten in der Geschichte Herrn Isaac Veltens, der sich am 11. April 1756 zu Berlin eigenhändig umgebracht, nachdem er seine getreue Ehegattin Marianne und

만 그는 이 시를 아름답게 노래했습니다. 그런데 원래 이 작품은 구구절절 옛 프랑스 로만체[173]입니다. 당신이 이 작품을 아직 모른다면 제 생각에는 새로운『고대와 현대 로맨스 선집』[174]에서 찾아볼 수 있을 겁니다. - 그리고 사람들은 글라임을 따라 노래했습니다. 그의 다른 두 작품[175]은 희극적인 경향을 지녔습니다. 글라임을 따라 노래하는 사람들[176]은 둔중한 몸 전체로 달려들었습니다. 그래서 이제 우리에게는 수많은 불필요한 것이 있습니다. 그리고 이 모든 것은 하나의 유형을 따르고, 가장 비본래적인 로만체 유형을 지니며, 거의 모든 것은 너무 천박하고 너무 지나치게 일회적인 독서를 지향하기에 - 얼마 지나지 않아 우리에게

---

derselben unschudligen Liebhaber jämmerlich ermordet"이다.

173 글라임의「마리아네」의 본보기는 몽크리프(François-Augustin Paradis de Moncrif)의 시「알릭스와 알렉시스의 한결 같은 불행한 사랑 *Les constantes et malheureuses amours d'Alix et d'Alexis*」(1738)이다.

174『고대와 현대 로맨스 선집 *choix des Romances anciennes & modernes*』(1767)의 원제는 "역사적이고 애정 어리며 익살스러운 고대와 현대의 로맨스 모음집 Receuil de Romances historiques, tendres et burlesques, tant anciennes que modernes, avec les airs notes"이다.

175「고상한 시민이자 함부르크 소재 '고래'라는 숙박업소의 주인인 코르넬리우스 판 데어 튀트가 손님들에게 직접 이야기해 준, 쇼우트 씨가 밤에 겪은 불가사이하지만 진실 된 모험 *Wundervolle, doch wahrhafte Abenteuer Herrn Schout by Nachts, Cornelius van der Tyt, vornehmen Bürgers und Gastwirths im Wallfisch zu Hamburg, wie er solche seinen Gästen selbst erzählet*」(1756)과「다몬과 이스메네의 애정 어리고 충실한 사랑. 다몬 씨가 1755년 8월 20일 라이프치히 소재 아우어바흐 술집에서 자신의 연적에 의해 전투용 대검에 가슴을 찔려 비참하게 죽을 수밖에 없었던 결투에 의해 갈라진 두 연인. 진심으로 슬퍼하는 이스메네를 위로하기 위해 부르는 노래 *Damons und Ismenens zärtliche und getreue Liebe, getrennet durch einen Zweikampf, in welchem Herr Damon von seinem Nebenbuhler am 20. August 1755, auf Auerbachs Hofe zu Leipzig, mit einem großen Streitdegen durchs Herz gestochen wurde, wovon er seinen Geist jämmerlich aufgeben müssen. Zum Trost der herzlich betrübten Ismene gesungen*」(1756).

176 예를 들면 뢰벤(Johann Friedrich Löwen)의『멜로디와 저자에게 쓴 편지가 있는 로만체 *Romanzen mit Melodien, und einem Schreiben an den Verfasser derselben*』(1762), 쉬벨러(Daniel Schiebeler)의『멜로디가 있는 로만체 *Romanzen mit Melodien*』(1767), 그랄(Andreas Traugott Grahl)의『몇 개의 로만체 *Einige Romanzen*』(1776), 그리고 히르쉬펠트(Chr. Cay Lorenz Hirschfeld)가 편찬한『독일인들의 로만체 *Romanzen der Deutschen*』(1774, 1778) 등이 있다.

는 다시 거의 글라임적인 작품들만 남게 될 겁니다.

설상가상으로 번역된 몇 개 안 되는 외국 작품들은 번역이 너무나 잘못되어 있습니다. (당신에게는 「아름다운 로제문데」와 「알칸초르와 차이데」[177]만을 언급합니다. 이중에서 후자는 두 번이나 비참하게 번역되었다는 장점을 지니고 있습니다.) 그리고 이제 어조가 한번 주어졌기 때문에, 사람들은 계속 노래하면서, 현재 우리 시대에 이런 시작(詩作) 방식, 즉 우리의 **서정적 노래**와 **송가**와 **가요**와 그 밖의 것들이 가질 수 있는 전반적인 이점을 놓칩니다. 뭔가를 **단순하게 하고**, 보다 간단한 대상과 이 대상에 대한 보다 고귀한 취급에 익숙하게 하며, 간단하게 말하면 현재 우리에게 거의 법칙이 되어버린, 압박하는 많은 장식으로부터 우리를 자유롭게 해주는 이점을 말입니다.

영국인들에게는 걸작으로 간주되는 소위 최근의 그들의 철학적이고 핀다로스적인 송가가 얼마나 기교를 부린 과장된 고딕풍[178]으로 되어 있는지 한 번 보세요! 어쩌면 그레이, 에이큰사이드, 메이슨[179] 등의 작품에서 운율 혹은 내용 혹은 비유적 표현이 송가로서의 최소한도의 영향을 끼칠 수 있는지 보세요. 우리 독일인들이 여기저기서 얼마나 기교를 부린 호라티우스풍에 빠졌는지 보세요. - 오시안, 야생인들과 스칼데들의 노래, 로만체, 향토시는 우리를 좀 더 좋은 길로 데려다 줄 수 있을

---

177 「아름다운 로제문데 *Die schöne Rosemunde*」(원제는 "Fair Rosamond")와 「알칸초르와 차이데 *Alkanzor und Zaide*」(원제는 "Alcanzor and Zayda")는 모두 퍼시의 『옛 영국시의 자취』에서 가져온 것으로, 전자는 『민요집』(FHA 3, 76-82; SW 25, 135-143)에 실리고, 후자도 "알칸초르와 차이다 Alkanzor und Zaida"라는 제목으로 『민요집』(FHA 3, 87-91; SW 25, 148-153)에 수록된다.

178 여기에서 "고딕풍"이란 '과도한' 혹은 '터무니없는'이라는 의미를 지닌다.

179 그레이(Thomas Gray)는 「시의 진보 *The Progress of Poesy*」(1757)와 「음유시인 *The Bard*」(1757)이라는 송가를, 에이큰사이드(Mark Akenside)는 『상상력의 기쁨 *The Pleasures of Imagination*』(1744)이라는 긴 교훈시를 썼다. 그리고 메이슨(William Mason)은 『시집 *Poems*』(1764)을 출간했다.

겁니다. 만약 우리가 여기에서 형식, 비유적 표현, 언어 이상의 것을 배우고자 한다면 말입니다. 그러나 불행하게도 우리는 형식과 비유적 표현과 언어에서 시작해서 이것들에 멈춰 서 있습니다. 그래서 다시는 아무것도 생기지 않습니다. - 제가 잘못 생각하고 있는 것일까요? 아니면 현재 우리가 가졌으며 이전에 가졌던 가장 아름다운 서정적 작품들이 이미 이런 남성적인 강하고 확고한 독일적 어투와 일치하거나 그 어투에 다가가고 있다는 것이 사실이라면 - 그러한 몇몇 작품을 일깨움으로써 뭔가를 희망할 수 있지 않겠습니까! -

후기

이제 후기입니다! 후기에는 어떠한 글도 없습니다. 여기에는 유감스럽게도! 오시안이라는 인간 본성의 거의 소멸되고 일그러진 진열품을 둘러싼 부적절한 말만 있습니다. 아니면 이 후기는 기껏해야, 도래하고자 하며 도래해야 하지만 결코 오지 못하는 것에 대한 영원한 서문이 될 겁니다. 따라서 벗이여, 일이 한 번 이렇게 되었으니, 제가 적어도 청중 가운데 비교적 똑똑한(?) 혹은 비교적 어리석은(?) 부류의 귀에다 대고 "너희들은 조용히 침묵하고 있어"[180]라는 말을 속삭이며 다음과 같이 말하겠습니다. ["]오시안이 살았던 섬들로의 가상 여행[181]은 그렇다고 하고 편지 교환이라는, 약속한 오시안의 심리학(인쇄 상의 오류[182]를 거론할 가치가 있다고 한다면)이라는 비유적 표현은 정말로 무가치할 수밖

180 호라티우스, 『송가 *Carmina*』 III, I, 2.

181 (옮긴이의 주) 이 번역본 28쪽 참조.

182 초판본에는 "심리학" 대신에 "문헌학"(Philologie)으로 쓰여 있었다.

에 없답니다! 스칸디나비아어 번역은 얼마나 불충실한가요. 여기에서 작가는 번역본과 기껏해야 단어를 보고서만 옮겼던 겁니다. 특히 마지막으로 어쩌면 여기저기서 이야기되는 것을 제외하면 그런 잡담은 거의 모범일 수도 없고 그러고자 하지도 않습니다. 세상에 어떻게 뭔가를 그런 식으로 **말할 수 있을까요**?["] 당시에 대체로 서정적 본성은, 오시안도 이것에 분산되는 종결적인 어조를 제공하고 있습니다만, 편지를 주고받는 이에게는 너무 멀리서 울리는 것 같아, 그는 당연히 경청하는 자의 표정을 지을 수밖에 없었습니다. 이 경청하는 자는 다른 이들이 어쩌면 아무것도 듣지 못하거나 아니면 윙윙하는 바람소리를 듣는 데서 [뭔가를] 듣고 있다고 생각합니다.

다행히도 그[183]는 이제 한 작품의 출간[184]이 자신의 모든 비판적인 망상과 예감을 뛰어넘는 것을 보고 있습니다. 그는 핀다로스적 감흥에 겨워 그 작품의 출간시점에 맞춰 만약 시들지 않는다면 화관을 보내고자 했답니다. 샘이 없는 데서는 비판적 두레박이 아니라 다나오스의 딸들[185]의 모든 통이 물을 내줍니다. - 그리고 저 천재적인 날개달린 말[페가수스]의 기적적인 발굽만이 영원할 겁니다. 그 말이 [발굽으로 땅을] 치자 7중(重)의 샘[186]이 흐릅니다.[187]

---

183 (옮긴이의 주) "편지를 주고받는 이".

184 (원주) [클롭슈토크의] 『송가』(1771년 보데가 [출판함]). 이전의 논문 조각들은 몇 년 전 저자에게서 없어졌다.

185 그리스 신화에 따르면 아르고스의 왕 다나오스에게는 50명의 딸이 있었는데, 그는 딸들에게 결혼 첫날 밤 자기 남편을 모두 죽이게 한다. 이 죄로 딸들은 지옥에서 구멍투성이의 통에 쉬지 않고 물을 길어야 하는 벌을 받는다.

186 시적 영감의 효력이 있다고 하는 파르나소스 산기슭에 있는 신천(神泉) 카스탈리아(Kastalia)를 가리킨다.

187 "샘이 없는 데서는 […] 흐릅니다."는 클롭슈토크의 송가 「지오나 *Siona*」(1771)를 암시한다. 이 송가에는 페가수스의 발굽에 차여서 솟아났다고 하는 히포크레네(Hippokrene, 말의 샘) 관련 내용이 있다.

7중의 샘! 독일인의 귀가 말의 울림과 음절의 구조 이상의 것을 할 수 있다면 좋겠습니다!

[…] 그리스 하늘의 자녀인 […][188]

여신 하르모니아[189]가 다시 한 번 아스트라이아[190] 혹은 베누스 우라니아[191] 함께 우리 킴메르인들[192]이 사는 깊숙한 지역을 방문할지도 모른다는 것이 만우절의 동화로 남지 않았으면 합니다. 그러나 무엇보다도 바라는 점은, 충만하고 건전하며 한창인 세계청춘이 다시금 회복될 수 있고 회복되어야 한다는 겁니다. 송가와 식사기도, 찬송가와 연가에서는 가슴이 말해야 하고, 우리의 것 대신에 규범집, 호라티우스, 핀다로스 혹은 오르빌리우스[193]가 말해서는 안 된다는 겁니다. - 우미의 여신들과 인류의 천재들의 꽃 허리띠 위에서 일어나는 신들의 현현(顯現)은 외침과 부름을 필요로 하지 않습니다. 이는 신들의 현현이 추가로 불림을 받은 그런 사람들의 눈에 보일 수 없는 것과 마찬가지입니다.

[…] [나는 천박한] 민중을 [증오하고 그들을] 멀리한다![194]

---

188 출처 불명.

189 (옮긴이의 주) 하르모니아(Harmonia)는 아레스와 아프로디테 사이에서 태어난 딸로, 제우스는 그녀를 테베시를 건설한 카드모스에게 아내로 준다.

190 (옮긴이의 주) 아스트라이아(Astraia)는 '별의 여신'이라는 뜻으로, 하늘에 올라 처녀자리가 된 정의의 여신 디케(Dike)를 가리킨다.

191 베누스 우라니아(Venus Urania)는 '하늘의 베누스', 즉 '천상의 사랑의 여신'이라는 뜻이다.

192 호메로스에 따르면 킴메르인들은 영원한 밤이 지배하는 세계의 서쪽 끝 오케아노스 강가에서 수렵생활을 한다. 헤르더는 신화 상의 킴메르인들을 통해 문화적으로 뒤떨어진 당시 독일을 비꼬고 있다.

193 오르빌리우스(Lucius Orbilius Pupillus)는 로마의 문법학자이며 호라티우스의 스승으로 헤르더에게는 전횡을 일삼는 규범시학의 원형이다.

194 호라티우스, 『송가』 III, I, 1.

물론 이는 어쨌든 "서정적 지팡이의 끝!"[195]이었습니다. 그 이후로 우리 교과서에는 송가와 찬가와 시편과 비가와 그 밖의 것들이 실렸습니다! - 주관 없이, 단지 인위적으로 구상되고 잘 유지된 관점과 구성 정신과 채색 때문에, 그밖에 모든 비교적 섬세한 세부사항 때문에! 그림을 제공한다면, 오로지 외국의 하나의 모범이 지닌 권위 때문에서만 이것을 배운다면, [-] 이 외국의 모범에서 수많은 인습적이고 낯선 느낌은 베일입니다. 우리는 바로 이 베일 속에서 시종일관 그것[외국의 모범]을 바라봅니다. [-] 독일의 두뇌와 근면과 행운과 정직함을 가지고 이 외국의 모범을 연구하고 그것을 위해 자신을 희생한다면, 결국 화음을 음절의 구조와 연의 구조, 그리고 복문-낭독의 영역 안에만 놓고

> […] 플루트처럼
> 소리나거나 […]
> 플루트 소리를 넘어서는[196]

기교를 통해 모든 것을 지양한다면, 이로부터 여하튼 렘브란트 같은 인물이 틀림없이 생길 겁니다. 그런데 비록 렘브란트가 위대한 대가이기는 하지만요 ---

벗이여, – 제가 어떻게 말해야 할까요? 우리의 귀도, 코레조 혹은 라파엘[197]을 위해 만세를 부릅시다! 그런데 그는 천사의 얼굴을 사람 모습으로 그렸습니다! 이 그림을 보세요! 진실함이 담겨 있습니다! 생명이 있

---

195 이 구절("lyrischen Stabs Ende!")은 헤르더가 클롭슈토크의 송가 「시내 *Der Bach*」(1766)의 13-14연에 있는 시어를 조합한 것이다.

196 클롭슈토크의 송가 「테오네 *Teone*」(1767)의 5연에서 인용.

197 18세기에 레니(Guido Reni), 코레조(Antonio Allegri da Correggio)와 라파엘은 당대 최고의 화가로 추앙받았다.

습니다! 심오한 영혼이 엿보입니다! 그림 속의 인물들은 캔버스에서 정말로 두드려져 보이고 말을 하는데, (우리와 함께는 아닙니다! 그들은 우리를 주시하고 있지 않습니다! 왜냐하면 그들은 우리를 위해 그려진 것이 아니기 때문입니다!) 서로 간에 합니다. 그들은 정말로 행동하고 정말로 말을 하며 우리에게 얼굴과 영혼을 드러내 보입니다. 여기에서 "그것은 다시 한 번 불렸던 거잖아!"라고 외치는 사람에게 화 있을 진저. 그러나 "그것은 그렇게밖에 느낄 수 없었어, 혹은"이라 하며 그것을 조용히 느끼는 사람에게는 복 있을 진저.

송가! 그것은 다시 이전의 모습을 되찾게 됩니다! 인생 전체 상황의 느낌이 됩니다! 인간의 마음이 - 신과! 자기 자신과! 자연 전체와 나누는 대화가 됩니다.

화음! 그것은 이전의 모습을 되찾게 됩니다. [그것은] 조화로운 예술작품을 일일이 거명하는 것이 아니게 됩니다! [그것은] 움직임이 됩니다! 마음의 멜로디가 됩니다! 춤이 됩니다! 결점과 특징에서, 천재는 여전히 도처에서 교훈적입니다!

벗이여, 우리들이 「편재(遍在)하시는 분께」와 「봄의 제전」[198]과 그와 같은 송가들에 대해 작곡한 것을 듣는다면 좋겠습니다! 아니면 오히려 이 작품들이, 음악이 이전에 갖고 있었으나 이제는 더 이상 갖고 있지 않는 각인을 음악에 되돌려주었더라면 좋았을 겁니다! 매스꺼운 칭찬은 그만두고 이에 대해 바라는 한두 가지 점을 말하고 글을 끝맺겠습니다.

현재 우리의 음악적인 시 구조물은 – 얼마나 고딕적인 건물입니까! 이 덩어리는 어떻게 와해되고 있습니까? 뒤섞임은 어디에 있습니까? 어순의 위반은 어디에 있습니까? 도취에 이르기까지, 멋진 광기의 기만에 이

198 「편재하시는 분께 *Dem Allgegenwärtigen*」(1758)와 「봄의 제전 *Die Frühlingsfeier*」(1759)은 클롭슈토크의 대표적인 송가이다.

르기까지 계속 이끄는 것이 어디에 있습니까? 결국 피에리아[199]의 무사 여신들과 카스탈리아의 무사 여신들, 이 두 자매들 가운데 그 누구도 지배하거나 섬기지 않는 섬세한 중심은 어디에 있습니까? 어디에요?

우리 고유의 교회음악은 여전히 가련한 모습입니다. 모든 작품 중에서 제일가는 가장 유명한 라믈러의 「예수의 죽음」[200]은 천재와 영혼과 마음의 작품이자, 단지 인간 지성의 작품이면서도, (실례지만) 정말로 훌륭한 작품입니다! [여기에서는] 누가 말하고 있습니까? 노래하고 있습니까? 레치타티보에서는 뭔가가 얘기되고 있는데 – 아주 차갑습니다! 아주 스콜라 철학적입니다! 저 가나의 시몬[201]은 들판에서 와서 지나가고자 했을 때 거의 그렇게는 행동하지 않았을 겁니다. 그리고 아리아, 찬송가, 합창곡 한가운데에서는 – 누가 말하고 있습니까? 누가 노래하고 있습니까? 갑자기 성서 이야기에서 유용한 가르침을 끄집어냈습니다, 최상의 형태의 상투어를요! 그리고 게다가 거의, 살아 있는 모든 인물과 작품 속에서요! 그리고 아주 특이하게 하나에서 다른 것으로 비약합니다! [하지만] 전체를 관류하는 관점은 없습니다! 느낌, 계획, 목적을 묶는 지속되는 끈은 없습니다. - 라믈러의 「예수의 죽음」은 교화적이고 유익한 작품으로 제가 고찰할 때마다 수천 번이나 부러워했답니다! 각 아리아는 거의가 아름다운 전체입니다! 많은 레치다티보 또한 – 천재의 시적인 작품으로 – 음악에 어울립니다! - 라믈러 씨는 스스로 아주 섬세한 느낌을 갖고 있어 이 점을 보다 내밀하게 깨달을 겁니다.

---

199 (옮긴이의 주) 피에리아(Pieria)는 올림포스 산의 북쪽 사면에 있는 지방이다.

200 「예수의 죽음 *Der Tod Jesu*」은 라믈러의 『종교 칸타타 *Geistliche Kantaten*』(1760, 1768)에 실려 있다.

201 "저 가나의 시몬"은 예수가 십자가를 끌고 골고다 언덕으로 올라가던 도중에 붙들려 대신 예수의 십자가를 짊어졌던 '퀴레네(Kyrene)의 시몬'을 가리킨다. 이에 대해서는 마태복음 27장 32절, 마가복음 15장 21절, 누가복음 23장 26절 참조.

그의「구유 곁의 목자들」[202]! 음악을 위한 시로 어떻습니까? 계획은 어떻습니까? 전체는 어떻습니까? 앞부분에서 가장 뒷부분까지 인상은 거의 동일합니다! 전원시의 인상을 줍니다. 여기에는 오직 양치기의 이미지와 말만 있지 처음부터 끝까지 목자의 영혼의 들숨과 날숨은 없습니다! 단지 이사야와 베르길리우스의 가면과 양치기 옷을 걸친 포프[203]만이 있을 따름입니다! - 그리고 결국에는 음악에 맞춘 시입니다. - 여기에는 작품 전체적으로 이미지만 있지 느낌은 없습니다! 캔버스를 위한 이미지는 있으나, (예를 들면 창(槍)이 여러 행에 걸쳐 땅에 뿌리를 박고 자라려고 애쓰며 서있고 푸르러질 때 종려나무가 생기는 등) 이는 결코 작곡가를 위한 것이 아닙니다! 그렇게 계속 논의를 진행한다면 그의「부활」[204]에 대해서는 무슨 말을 할 수 있을까요?

그런데 이제 우리 작곡가들은 이 모든 것을 **이전의 인습적인 틀에 따라서는** 어떻게 다룰까요? 왜냐하면 바로 이 틀의 기원, 그것이 생성된 상황 등은, 모든 사람에게는 아니지만 우리 독일인들에게는 분명히 이렇게 소리칠 것이 틀림없기 때문입니다. "모방하지 말라. 그렇지 않으면 너희들은 영원히 뒤쳐질 것이다! 그리고 뮌터[205]를 메타스타지오[206]와 견주는 것은 영원히 수치일 것이다!" 하지만 회화와 음악 사이의 진정한

---

202 (옮긴이의 주) 라믈러의『종교 칸타타』에 수록되어 있으며, 원제는 "베들레헴 구유 곁의 목자들 Die Hirten bey der Krippe zu Bethlehem"이다.

203 (옮긴이의 주) 영국의 시인이자 비평가인 포프(Alexander Pope)를 가리킨다.

204 (옮긴이의 주) 라믈러의『종교 칸타타』에 수록되어 있으며, 원제는 "예수의 부활과 승천 Die Auferstehung und Himmelfahrt Jesu"이다.

205 뮌터(Balthasar Münter)는 코펜하겐의 설교가로『복음서에 관한 칸타타 *Cantaten über Evangelien*』(1761),『서간경에 관한 칸타타 *Cantaten über die Episteln*』(1762),『종교 칸타타 *Geistliche Cantaten*』(1769),『성가곡 *Geistliche Lieder*』(1772, 1773)을 지었다.

206 메타스타시오(Pietro Metastasio)는 이탈리아 시인으로 수많은 멜로드라마와, 경가극과 오페라 대본을 썼다.

중간 장르인 문학 장르에는 이것이 무엇이겠습니까! 그리고 시를 지배하지 못하는 음악 장르에는 이것이 무엇이겠습니까 ---

셰익스피어

Shakespear

일러두기

1. 번역 원본으로는 FHA 2, 498-521을 사용했고, 프로스 판(Proß 1, 526-547)과 레클람 판(Reclam 63-91)을 참조했다.

2. 참고한 번역본은 다음과 같다.

   - 헤르더(저)/안성찬(역), 「셰익스피어」, 실린 곳: 『독일적 특성과 예술에 대하여』, 서울대학교 출판문화원 2016, 129-166쪽.
   - *Shakespeare*, in: Gregory Moore, *Selected Writings on Aesthetics. Johann Gottfried Herder*, Princeton University Press 2006, pp. 291-307.
   - *Shakespeare*, in: H. B. Nisbet (ed.), *German aestetic and literary criticism: Winckelmann, Lessing, Hamann, Herder, Schiller, Goethe*, Cambridge University Press 1985, pp. 161-176.

내가 어떤 한 남자를 볼 때, "암벽 꼭대기 위에 높이 앉아 있다! 발치에는 폭풍과 뇌우와 거칠게 날뛰는 바다가 있지만, 머리에는 환히 빛나는 하늘이 있다!"라는 이 어마어마한 이미지[1]가 떠오른다면, 그것은 셰익스피어를 가리킨다! - 단, 다음과 같은 점이 추가되기도 하는 것은 물론이다. 밑에서는, 바위로 된 그의 보좌의 가장 아랫부분에서는 무리가 중얼거린다. 이들은 그를 - 해명하고 구제하고 저주하고 변명하고 경배하고 중상하고 번역하고 비방한다! - 그런데 그는 이 모두의 말을 듣지 않는다!

이미 수많은 책에서 그에 대한 찬반론을 펼쳤다![2] - 나는 이제 그런 책

---

1 이 이미지는 에이큰사이드의 교훈시 「상상력의 기쁨」(III 550-559), 게르스텐베르크의 「어떤 스칼데의 시」(I 23-26, 30-32), 루크레티우스의 『사물의 본성에 대하여』(II 1-61; 강대진 역, 아카넷 2012, 111-114쪽) 혹은 "거인 신"(Riesengott)이라는 스피노자 사유의 근저에 놓여 있는 오르페우스 전통에서 기인한다. 이에 대해서는 헤르더의 시 「두 번째 독백 *Zweites Selbstgespräch*」(SW 29, 258-260)도 참조.

2 영국에서 셰익스피어를 다룬 대표적인 연구물로는, 드라이든(John Dryden)의 『드라마 시에 대한 소론 *An essay of dramatick poesie*』(1668), 애디슨(Joseph Addison)이 『관객 *Spectator*』 지(誌)에 기고한 글(제411-421호, 1711-14), 포프가 펴낸 『셰익스피어 작품집 6권. 이전 판들과 대조하여 정정함 *The works of Shakespear in six volumes, collated and corrected by the former editions*』(1723-25)의 서문, 허드(Richard Hurd)의 『호라티우스의 『시학. 피소 3부자(父子)에게 보낸 편지』. 영어 해설과 주석을 덧붙임 *Q. Horatii Flacci ars poetica. Epistola ad Pisones. With an English commentary and notes*』(1749), 영(Edward Young)의 『독창적인 작품에 대한 사유. 『찰스 그랜디선 경』의 저자에게 보내는 편지 속에 들어 있음 *Conjectures on Original Composition. In a letter to the author of Sir Charles Grandison*』(1759), 홈(Henry Home, Lord Kames)의 『비평의 요소 *Elements of Criticism*』(1762), 존슨(Samuel Johnson)이 펴낸 『윌리엄 셰익스피어의 드라마 *The plays of William Shakespeare*』(1765)의 서문, 그리고 몬터규 부인(Elizabeth Montagu)의 『그리스와 프랑스의 드라마 시인과 비교한 셰익스피어의 글과 독창성에 대한 소론 및 볼테르 씨가 잘못 묘사한 것에 대한 몇몇 언급 *An Essay on the Writings and Genius of Shakespear, compared with the Greek and French Dramatic Poets, with some Remarks upon the Misrepresentations of Mons. de Voltaire*』(1770) 등이 있다.
프랑스에서는 볼테르의 『런던에서 영국인들과 다른 주제에 대해 쓴 편지 *Lettres écrites de Londres sur les Anglois et autres sujets*』(1734)가 있다. 독일에서는 슐레겔(Johann Elias Schlegel)의 글 「셰익스피어 작품들 가운데 줄리어스 시저의 죽음[『줄리어스 시저』]의 운문번역 시도를 계기로 행한 셰익스피어와 안드레아스 그뤼피우스의 비교 *Vergleichung Shakespears und Andreas Gryphs bey*

을 늘리려는 마음이 전혀 없다. 오히려 내가 하고 싶은 것은, 이 글이 읽히는 소모임에서 그 누구도 더 이상 그에 대한 찬반론을 쓸 생각을, 그에 대해 변명하거나 그를 중상할 생각을 갖지 않고, 그를 설명하고, 있는 그대로 그를 느끼며, 그를 이용하고 - 가능하다면! - 우리 독일인들을 위해 그의 본래의 모습을 되찾을 생각을 갖는 것이다. 이에 이 글이 조금이나마 보탬이 되었으면 한다!

셰익스피어의 가장 대담한 적들은 – 정말로 다양한 모습을 띠고서! 그를 비난하고 조롱하기를, 그가 비록 위대한 시인이기는 하지만 훌륭한 극작가는 아니라고, 그리고 설령 훌륭한 극작가라 하더라도 실은 소포클레스, 에우리피데스, 코르네유와 볼테르처럼 이 예술[비극]에서 온갖 최고의 것과 온전한 것을 남김없이 퍼내는 고전적 비극배우[3]는 아니라고 했다. - 그런데 셰익스피어의 가장 대담한 옹호자들[4]은 대개 이 점에 대해 **변명하**고 그를 **구제하**는 데에만 만족했다. 여하튼 그의 작품의 아름다움과 규칙[5] 위반을 저울질하고 전자를 통해 후자를 상쇄하는 데에만 만족했다. 피고인 그를 방면하고는 그의 결점에 대해 어깨를 더 많이 추켜올려야만 할수록 더욱더 그의 위대성을 신격화하는 데에만 만족했다. 이런 사정은 그의 작품의 최근 출판자들과 주석가들에게도 여전하다.[6] - 내가 바라는 점은 이 글이 그런 관점을 변화시켜 그의 이미지가 좀

Gelegenheit des Versuchs einer gebundenen Übersetzung von dem Tode des Julius Cäsar, aus den englischen Werken des Shakesper』(1741), 게르스텐베르크가 『문학에서 주목할 만한 것에 관한 편지』에 기고한 글(제14-18호, 1766), 『최근 문학 관련 편지』(제17호, 1759)와 『함부르크 연극론 *Hamburgische Dramaturgie*』(제10-11호, 1767)에 실린 레싱의 글이 있다. 그리고 셰익스피어를 번역한 빌란트는 자신의 번역본에 위에서 언급된 포프의 서문을 실었다.

3 문맥상으로는 "고전적 비극배우"보다는 '고전적 비극작가'라는 표현이 적절하다.

4 포프와 새뮤얼 존슨과 게르스텐베르크 등을 가리킨다.

5 하나의 사건이 한 장소에서 하루 안에 마무리되어야 한다는 삼일치 규칙.

6 대표적으로 셰익스피어의 작품을 번역한 빌란트(『셰익스피어 극작품 *Shakespeares theatralische*

더 완전하게 드러나는 것이다.

그런데 이 희망은 너무 뻔뻔스러운 게 아닌가? 이미 그를 다룬 수많은 위대한 사람들을 두고 볼 때 너무 주제넘은 게 아닌가? 그렇지 않다고 생각한다. 내가 양측[7] 모두 **선입견**에만, 아무것도 아닌 착각에만 의지한다는 것을 보여준다면, 따라서 내가 눈(目)이나 이미지 속에서 뭔가를 조금도 바꾸지 않은 채 눈에서 구름 한 점만이라도 걷어낼 수 있다면, 아니면 조금이라도 이미지를 보다 잘 보게 할 수 있다면, 내가 지금 독자를 붙들고 있는 지점을 찾게 된 것은 어쩌면 내 시대 때문일 수도, 아니면 우연 때문일 수도 있다. "여기 서시오! 그렇지 않으면 그대는 캐리커처만을 보게 되오!"[8] 우리가 진전을 보지 못한 채 학식의 큰 실타래를 계속해서 풀었다 감았다고만 해야 한다면[9] - 이 지옥 같은 직물 짜기는 얼마나 서글픈 운명인가!

우리는 그리스로부터 **드라마**, **비극**, **희극**과 같은 단어들을 물려받았다. 그리고 인류의 문자문화가 대지의 좁은 지역 위에서 오직 **전통**을 통한 길을 택했듯이, 가르침과 분리되지 않는 것처럼 보였던 모종의 비축된 규칙 또한 전통의 품 안에서 전통의 언어와 더불어 도처에서 자연스럽게 따라 왔다. 아이의 교육은 이성에 의해서는 불가능하고, 오히려 본보기와 습관의 주시에 의해, 이것들이 주는 인상과 이것들의 신성함에 의해 이루어질 수 있고 이루어지기 때문에, 모든 민족은 자신들이 배우

Werke』(1762-66))이 있다.

7 (옮긴이의 주) 셰익스피어의 옹호자들과 비판자들.

8 여기에서 헤르더는 게르스텐베르크를 비판하고 있는데, 자세한 것은 각주 74번 참조.

9 이 구절은 『오디세이아』에서 페넬로페가 구혼자들을 따돌리기 위해 낮에 짠 시아버지 라에르테스의 수의를 밤에 푸는 것을 연상시킨다. 헤르더가 볼 때 아무런 성과도 없는 셰익스피어를 둘러싼 찬반론은 페넬로페의 수의 짜기와 마찬가지이다.

는 모든 점에 있어 상당한 정도는 아이다. 씨는 껍질 없이는 성장하지 못할 것이다. 모든 민족은 비록 껍질을 전혀 사용할 수 없을지라도 껍질 없이는 또한 결코 씨를 얻을 수 없을 것이다. 그리스와 북구의 드라마가 이런 경우다.

그리스에서는 북구에서 생길 수 없었던 드라마가 생겼다. 그리스에서는 북구에서 있을 수 없는 것이 있었다. 따라서 북구에서는 그리스에 있었던 것이 있지 않으며 있을 수도 없을 것이다. 따라서 소포클레스의 드라마와 셰익스피어의 드라마는 별개의 것으로 어떤 점에서 보면 거의 그 명칭[드라마]을 공유하지 않는다. 나는 이런 명제들을 그리스 자체로부터 증명할 수 있고, 바로 이를 통해 북구 드라마의 본성과 북구에서 가장 위대한 극작가인 셰익스피어의 본성을 상당히 해독(解讀)한다고 생각한다. [이를 통해] 다른 것에 의한 어떤 것의 생성을, 그러나 동시에 변화를, 그것들이 더 이상 결코 동일한 것이 아님을 보게 될 것이다.

그리스 비극은 말하자면 하나의 장면(Auftritt)에서, 즉흥적인 디튀람보스[10]와 흉내 내는 춤과 **합창**에서 생겼다.[11] 이것은 발전하고 변화를 겪었다. 아이스킬로스는 한 명의 배우 대신에 두 명을 무대에 올렸고 주인공이라는 개념을 만들어냈으며 합창의 규모를 줄였다. 소포클레스는 세 번째 배우를 추가했고 무대 [배경]을 만들었다.[12] - 그리스 비극은 이런 기원에서 태동하여 나중에야 위대해졌으며, 인간 정신의 걸작이자, 아리스토텔레스가 격찬했던 시문학의 정점이 되었다. 그리고 우리가 소

---

10 (옮긴이의 주) 디튀람보스(Dithyrambos)는 술의 신인 디오니소스 찬가이다.

11 그리스 비극의 유래에 대해서는 아리스토텔레스의 『시학』 1449a 10-15 참조. “아무튼 비극은 처음에 즉흥적인 것으로부터 발생했다. […] 비극은 디튀람보스의 선창자(先唱者)로부터 유래했고 […].”(천병희 역, 문예출판사 2002, 제2판, 40쪽)

12 그리스 비극의 발전에 대해서는 『시학』 1449a 10-23(천병희 역, 40-44쪽) 참조.

포클레스와 에우리피데스에게서 이것[시문학의 정점]을 보고 아무리 감탄한다고 해도 충분하지 않는다는 것은 물론이다.

그러나 동시에 알게 되는 것은, 사람들이 죽은 규칙으로 간주하고 놀라 바라볼 경우 보통 상당히 오인할 수밖에 없는 어떤 것들이 이 기원으로부터 해명된다는 점이다. 저 **단순한 그리스 [비극]의 플롯**[13], 저 **분별 있는 그리스 풍속**, **계속 지속된 저 코투른**[14]**적 표현**[15], **음악**, **무대**,[16] **장소와 시간의 일치** - 이 모든 것은 기교와 마법 없이도 그리스 비극의 기원 속에 너무나 자연스럽고 본질적으로 자리 잡고 있어, 그리스 비극은 저 모든 것들로 순화되지 않고서는 가능하지 않았다. 이 모든 것은 껍질이었으며 그 속에서 열매가 자랐다.

당시의 유년시절로 되돌아가 보면, **단순한 플롯**은 실제로 **전대**(前代)의, **공화국**의, **조국**의, **종교**의 **행위**라 불렸던 것 속에, **영웅의 행위**라 불렸던 것 속에 아주 깊이 새겨져 있었다. 따라서 시인은 이 단순한 웅장함을 강제로 분리하고 절단하거나, 흩어진 많은 사건을 반죽하여 하나의 전체를 만들어내려고 애쓰기보다는, 오히려 이 단순한 웅장함 속에서 부분들을 발견하여 시작과 중간과 끝을 극적으로 도입하려고 애썼다.[17] 이전에 아이스킬로스나 소포클레스의 작품을 읽었던 사람이라면 틀림

---

13 이에 대해서는 『시학』 1453a 10-15 참조. "따라서 훌륭한 플롯은 단일한 결말을 가지지 않으면 안 되며, 일부 사람들이 말하듯이 이중의 결말을 가져서는 안 된다."(천병희 역, 80쪽)

14 코투른(Kothurn, 그리스어로는 코토르노스(Kothornos))은 고대 그리스 비극에서 배우가 멀리 앉아 있는 관객에게 잘 보이게 하려고 신은 창이 두꺼운 반장화로 아이스킬로스가 도입했다.

15 "코투른적 표현"이란 비극 배우의 격정적인 낭독법을 가리킨다. 이것은 또한 비극의 네 번째 요소인 '조사'(措辭)를 의미하기도 한다.(『시학』 1450b 10-15(천병희 역, 55쪽) 참조)

16 "음악"은 비극의 다섯 번째 요소인 '노래'를, "무대"는 여섯 번째 요소인 '장경'(場景)을 가리킨다.(『시학』 1450b 15-20(천병희 역, 55쪽) 참조)

17 이에 대해서는 『시학』 1450b 21-35 참조. "우리는 비극이 완결되고 일정한 크기를 가진 전체적인 행동의 모방이라고 규정한 바 있다. 왜냐하면 전체 중에는 아무런 크기를 가지지 않은 전체도 있기 때문이다. 그런데 전체는 시초와 중간과 종말을 가지고 있다."(천병희 역, 56쪽)

없이 이 점을 이해할 것이다. 아이스킬로스의 작품에서 비극이란 연속되는 장면과 이야기와 느낌이 거의 없는 **알레고리적 신화적 반(半)서사적 그림**[18] 외에 무엇이었을까? 아니면 고대인들이 말했던 것처럼, 몇몇 이야기가 그 사이에 삽입되는 **합창**에 불과한 것 외에 무엇이었을까? - 여기에서는 단순한 플롯을 위해 최소한의 수고와 기교를 기울일 필요가 있었을까? 그리고 대부분의 소포클레스의 작품에서는 [이와] 달랐을까? 그의 『필록테테스』, 『아약스』, 『추방당한 오이디푸스』[19] 등은 여전히 한 가지 유형의 기원에, **합창 한 가운데에서 드러나는 극적인 이미지**에 상당히 접근하고 있다. 의심의 여지가 없다! 이렇게 해서 그리스 연극이 생성된 것이다.

이제 단순한 언급으로부터 얼마나 많은 것이 도출되는지 보라. 그것은 바로 이런 것이다. "그리스인들의 규칙의 기교적인 면은 - 기교가 아니었다! 그것은 자연이었다!" - 플롯의 일치는 - 행위의 일치였다. 이 행위는 **그들** 앞에 놓여 있었으며, 그들의 시대와 조국과 종교와 풍속의 상황에 따라 하나가 될 수밖에 없었다. **장소의 일치**는 – 장소가 하나라는 것이었다. 왜냐하면 하나의 간결하고 장엄한 행위는 한 장소에서만, 신전에서, 궁전에서, 말하자면 조국의 시장에서 일어났기 때문이다. 그렇게 해서 장소의 일치는 처음에는 단지 흉내 내고 이야기하면서 모방되고 중간에 삽입되었다. 그래서 결국에는 장면이, 장면이 추가되었다. - 그러나 모든 것은 물론 여전히 하나의 장면이었다. 여기에서 합창은 모

---

18 『시학』 제9장에 따르면 역사가는 개별적인 사실을 말하는 반면, 시인(비극작가도 포함)은 개연적으로나 필연적으로 가능한 '보편적인 것'을 말한다. 본문의 "알레고리적"이라는 것은 시인이 말하는 '보편적인 것'을 가리킨다. 그리스 비극은 신화에서 많은 소재를 취했으며, "반(半) 서사적"이라는 말은 "새로 등장한 형식"인 비극이 "옛 형식"(1449a 5; 천병희 역, 40쪽)인 서사시에서 완전히 벗어나지 못했음을 의미한다. 이로써 헤르더는 아이스킬로스의 작품을 초창기 비극으로 자리매김한다.

19 『콜로노스의 오이디푸스』를 가리킨다.

든 것을 묶었고, 여기에서 사태의 본성상 무대는 결코 비어있을 수 없었다는 등등. 그리고 이제 시간의 일치는 이로부터 귀결되었고 자연스럽게 [플롯과 장소의 일치와] 함께 갔다. - 이것을 어떤 아이에게 증명할 필요가 있겠는가? 이 모든 것들은 당시 **자연** 속에 놓여 있어, 시인은 모든 기교를 동원하더라도 자연 없이는 아무것도 할 수 없었다!

따라서 또한 분명하게 알게 되는 점은, 그리스 시인들의 기교는 사람들이 오늘날 그들을 내세워 외치는 것과는 전혀 정반대의 길을 갔다는 것이다. 내 생각에 그리스 시인들은 **단순화하**지 않았다. 오히려 그들은 **복합적으로 했다**.[20] 아이스킬로스는 **합창**을, 소포클레스는 아이스킬로스를 복합적으로 했다. 그리고 단지 소포클레스의 가장 기교를 부린 작품들과 그의 위대한 걸작인『테베의 오이디푸스』를『프로메테우스』[21] 혹은 고대 **디튀람보스**에 대해 알려진 내용[22]과 비교해 보면 된다. 그러면 소포클레스가 성공적으로 작품에서 부린 놀라운 기교를 보게 될 것이다. 그러나 그것은 다자(Vieles)에서 일자(Eins)를 만드는 기교가 아니라, 오히려 본래 일자에서 다자를, 멋진 미로의 장면을 만드는 기교였다. 이 미로의 장면에서 그가 가장 크게 신경을 쓴 점은 미로의 가장 복잡한 지점에서 관객을 미혹시켜[23] 이전의 일자에 대한 환상을 갖게 하고, 마치 그들이 여전히 느낌의 실타래를, 이전의 디튀람보스적 느낌을 온전히 지닌 것처럼, 그 실타래를 부드럽고 서서히 풀어내는 것이었다. 게다가 소

---

20 여기에서 헤르더는 레싱이『함부르크 연극론』에서 개진한 주장에 반대한다. 레싱에 따르면 고대 그리스 비극에서는 불필요한 모든 것이 배제되어 사건진행이 단순화되고, 결국에는 "가장 본질적인 요소"(제46호, 1767년 10월 6일; 윤도중 역, 지식을만드는지식 2009, 59쪽)만이 남게 된다.

21 아이스킬로스의 작품인『결박당한 프로메테우스』를 가리킨다.

22 그리스 드라마는 디튀람보스에서 유래했다는 점.

23 원문에는 "umzutauschen"으로 되어 있으나, 이를 'umzutäuschen'으로 바꿔 번역했다. 이에 대해서는 FHA 2, 1178 참조.

포클레스는 관객을 위해 장면을 장식했고 합창을 유지했으며 합창을 행위의 휴식장소로 만들었다. 그는 각각의 말로 모든 관객들에게 전체를 바라보게 했고 기대하게 했으며 사태 추이에 대한, **이미 알려져 있는 것**에 대한 환상을 품게 했다. (나중에 교훈적인 에우리피데스는 무대가 제 모습을 거의 갖추지 않았을 때 즉시 위와 같은 것들을 재차 소홀히 했다!) 간단히 말하면, 소포클레스는 행위(사람들이 상당히 오해하고 있는 것)에 웅대함을 부여했다.

그리고 아리스토텔레스를 착각하지 않고 그 시대의 관점으로 읽었던 사람이라면 누구나, 아리스토텔레스가 소포클레스의 천재성이 빚은 이 기교를 높이 평가할 수 있었다는 점과, 근대가 아리스토텔레스를 내세워 곡해하고 싶었던 모든 것은 바로 그의 견해와 거의 정반대된다는 점을 틀림없이 알 것이다. 아리스토텔레스는 테스피스[24]와 아이스킬로스를 떠나 **복합적으로** 시작(詩作)하는 소포클레스를 전적으로 선호했다. 그는 바로 이러한 **소포클레스의 개혁**에서 시작하여 그 안에 새로운 시 장르의 **본질**을 정립했다. 그는 이제 새로운 호메로스[소포클레스]를 발전시켜 아주 득이 되게 그를 본래의 호메로스와 비교하고 싶은 생각을 갖게 되었다. 그는 오직 공연에서 **웅장함을 지닌** 행위라는 개념을 뒷받침할 수 있는 상황이라면 그 어떤 비본질적인 것이라도 잊지 않았다. - 바로 이 모든 점들은 이 위인(偉人)[아리스토텔레스]이 또한 당대의 고귀한 의미로 철학을 했으며 편협하고 유치한 사소한 것들에는 전혀 책임이 없다는 것을 보여준다. 사람들은 나중에 그를 내세워 이 사소한 것들을 무대의 종이 구조물로 만들고자 했다. 그는 플롯의 본질에 대한 탁월

24 테스피스(Thespis)는 그리스 비극의 창시자로 알려져 있으며 처음으로 배우의 역할과, 합창단 지휘자와 배우 간의 대화를 도입했다고 한다.

한 장[25]에서 분명히 "관객의 시선, 영혼, 환상 이외의 어떠한 규칙도 알지 못했고 인정하지 않았다!" 그리고 플롯 길이의 **제한**[26]은, 따라서 더군다나 구조의 유형 혹은 구조의 시간과 공간은 그 어떤 규칙에 의해서도 규정될 수 없다고 명확하게 말한다. 아, 만약 아리스토텔레스가 다시 부활하여, 전혀 다른 유형의 드라마에서 자신의 규칙이 불합리하게 잘못 사용되는 것을 보게 된다면. - 하지만 우리는 가만히 차분하게 연구를 계속하자.

세상의 모든 것이 변하듯이, 본래 그리스 드라마를 창출했던 자연 또한 변했음이 틀림없다.[27] **세계 체제**, **풍속**, **공화국의 상황**, **영웅시대의 전통**, **신앙**이 변했고, **음악**, **표현**, **환상의 정도**조차도 변했다. 그리고 플롯 소재도, 그것을 각색할 기회도, 그 목적에의 계기도 당연히 사그라졌다. 태곳적 것을, 아니면 심지어 다른 나라에서 낯선 것을 가져와 주어진 방식대로 이것에 옷을 입힐 수 있었지만, 이 모든 것은 효과를 거두지 못했다. 따라서 모든 것에는 또한 영혼이 없었다. 따라서 이것은 또한 (우리가 무엇 때문에 말장난을 해야 하나?) 더 이상 [본래의] 그것이 아니었다. 인형, 모상, 원숭이, 조각상이었다. 이 조각상에서 기껏해야 가장 경건한 두뇌만이, 그것에 생기를 부여했던 신령(Dämon)을 발견할 수 있었

25 『시학』 6장(1449b 20-1450a 35; 천병희 역, 49-53쪽), 7장(1450b 20-1451a 15; 천병희 역, 56-58쪽), 그리고 8장 전체(1451a 15-35; 천병희 역, 59-61쪽) 참조.

26 "대체로 말해서 주인공의 운명이 일련의 개인적 또는 필연적 경로를 거쳐 불행에서 행복으로 또는 행복에서 불행으로 바뀔 수 있는 길이라면 스토리 크기의 한계로서 충분할 것이다."(『시학』 1451a 12-15; 천병희 역, 58쪽)

27 (옮긴이의 주) 헤르더는 시간의 흐름, 즉 변화에 주목한다. "변화의 정신은 역사의 핵심이다".(SW 32, 27) 헤르더에게 인간의 역사는 변화의 장이다. 역사는 끊임없이 변하기 때문에 동일한 순간이란 존재하지 않는다. 그는 변화를 강조함으로써 대상을 역사화, 상대화한다. 이런 맥락에서 그는 특정 문화나 가치관을 절대시하는 시각을 비판한다.

다. 즉시 유럽의 새로운 아테네 사람들[28]에게로 넘어가자. (왜냐하면 로마인들은 너무 어리석거나 너무 영리하거나 너무 야생적이고 무절제하여 온전히 그리스의 모범을 좇는 극장을 건립할 수 없었기 때문이다.) 그러면 내 생각에 문제는 분명해진다.

그리스 연극의 인형[29] 전체가 프랑스에서 생겨났던 것보다 더 완벽하게 생각되고 만들어질 수 없다는 점은 의심할 여지가 없다. 나는 훌륭한 아리스토텔레스가 창안한 것으로 일컬어지는 연극 규칙인 **시간**과 **장소**와 **줄거리의 일치**, **장면의 연결**, **무대의 개연성** 등등만 생각하고자 하지 않는다. 오히려 내가 실제로 묻고자 하는 점은, 코르네유와 라신과 볼테르가 주었던 것인 저 번쩍거리는 고전적인 것을 능가하는 뭔가가, **헤아림**과 **점잖음**과 **화려함**을 지닌 일련의 멋진 **장면**과 **대화**와 **시행**과 **운**(韻)을 능가하는 뭔가가 세상에 있을 수 있는가의 여부이다. 이 논문의 저자[헤르더]만이 그 가능성을 의심하는 것은 아니다. 오히려 볼테르와 프랑스인들을 신봉하는 모든 이들은, 특히 이 고귀한 아테네 사람들[30]조차도 솔직히 그 가능성을 **부인할** 것이다. - 그들은 이미 충분히 그렇게 했고 그렇게 하고 있으며 그렇게 할 것이다. "어떤 것도 그것[31]보다 낫지 않다! 그것을 능가할 수 없다!" 그리고 [삼]일치의 관점에다 놓고 인형을 무대 위에 세우면 – 그들의 말이 옳다. 그리고 그들은 사람들이 저 반짝거리는 것에 푹 빠져 그것을 날마다 더욱더 흉내 낼수록 유럽의 모든 나라에서 틀림없이 더 많은 것을 얻을 것이다.

그러나 이 모든 점에도 불구하고 "그것은 그리스 비극이 아니다! 목

---

28 프랑스의 의고전주의 극작가들.

29 "인형"이란 그리스 비극을 외적으로 모방한 것을 가리킨다.

30 (옮긴이의 주) 볼테르, 라신, 코르네유 등의 프랑스 극작가들.

31 (옮긴이의 주) 프랑스 의고전주의 연극.

적, 영향, 특성, 본질 면에서 그리스 드라마가 아니다!"라는 압박하는 저항할 수 없는 감정이 있다. 그리고 프랑스인들의 편파적인 신봉자라도 자신이 그리스인들을 느꼈다면 이 점을 부인할 수는 없다. 나는 "프랑스인들 또한 자신들이 둘러대는 것처럼 그렇게 아리스토텔레스를 법칙에 따라 관찰하는지"를 결코 연구하고자 하지 않는다. "이 점에서 레싱은 최근에 그들의 가장 소란스러운 오만불손함에 대해 섬뜩한 의혹을 불러 일으켰다."[32] 하지만 이 모든 점을 인정하더라도 [프랑스] 드라마는 [그리스 드라마와] 같은 것이 아니다. 왜 그럴까? 그 이유는 본질적인 면에서 전자의 그 어떠한 것도 후자의 그것과 동일하지 않기 때문이다. 행위, 풍속, 언어, 목적, 그 어떤 것도 동일하지 않다. - 그렇다면 아주 정확하게 유지된 온갖 외적인 동일함[삼일치 법칙]이 무슨 도움이 되겠는가? 저 위대한 코르네유의 주인공 한 사람이라도 로마 혹은 프랑스의 영웅이라고 생각할 사람이 도대체 있을까? [그의 주인공들은] 스페인과 세네카의 영웅들이다![33] 여성에게 정중한 영웅들이자, 모험적이고 용감한 아량 있는 열애하는 잔혹한 영웅들이다. 따라서 극적인 허구적인 인물들이다. 이들은 극장 밖에서는 바보라 불릴 것이며, 이제 대부분의 작품에서 완전히 낯선 것처럼, 적어도 이미 당시 프랑스에서도 거의 그러했다. – 이들이 그들[34]이다. 라신은 느낌의 언어를 말한다. - 물론 이런 하나의 합의에 따르면 아무도 그를 능가하지 못한다. 그런데 그것 말고

---

32 "법칙과 타협한다는 것과 정말로 법칙을 지킨다는 것은 다르다. 전자를 행하는 것은 프랑스인이고, 후자를 이해했던 것은 고대 그리스인뿐인 듯싶다."(『함부르크 연극론』 제46호; 윤도중 역, 58쪽)

33 『1769년 여행일지』에 따르면 코르네유는 그의 작품 『시드 *Le Cid*』에서 보듯이 스페인에서 소재를 가져왔고, 그의 주인공들은 "스페인적인 성향"을 지녔으며, 그의 언어에서는 "스페인적인 색채"(김대권 역, 123쪽)가 엿보인다. 특히 문체에서는 세네카의 영향을 받았다. "세네카와 코르네유[는] […] 썩 잘 어울리지 않는가."(김대권 역, 150쪽)

34 (옮긴이의 주) 코르네유의 주인공들.

도 – 나는 하나의 느낌이 [라신의 작품 이외에] 어디에서 그렇게 말할지는 모르겠다. 그것은 제3의 낯선 손이 그린 느낌의 그림이다. 하지만 [그것이,] 말(言)을 찾다가 결국 발견하는, 그러한 직접적이고 꾸밈없는 최초의 마음의 동요(動搖)인 경우는 결코 없거나, 그런 경우는 드물다. 볼테르의 멋진 시행, 그것의 양식(樣式), 내용, 이미지 경영, 화려함, 재기, 철학 – 그것은 멋진 시행이 아닌가? 물론이다! 어쩌면 생각할 수 있는 가장 멋진 시행이다. 그리고 내가 만약 프랑스인이라면, 볼테르 이후에 하나의 시행을 짓는 것에 절망할 것이다. - 그런데 [볼테르의 시행은] 멋지던지 그러지 않던 간에 행위, 언어, 풍속, 정열, (프랑스 드라마와는 다른) 드라마의 목적에 적합한 연극의 시행은 아니다! [그것은] 영원한 도식적인 논증 골격(Schulchrie)이자 거짓말이며 헛소리이다! 마침내 모든 것의 **목적**이라고? 결코 그리스적인 목적은, 비극적인 목적은 아니다! 만약 멋진 작품이 또한 멋진 행위일 경우 그 작품을 무대에 올리는 것! 일련의 잘 차려 입은 점잖은 신사숙녀들로 멋진 말을, 또한 가장 멋지고 가장 유용한 철학을 멋진 시행에 담아 낭독하게 하는 것! 이것들을 모조리 공연의 환상을 주는, 따라서 이목을 끄는 이야기로 창작하게 하는 것! 결국에는 실제로 낭독에, 격언과 외적인 느낌의 으스대는 표현에, 갈채와 만족에 상당히 신경을 쓰는 숙련된 수많은 신사숙녀로 하여금 이 모든 것을 공연하게 하는 것. - 위와 같은 것들 모두는, 생생한 독서를 위한, 표현과 자세와 점잖음을 연습하기 위한, 좋거나 심지어 영웅적인 풍속의 그림을 위한 최고의 탁월한 목적일 수 있다. 그리고 결국에는 심지어 생사(生死)에 있어 민족의 지혜와 예의범절을 배우는 온전한 아카데미일 수 있다. (모든 부수적인 목적을 도외시한다면) [그것은] 멋지다! 교육적이다! 교훈적이다! 탁월하다! 하지만 그리스 연극의 목적의 손도 발도 전혀 아니다.

그러면 그 목적은 어떤 것이었나? 아리스토텔레스는 그것을 말했고,[35] 사람들은 그것에 대해 충분히 논쟁을 벌였는데 - [그 목적이란] 마음의 **어떤** 충격, **어느 정도 어떤 면**에서 영혼의 **흥분** 그 이상도 그 이하도 아니다. 간단히 말하자면! **일종의 환상**인데, 진실로! 아직 그 어떤 프랑스 작품도 이것을 성취하지 못했으며 성취하지 못할 것이다. 따라서 (프랑스 드라마가 아무리 훌륭하고 유익하다고 할지라도) 그것은 그리스 드라마가 아니다! 그것은 소포클레스의 비극이 아니다. 그것이 인형으로서 아무리 그리스 드라마와 똑같다 할지라도, 인형에는 정신, 생명, 자연, 진실함이 - 따라서 감동의 모든 요소가 - 따라서 목적과 그 목적의 달성이 없다. - 그런데 그것이 [그리스 드라마와] 똑같다고 할 수 있을까?

이로써 아직 [프랑스 드라마의] 가치와 무가치에 대해서는 아무것도 결정된 바가 없고, 단지 [그리스 드라마와 프랑스 드라마의] 상이함에 대해서만 언급한 것 같다. 나는 이 상이함이 이전의 논의를 통해 완전히 해명되었다고 생각한다. 그리고 이제 다음과 같은 문제들은 각 사람에게 맡겨 스스로 해결하도록 한다. "무대에서 두 시간 동안 공연할 수 있게 하고 그런 공연과 유사하게 한다는 근사한 목적을 갖고서 행하는, 낯선 시대와 풍속과 행위에 대한 불완전한 복사가, 어떤 면에서는 [한 국가의] 국민성의 요체였던 **모사**(模寫)와 같다거나, 아니면 이보다 더 뛰어나다고 평가할 수 있을까?" 그 전체가 본래 **결코 아무런 목적도 없**는 문학작품 (그런데 이때 모든 프랑스 사람은 몸을 비틀거나 노래하면서 [이 비난을] 흘려들을 것이 틀림없다.) - 최고의 철학자들의 고백에 따르면 이런 문학작품의 좋은 점은 단지 세부사항을 주워 모으는 것인데 – 이런 문학작품을, 온갖 사소한 상황 속에서도 영향이, 아주 중대한 최상의

---

35 "비극은 […] 연민과 공포를 환기[해]는 사건에 의하여 바로 이러한 감정의 카타르시스를 행한다." (『시학』 1449b 26-29; 천병희 역, 49쪽)

교육이 담겨 있었던 **국가행사**[36]와 동일시 할 수 있을까? 코르네유의 가장 기교적인 대부분의 작품이 이미 잊혔듯이, 사람들은 지금 뒤르페 씨의 『아스트레』[37]와 기사시대의 모든 크렐리아[38]들과 아스파시아들을 바라보고서 "사고력과 지혜가 그득하군! 착상과 솜씨가 가득해! [그리하여] 이것들로부터는 아주 많은 것을! 많은 것을 배울 수 있겠어. - 그런데 그것이 『아스트레』와 크렐리아 속에 있다는 것은 유감이군!" 하며 감탄하는데, 결국에는 사람들이 이와 똑같이 감탄하며 크레비용과 볼테르를 바라볼 때가 틀림없이 오지 않을까? 이들의 기교 전체에는 자연이 없다. 그것은 기괴하다, 역겹다! - 우리가 진리에 대한 취향에 있어 이미 그런 정도라면 다행일 것이다! 프랑스 전체 드라마는 멋진 시행과 격언과 감정의 모음집으로 변했을지 모른다. - 그러나 위대한 소포클레스는 **여전히 있는 그대로 있다**!

따라서 우리가 조사할 수 없는 상황으로 인해, 흉내 내고 호두껍질[39]을 가지고 떠나가는 대신에, 차라리 스스로 **자신의 드라마를 창작하**고 싶어 하는 어떤 민족을 가정해본다면, 내 생각에 다시 제기될 첫 번째 질문은 이렇다. '**언제**? **어디서**? **어떤 상황**에서? **어떤 연유로 그 민족은 그 일을 해야 하는가**?' 그렇다면 창작은 이런 질문의 결과에 불과할 것이고 그럴 수밖에 없다는 것은 어떠한 증명도 필요로 하지 않는다. 그 민족

---

36 (옮긴이의 주) 그리스 비극은 아테네에서 열린 디오니소스 제전에서 발전했다. 아테네는 이 행사를 통해 자신의 정치적 역량과 문화적 저력을 대내외에 표방하고자 했다. 뿐만 아니라 그리스 비극은 "아테네 시민들의 자기계몽과 민주적 정치제도의 발전을 위해 지대한 공헌을 했다".(김상봉, 『그리스 비극에 대한 편지』, 한길사 2003, 352쪽)

37 『아스트레 *L'Astrée*』(1607-27)는 뒤르페(Honoré d'Urfé)가 쓴 목가소설이다.

38 크렐리아(Clelia)는 스퀴데리(Madeleine de Scudéry)의 소설 『크렐리, 로마 이야기 *Clélie, histoire romaine*』(1654-60)에 나오는 여주인공이다.

39 "호두껍질"은 그리스 비극의 외형적인 면을 가리킨다.

이 드라마를 합창에서, 디튀람보스에서 가져온 것이 아니라면, 그 드라마에는 그 어떤 합창적인 요소도, 디튀람보스적인 요소도 있을 수 없다. 그 민족 앞에 **역사**, **전통**, **가정 관계**와 **국가 관계**와 **종교 관계**에서 그처럼 단순한 사실이 놓여 있지 없다면 – 당연히 그 민족에는 이 모든 것 가운데 그 어떤 것도 있을 수 없다 - 그 민족은 가능하면 자기 역사에 따라, 시대정신과 풍속과 견해와 언어와 민족적 편견과 전통과 취미에 따라, (바로 고귀한 그리스인들이 합창을 기반으로 해서 했듯이) 비록 사육제극과 인형극을 기반으로 한 것이기는 하지만, 자신의 드라마를 **창작할** 것이다. - 그리고 창작된 것이 이 민족에게서 드라마의 목적을 달성하면, 그것은 드라마가 될 것이다. 아시다시피 우리들은

전 세계와 분리된 영국인들[40]

곁에, 그리고 이들의 위대한 셰익스피어 곁에 와있다.

이곳[영국]은 그 시대에, 그 시대 이전에 그리스가 아니었다는 것[41]을 그 어떤 아리스토텔레스의 제자라도 부인하지 못할 것이다. 따라서 이곳에서 그때 그리스 드라마가 **자연스럽게** (그 어떤 흉내 내기에 대해 말하는 것이 아니다.) 생겨야 한다고 요구하는 것은 양이 사자 새끼를 낳아야 한다고 요구하는 것보다 더 고약하다. 다만 처음이자 마지막 질문은 다음과 같다. "그 토양의 상태는 어떠한가? 그 토양은 무엇을 위해 마련되어 있는가? 그 안에 무엇이 뿌려져 있는가? 그것은 어떤 결실을 맺을 수 있을까?" - 그런데 저런! 이곳은 그리스와 얼마나 동떨어져 있는

---

40 베르길리우스, 『목가집(牧歌集) *Eclogae*』 I, 66.

41 (옮긴이의 주) 셰익스피어 시대와 그 시대 이전의 영국은, 그리스 비극을 배태했고 이것이 공연되었던 고대 그리스가 아니라는 말이다.

가! 역사, 전통, 풍속, 종교, 시대정신, 민족정신, 감동의 정신, 언어정신은 - 그리스와 얼마나 동떨어져 있는가! 독자가 두 시대를 많이 알든 거의 알지 못하든 간에, 그는 [두 시대 간에] 아무런 유사성이 없다는 것을 한순간도 혼동하지 않을 것이다. 그리고 이제 행복하게 혹은 불행하게 변화된 이때에 바로 한 시대가, 한 천재가 있어, 그리스인들이 자신들의 소재에서 끄집어냈던 것처럼 그렇게 자신의 소재에서 자연스럽고 훌륭하게 독창적으로 드라마 창작물을 끄집어낸다고 한다면 – 그리고 이 창작물이 바로 가장 상이한 길로 해서 동일한 의도에 도달한다고 한다면, 적어도 그 자체가 훨씬 복합적으로 간단한 것이자 단순하게 복합적인 것이라고 한다면 – 따라서 (모든 형이상학적인 정의에 따라) 하나의 완벽한 전체라고 한다면 - 어떤 바보가 이 두 번째 것[셰익스피어 드라마]이 첫 번째 것[그리스 비극]이 아니라고 해서 [이 둘을] 비교하고서는 [두 번째 것을] 저주하겠는가? 그리고 두 번째 것의 본질과 덕과 완전함은 모두 그것이 첫 번째 것이 아니라는 데에, 그 시대의 토양에서는 바로 다른 식물이 자랐다는 데에 근거한다.

셰익스피어 앞에는, 그리고 그의 주변에는 그리스 드라마를 형성시켰던, 단순한 조국 풍속과 행적과 성향과 역사 전통이 전혀 없었다. 따라서 형이상학적인 지혜의 첫 번째 명제에 따르면 무(無)에서는 무가 생기기 때문에, 만약 [판단을] 철학자들에게 맡긴다면, 그리스 드라마뿐만 아니라, 게다가 아무 것도 없다면, 세상에 그 어떤 드라마도 결코 더 이상 생기지 않았을 것이고 생길 수도 없었을 것이다. 그러나 알다시피 천재성은 철학보다 낫고, 창조자는 분석자와는 다른 존재이기에, 죽음을 면치 못하는 한 인간은 바로 정반대되는 소재를 이용하여, 이것을 가장 상이하게 다루었는데도 **공포**와 **연민**이라는 동일한 효과를 야기하는 신적인 힘을 부여받았다! 그리고 저 첫 번째 소재와 취급이 전에는 거의 산출할 수 없었던 정도로 이 두 감정을 야기하는 신적인 힘을 부여받았다! - 실행함에 있어 운을 타고난 신들의 아들![42] 바로 이 새로운 것, 최초의 것, 전혀 상이한 것은 그가 받은 소명의 근원적 힘을 보여준다.

셰익스피어 앞에는 합창단이 없었지만, 분명히 정치극과 인형극은 있었다. - 분명히! 따라서 그는 이 정치극과 인형극이라는 별로 좋지 않는 찰흙을 가지고, 지금 우리 앞에 서있으며 살아있는 저 훌륭한 피조물을 만들었다! 그가 발견한 것은 그처럼 단순한 민족과 조국의 특성이 아니라, 복합적인 신분과 생활양식과 신조와 민족과 관용구였다. - 전자[43]가 없다고 원망해도 소용없었을 것이다. 따라서 그는 신분과 인간을, 민족과 관용구를, 왕과 어릿광대를, 어릿광대와 왕을 훌륭한 전체로 지어냈다! 그는 그처럼 단순한 이야기와 플롯과 행위의 정신을 발견하지 못했다. 그는 자신이 발견한 이야기를 취해 창조정신으로 너무나도 다양한 것을 하나의 놀랄만한 전체로 구성해냈다. 이 전체를 가리켜 우리는 그리스적인 의미의 **행위**는 아니지만, 중세적 의미의 **행동**(Aktion) 혹은 근대의 언어로 **사건**(Begebenheit(evenement)), 크게 **일어난 일**(Eräugnis)이라 부르고자 한다. – 아, 아리스토텔레스여, 당신이 만약 [다시] 나타난다면, 정말 이 새로운 소포클레스[셰익스피어]를 호메로스화 할 것입니다! 그의 동향인들인 홈과 허드, 포프와 존슨[44]이 아직 하지 못했던 그에 대한 나름의 이론을 생각해낼 것입니다! 삼각형의 두 점에서, 위에 **완전함**이라는 목적의 한 점에서 만나게 되는 그런 선들을 그을 수 있는 것처럼, 당신은 자신의 모든 작품에서 **행위**, **성격**, **견해**, **표현**, **무대**[45]를 끌어낼 수 있

---

42 셰익스피어. 헤르더는 『아드라스테아 *Adrastea*』(1801-03)에서 셰익스피어를 가리켜 "운을 타고난 선한 운명의 아들 eines guten Schicksals glücklicher Sohn"(FHA 10, 332)이라고 칭했다.

43 (옮긴이의 주) "단순한 민족과 조국의 특성".

44 (옮긴이의 주) 홈과 허드, 포프와 존슨의 셰익스피어 연구물에 대해서는 각주 2번 참조.

45 아리스토텔레스는 『시학』 제6장에서 비극의 6가지 구성요소(플롯, 성격, 사상, 조사, 노래, 장경)에 대해 언급하는데, "행위, 성격, 견해, 표현, 무대"는 각각 플롯, 성격, 사상, 조사와 노래, 장경에 해

는 것을 보고는 즐거워할 것입니다! 당신은 소포클레스에게 이렇게 말할 것입니다. ["]이 제단의 성스러운 박편(薄片)을 그리시오! 그리고 그대, 오, 북구의 음유시인[셰익스피어]은 이 신전의 모든 면과 벽을 그대의 불멸의 프레스코 안에 그려 넣으시오![″]

해설자이자 광시를 읊는 음유시인으로서 계속 논의하겠다. 왜냐하면 나는 그 그리스인[소포클레스]보다는 셰익스피어에 더 가깝기 때문이다. 소포클레스에서 단일한 하나의 **행위**가 지배한다면, 셰익스피어는 하나의 **일어난 일**, 하나의 **사건** 전체를 염두에 두고 창작한다. 전자에서는 **한 가지 분위기**의 성격이 지배한다면, 후자에서는 모든 성격과 신분과 생활양식이 지배하는데, 이는 이것들이 그의 협주곡[셰익스피어 드라마]의 주된 음향을 형성할 수 있고 그럴 필요가 있는 한에서이다. 전자에서는 노래하는 섬세한 **하나의** 언어가 드높은 창공에서 들리는 것처럼 울린다면, 후자는 모든 연령대와 인간과 인간유형의 언어를 말한다. 후자는 자연의 모든 언어의 통역사이다. - 그런데 아주 상이한 길을 걷는 이 두 사람은 하나의 신성을 공유한 친구일까? - 그리고 전자가 **그리스인들**을 보여주고 가르치며 감동시키고 교육한다면, 셰익스피어는 북구 **사람들**을 가르치고 감동시키며 교육한다. 셰익스피어의 작품을 읽으면 극장과 배우와 무대장치는 내게서 사라진다! 오직 시대의 폭풍 속에서 흩날리는, 사건과 계시와 세계라는 책의 낱장만[이 보인다]! - 민족과 신분과 영혼의 개별적인 각인[이 느껴진다]! 이 모든 것은 매우 다채롭게, 아주 분리되어 움직이는 기계들이다. 모든 것은 - 세계창조주의 손 안에 있는 우리가 그러하듯이 - 하나의 연극적 이미지 전체를 위한, 오직 이 시인만이 개관하는, 웅장함을 지닌 하나의 사건 전체를 위한 무

당한다.

지하고 맹목적인 도구이다. 누가 [셰익스피어보다] 더 위대한 북구인의 시인을, [그보다] 더 위대한 그 시대의 시인을 생각할 수 있겠는가!

파도가 소리를 내며 서로 부딪히는 사건이라는 바다를 앞에 두고 있는 것처럼, 그의 무대 앞으로 걸어가라. 자연의 장면들은 앞으로 나아가고 뒤로 물러나며 상반되는 것처럼 보이지만 서로 영향을 끼친다. 그것들은 서로를 만들어내고 파괴하는데, 이는 모든 것을 도취와 무질서의 계획 속에서 어울리게 했던 것 같은 창조자의 의도가 실현되기 위함이다. - 변신론의 윤곽을 이루는 애매한 작은 상징들. 지도 앞에 서서 왕관을 내주고 영토를 분할할 때의 성급하고 따스하며 고귀하면서도 연약한 노인인 **리어 왕**은 - 등장하는 첫 장면에서 이미 자신 안에 가장 암울한 미래를 가져올 운명의 모든 씨앗을 품고 있다. 봐라! 이 선량한 낭비자, 이 성급하고 무자비한 자, 이 어린애 같은 아버지는 곧 딸들의 궁전 앞마당에서도 그럴 것이다. - 부탁하고 빌고 구걸하고 저주하며 공상에 빠지고 축복할 것이다. - 아아! 그리고 광기를 예감할 것이다. 천둥과 번개가 치는 가운데 벌거벗은 정수리를 한 채 최하층 인간으로 전락할 것이다. 한 어릿광대와 함께 어떤 미친 거지의 움집에서 흡사 두드리면서 하늘로부터 광기를 불러낼 것이다. - 그리고 이제 그는 비참함과 버림받음이라는 아주 가벼운 위엄 가운데 있다. 그리고 이제 제정신으로 돌아와 희망의 마지막 빛이 비추지만, 이 빛은 영원히 영원히 꺼진다! 그는 사로잡히고, 선행과 용서를 베풀고 죽은 자식인 딸[46]을 팔에 안는다! 그는 딸의 시신 위에서 죽는다. 늙은 신하[켄트 백작]는 이 늙은 왕을 뒤따라 죽는다. - 아아! 시대와 상황과 폭풍과 날씨와 시국의 엄청난 변화이다! 그리고 이 모든 것은, 그대가 원한다면! 그대의 아리스토텔레스의

46 (옮긴이의 주) 리어 왕의 막내딸 코델리아.

가장 엄격한 법칙[47]에 따라 하나의 시작에서 하나의 끝으로 진행되는 하나의 이야기에 – 영웅과 관련된 정치적 행위에 불과한 것은 아니다. 오히려 더 가까이 다가와서, 각 인물과 연령과 성격과 사소한 것도 이 그림 속에 정돈해 넣었던 **저 인간정신**을 느껴라. 늙은 두 아버지[48]와 너무나도 상이한 그들의 모든 자식들! 한 아버지의 아들[49]은 불행에 처했음에도 기만당한 아버지에게 감사했고, 다른 아들[50]은 상당히 운이 좋았지만 가장 선량한 아버지에게 섬뜩할 정도로 배은망덕한 짓을 했다. 아버지[리어 왕]는 딸들을 대적했다! 딸들은 아버지를 대적했다! 딸들의 남편과 구혼자, 그리고 모든 연루자들은 행복과 불행을 겪었다! 눈먼 글로스터는 정체를 몰랐던 자기 아들[에드거]의 팔에 안기고, 미친 리어는 자신이 추방한 딸[코델리아]의 발치에 있다! 그리고 이제 행운이 갈리는 순간이 오자, 글로스터는 나무 밑에서 죽고 나팔이 울린다. 모든 부수적 상황과 동인(動因)과 성격과 형편은 밀집해서 이 안으로 들어온다. - 모든 것은 극중에 있다! 계속 전개되다가 하나의 전체가 된다. – 모든 것은 함께 정돈되어 **아버지**와 **자식들**, **왕**과 **어릿광대**, 그리고 **거지**와 **비참함**을 아우르는 **전체**가 된다. 여기에서는 가장 상반되는 장면들 도처에서 사건의 영혼이 호흡한다. 여기에서는 장소와 시간과 상황이, 말하자면 이 작품을 전적으로 지배하는 이교도적인 **운명론**과 **점성술**조차도 이 전체의 일부에 속하기 때문에, 나는 아무 것도 변화시킬 수 없고 옮길 수 없으며, 다른 작품에서 이 작품으로 혹은 이 작품에서 다른 작품으로 가져갈 수 없을 정도이다. 그렇다면 이 작품은 드라마가 아니란 말인가? 셰

---

47 (옮긴이의 주) 각주 17번 참조.

48 리어 왕과 글로스터 백작.

49 (옮긴이의 주) 글로스터의 손위 아들인 에드거.

50 (옮긴이의 주) 글로스터의 손아래 서자인 에드먼드.

익스피어는 극작가가 아니란 말인가? 세계적 사건의 수많은 장면을 팔로 껴안고, 시선으로 정돈하며, 모든 것에 숨결과 생기를 불어넣는 영혼으로 가득 채우고, 주의력이 아니라 마음과 모든 정열과 영혼 전체를 시작부터 끝까지 사로잡는 그런 극작가 말이다. – 더 이상 안 되면, 대부 아리스토텔레스의 증언을 들어보자. "생물의 크기는 단 한눈에 개관할 수 있는 정도여야 한다."[51] - 그리고 여기에서는 – 이런! 사건 전체가 영혼의 깊은 데서 계속 느껴지고 마무리된다! - 드라마의 이야기의 세계는 자연처럼 광대하고 심오하다. 그런데 이 드라마 창작자는 우리에게 그처럼 광대하고 심오하게 바라보는 눈과 관점을 준다!

무어인 **오셀로** 속에서는 엄청난 세계가 전개된다! 엄청난 하나의 전체가 보인다! **이 고귀하고 불행한 남자가 지닌 정열의 생성, 진행, 폭발, 서글픈 결말에 대한 생생한 이야기**[가 펼쳐진다]! 그리고 충만함 가운데 수레바퀴들이 교차하면서 하나의 작품이 된다! 인간의 형상을 한 마귀인 이 이아고는 세계를 주시하고 주변의 모든 이들을 가지고 놀 수밖에 없다! 그리고 이제 **이** 등장인물들 가운데 카시오와 로데리고, 오셀로와 데스데모나 같은 **이런** 무리는 이아고의 지옥불에 민감한 부싯깃을 갖고서 그 주변에 서있을 수밖에 없다. 그러다가 각자 이아고와 뜻밖에 마주치고, 그가 이 모든 이들을 이용하자, 모든 사람은 서둘러 서글픈 결말을 향해 간다. - 섭리의 천사가 인간의 정열을 서로 저울질하여 영혼과 성격을 무리 짓고 이들에게 각자가 자유인이라는 환상 속에서 행동하는 계기를 가져다준다면, 하지만 그가 이 환상을 가지고서 운명의 사슬을 가진 양 이들 모두를 자기 이념으로 이끈다면 – 여기에서 구상하

51 "여러 부분으로 구성된 사물이나 생물이 일정한 크기를 가져야 하고 그 크기는 쉽게 통관할 수 있는 정도의 것이어야 하듯이 플롯도 일정한 길이를 가져야 하는데 그 길이는 쉽게 기억할 수 있는 정도의 것이어야 한다."(『시학』 1451a 1-5; 천병희 역, 57쪽)

고 숙고하며 밑그림을 그리고 주도했던 것은 인간정신이었다.

시간과 장소는 씨를 둘러싼 껍질처럼 항상 함께 간다는 것은 상기할 필요조차 없을 것이다. 그런데 바로 이에 대한 가장 날카로운 외침이 있다. 셰익스피어가 가장 상이한 장면들로 이루어진 하나의 세계 전체를 하나의 사건으로 파악하는 신적인 요령을 발견했다면, 장소와 시간 또한 매번 이상화하여 이것들이 함께 환상에 기여하게끔 하는 것이 바로 그의 사건의 진리에 속하는 것은 당연했다. 혹시 자기 인생에서 사소한 일이 벌어지는 장소와 시간에 무관심한 사람이 세상에 있을까? 그리고 장소와 시간은 특히 영혼 전체를 자극하고 교육하며 변화시키는 일에 있어서 중요하지 않는가? 어릴 적에, 정열의 장면에서, 목숨이 달린 모든 행위에서 말이다! 전체 이야기에 틀림없이 **지주**(支柱)와 **지속**과 **실존**을 부여하는 것은 바로 장소와 시간과 수많은 외부 상황이 아닌가? 그래서 아이, 젊은이, 연인, 행위의 장(場)에 있는 성인 남자가 자신에게서 공간이라는, 방법과 장소와 시간이라는 하나의 상황을 잘라내게 할 경우 자기 영혼의 전체 표상이 해를 입지 않겠는가? 이 점에서 이제 셰익스피어가 가장 위대한 대가인 것은, 그가 오로지 줄곧 자연의 [충]복([忠]僕)이라는 바로 그 이유 때문이다. 그가 드라마의 사건을 생각하고 머릿속에서 궁리했을 때, 그때마다 장소와 시간도 그렇게 함께 이리저리 궁리된다! 전 세계의 장면과 시국 가운데에서 선택되는 것은, 숙명의 법칙에 의한 것처럼, 행위의 감정에 가장 강력하고 가장 이상적인 것, 바로 그것이다. 여기에서는 가장 특이하고 가장 대담한 상황이 진리의 기만을 가장 많이 뒷받침한다. 여기에서는 시인이 주재하는 시간과 장소의 변화가 가장 소리 높여 이렇게 외친다. "여기 이분은 시인이 아니다! 창조자다! 세계의 역사다!"

예를 들면 이 시인이 저 끔직한 국왕 시해를 다룬『맥베스』라는 비극을 자신의 영혼 속에서 창조된 사실로서 궁리했을 때 – 친애하는 독자여, 그대는 너무 근시안적이어서 이제 어떤 장면에서도 무대와 장소를 함께 느끼지 못했다. - 셰익스피어와 그대의 손 안에 있는 이 빛바랜 책장(冊張)에 화 있을 진저. 그래서 그대는 번개와 천둥이 치는 가운데 마녀들이 황야에 등장하는 서막에 대해서는 아무것도 느끼지 못했다! 이제는 맥베스의 전공(戰功)을 [덩컨 왕에게 전하는] 피투성이 남자와 왕이 맥베스에게 보낸 전갈에 대해서 아무것도 느끼지 못했다! 다시[52] 장면이 갑자기 바뀌어 예언적인 마법정신이 시작되고 [맥베스가] 이전의 [왕의] 전갈과 [마녀들의] 이 인사말을 자신의 머릿속에서 섞는 것에 대해서 아무것도 느끼지 못했다! 그대는 맥베스 부인이 저 운명의 편지 사본을 갖고서 성에서 거니는 것을 보지 못했다! 나중에 그녀는 아주 소름끼치도록 [이전과는] 다르게 거닐 것이다. 그대는 결국에는 평온한 왕과 더불어 [맥베스의] 집 주변을 감도는 아주 부드러운 저녁공기를 감지하지 못했다! 이 집에서는 실은 제비가 아주 안전하게 둥지를 틀고 있으나, 아, 왕이여, 당신은 – 이것은 보이지 않는 가운데 일어나고 있다! - 살인자의 소굴에 접근하고 있다. 그 집에서는 손님 맞을 준비로 떠들썩한데, 맥베스는 시해를 준비하고 있다! 뱅쿠오가 밤에 횃불과 칼을 들고서 [만약의 사태에] 대비하는 장면! 그 단검! 환영(幻影) 속의 그 소름끼치는 단검! 종소리 – 사건[53]이 발생하자마자 문 두드리는 소리! - [시해된 왕의] 발견, 모여든 사람들 – 그 의도로 창작된 이 사건이 **거기에서**, 그리고 **그런 방식과는** 다르게 일어날 수 있을 장소와 시간이 있는지 모두 돌아보라. 숲 속에서 뱅쿠오를 살인하는 장면. 밤의 연회와 뱅쿠오의 유령 – 이제 다시 마녀들이 살고 있는 황야. (왜냐하면 맥베스의 끔찍한 운명

---

52 원문에는 "wider"로 되어 있으나, 이것을 "wieder"로 바꿔 번역했다. 이에 대해서는 FHA 2, 1187 참조.

53 (옮긴이의 주) 덩컨 왕의 시해.

적인 행위는 끝났기 때문이다!) 이제 마법의 동굴, 유령 불러내기, 예언, 분노와 절망! 홀로 있는 엄마의 날개 밑에서 맥더프 자녀들의 죽음! 그리고 나무 밑에 있는 저 추방당한 두 사람[54], 그리고 성 안을 거니는 소름 끼치는 몽유병 여인[맥베스 부인], 그리고 예언의 놀랄만한 실현 – 저 접근해오는 숲[55] – [여자에게서] 태어나지 않은 자[56]의 칼에 의한 맥베스의 죽음 – 나는 **운명의 세계와 국왕이 시해당하는 세계와 마법의 세계**라는 저 명명할 수 없는 이상화된 공간 전체를 명명하기 위해서는 모든, 모든 장면을 다 열거해야만 할 것이다. 이 세계는 영혼으로서, 시간과 장소와, 분명히 혼란스런 에피소드의 가장 사소한 상황에 이르기까지 작품에 활기를 준다. 나는 영혼 속의 모든 것을, 전율을 느끼게 하고 분리되지 않는 하나의 전체로 만들기 위해서는 모든, 모든 장면을 다 열거해야만 할 것이다. – 그렇지만 이 모든 것으로는 아무 것도 말하지 못할 것이다.

각 작품의, 각 개별적인 우주의 이런 **개별성**은 장소와 시간과 창작과 함께 모든 작품에 나타난다. 레싱은 연극의 여왕인 『세미라미스』와 비교하며 『햄릿』의 몇 가지 상황을 피력했다.[57] - 이 드라마 전체는 처음부터 끝까지 이런 공간 정신으로 얼마나 충만해 있는가. 성(城) 광장과 혹독한 추위, 보초 교대와 밤에 나누는 이야기, [유령 출몰 사실의] 불신과 믿음

54 (옮긴이의 주) 덩컨 왕의 아들 맬컴과 귀족 맥더프.

55 (옮긴이의 주) 맥베스를 치기 위해 그의 성에 접근하는 맬컴의 군대.

56 (옮긴이의 주) 맥더프. 맥더프는 맥베스와 싸우는 중에 다음과 같이 말한다. "맥더프는 때 이르게 그 어미의 자궁을/찢고 나왔노라고."(『맥베스』, 5막 8장, 15-16행; 최종철 역, 465쪽)

57 레싱은 『함부르크 연극론』 제11호(1767년 6월 5일; 윤도중 역, 38-44쪽)에서 『햄릿』과 볼테르의 비극 『세미라미스』(1749; 원제는 "세미라미스의 비극 La Tragédie de Sémiramis")에서의 유령 출몰을 비판적으로 비교한다. 세미라미스는 아시리아의 전설적인 여왕으로 그녀를 소재로 많은 연극과 오페라가 창작되었다.

- 별 - 그리고 이제 그것[58]이 나타난다! - 각각의 말과 상황 속에서 준비와 자연을 예감하지 못할 사람이 누가 있겠는가! 이야기는 계속 진행 된다! 유령의 모든 가장(假裝)이 다 드러났다! 인간의 모든 가장이 다 드러났다! 수탉의 울음소리와 북소리, 무언의 눈짓과 가까이 있는 언덕, 현실의 말(言)과 초자연적인 말 - 얼마나 대단한 공간인가! 진리가 얼마나 깊이 각인되어 있는가! 그리고 깜짝 놀란 왕은 무릎을 꿇고, 햄릿은 어머니의 방 안에서 배회하며 아버지 초상화 앞을 지나간다! 그리고 이제 다른 장면이 펼쳐진다! 햄릿은 오필리어의 무덤 곁에 있다! [햄릿은] 호레이쇼, 오필리어, 레어티스, 포틴브래스와의 모든 관계에서 감동을 주는 좋은 친구이다! 이 젊은이의 놀이 같은 행위는 작품 전체에 걸쳐 지속되나, 거의 끝까지 행위는 되지 않는다. - 여기에서 한순간 무대를 느끼고 찾으며, 무대에서 일련의 운문으로 된 점잖은 대화를 찾는 사람을 위해 셰익스피어와 소포클레스는 작품을 쓰지 않았다. 세계의 진실한 그 어떤 시인도 마찬가지였다.

각 작품을 지배하며 세계영혼처럼 그것을 관류하는 개별적인 주요 느낌을 언급할 말이 내게 있으면 좋으련만. 『오셀로』에서는 다음과 같은 것들이 실제로 함께 이 작품의 구성요소를 이룬다. 밤에 [데스데모나] 찾기와, 동화 같은 놀랄만한 [오셀로와 데스데모나의] 사랑, 항해, 바다 폭풍과, 오셀로의 들끓는 정열, 매우 모욕적으로 [데스데모나를] 죽이는 방식, 조가를 부르고 바람 소리가 들리는 가운데 [데스데모나의] 옷 벗기와, 죄와 정열의 유형 자체 – 그[오셀로]의 등장, 촛불에다 대고 말하기 등이 그렇다. 이 모든 것이 어떻게 해서 생생하고 내적으로 비극적 사건이라는 하나의 세계를 구성하는 요소인지를 말로 표현하는 것

58 (옮긴이의 주) 햄릿 아버지의 유령.

이 가능하면 좋으련만. - 하지만 그것은 가능하지 않다. 그 어떤 형편없는 채색화도 말에 의해 기술되거나 만들어질 수 없다. 그렇다면 자연의 모든 장면과 상황과 마법 속에 있는 하나의 생생한 세계에 대한 느낌은 더 말할 나위도 없다. 독자여, 그대가 원하는 작품을,『리어 왕』과 리처드 왕 관련 작품들[59]을,『줄리어스 시저』와 헨리 왕 관련 작품들[60]을, 마법극들과 막간극들[61]조차도, 특히 사랑을 다룬 달콤한 작품인『로미오와 줄리엣』을, 또한 각 시대상황과 장소와 꿈과 시 속에 있는 로맨스를 – 이런 작품들을 살펴봐라. 뭔가로부터 특성을 제거하여 바꾸고 심지어 그것을 단순화하여 프랑스 무대 위에 올리도록 시도해봐라. - 진리의 온갖 원본을 지닌 생생한 세계는 이런 골조(骨組)로 변한다. - 멋진 교환이다! 멋진 변화이다! 이 식물에서 토양과 수액과 힘을 빼앗고 그것을 공중에 심으라. 이 사람으로부터 장소와 시간과 개인적 불변성을 빼앗으라. - [그럼] 그대는 그에게서 호흡과 영혼을 빼앗는 셈이고, 남는 것은 **생물의 이미지**[뿐]이다.

따라서 바로 이 점에서 셰익스피어는 소포클레스의 형제이다.[62] 셰익스피어는 겉보기에 소포클레스와 닮지 않았지만 내면에서는 전적으로 **그**와 같다. 모든 환상은 이야기의 이 원본성과 진실성과 창조성에 의해 달성되며, 이것들 없이는 달성되지 않을 뿐만 아니라, 셰익스피어 드라

---

59 (옮긴이의 주)『리처드 2세』와『리처드 3세』.

60 (옮긴이의 주) 2부작『헨리 4세』,『헨리 5세』, 3부작『헨리 6세』,『헨리 8세』.

61 마법극과 막간극의 예로는『한여름 밤의 꿈』과『태풍』을 들 수 있다.

62 에드워드 영은『독창적인 작품에 대한 사유.『찰스 그랜디선 경의 이야기』의 저자에게 보내는 편지 속에 들어 있음』에서 셰익스피어에 대해 다음과 같이 격찬한다. "셰익스피어는 자기 술에 물을 섞지 않았고 형편없는 모방을 통해 자신의 천재성을 깎아내리지 않았다. 셰익스피어는 우리에게 셰익스피어 같은 인물을 주었는데, 고대인들 가운데 가장 저명한 사람일지라도 우리에게 그런 인물을 더 이상 줄 수 없었을 것이다. 셰익스피어는 고대인들의 후예가 아니라 그들의 형제이다. 그리고 온갖 결점에도 불구하고 그들과 똑같다."

마와 그의 드라마 정신의 그 어떤 요소도 더 이상 남지 않을 것이다. (그렇지 않다면 내가 썼던 것이 무의미했을 것이다.) 그 때문에 보시다시피 전 세계는 이 위대한 정신에게는 육체에 불과하다. 자연의 모든 장면은 이 육체에 딸린 사지이다. 이는 모든 성격과 사고방식이 이 정신에게 특징인 것과 같다. - 그리고 이 전체는 스피노자의 저 거인 신, "판 신이다! 우주이다!"[63]라고 불릴지 모른다. 소포클레스는 하나의 장소에서 하나의 시간에 일어난 하나의 행위를 다룰 때 자연에 충실했다. 셰익스피어는 세계적 사건과 인간의 운명을 이것들이 - 이제 이것들이 발생하는 모든 장소와 시간에 걸쳐 펼쳤을 경우에만 자연에 충실할 수 있었다. 셰익스피어 작품의 제5막 때 들어와서 감동의 진수를 꿀꺽 삼키려 하는 이 장난하는 프랑스인[64]에게 신의 자비를 구한다. 여러 프랑스 작품에서는 이런 일이 어쩌면 벌어질지 모르는데, 그 이유는 여기에서는 모든 것이 연극을 위해서만 시화(詩化)되고 장면을 통해 과시되기 때문이다. 그러나 셰익스피어 작품에서 그는 완전히 빈손으로 떠난다. 세계적 사건은 이미 끝났다. 그는 사람이 파리처럼 떨어지는 마지막 최악의 결과만을 본다. 그는 떠나면서 다음과 같이 조소할 것이다. ["]셰익스피어 작품은 자기에게는 불쾌한 것이요, 그의 드라마는 가장 미련한 바보짓이다.["]

만약 철학적인 두뇌를 지닌 어떤 사람이 수고를 아끼지 않고 드라마에 대해서도 "도대체 **장소**와 **시간**은 무엇인가"라고 질문하려고 했었다면, 대체로 장소와 시간과 관련된 문제라는 전체 실타래는 벌써 풀렸을

---

63 "판 신이다! 우주이다! Pan! Universum!"라는 표현은 "신 즉 자연 Deus sive natura"이라는 스피노자의 범신론적 문구의 변형이다. 헤르더에 따르면 스피노자의 자연신은 셰익스피어의 드라마에서도 작용한다.

64 "이 장난하는 프랑스인"은 볼테르를 가리킨다. 그는 『서사시론 *Essai sur la poésie épique*』(1728)과 『런던에서 영국인들과 다른 주제에 대해 쓴 편지』에서 셰익스피어를 비판했다.

것이다. 장소는 무대이고 시간은 연극에서 막간극의 소요시간이라고 한다면, 세상에 프랑스인들 외에는 그 누구도 장소의 일치와 시간과 장면의 척도를 가지고 있지 않다.[65] 그리스인들 - 우리가 거의 이해하지 못하는 고도의 환상을 지녔고 - 공공 무대를 위한 시설을 갖추었으며 무대 앞에서는 신전에서처럼 제대로 경건한 마음을 지녔던 그들은 일찍이 그런 생각[66]을 결코 하지 않았다. 각 장면이 지나간 후에 시계를 쳐다보고서 그런 것이 그 정도의 시간에 발생할 수 있는지 확인하고자 하는 사람, 그리고 시인이 한순간도 자신을 기만하지 않고, 달팽이 걸음의 인생에서 그 시간에 볼 수 있을 바로 그 만큼만 무대 위에서 보여주었다는 것이 큰 기쁨의 주요소인 그런 사람의 환상이란 어떠한 것일까? - 이것을 주요 기쁨으로 생각하는 사람이 있다면, 그는 어떤 인간이란 말인가! 그리고 누군가 이것을 주요 목적으로 삼아 작업하고 법칙 나부랭이를 자랑삼아 이렇게 말한다면, 그는 어떤 시인이란 말인가! "나는 그 정도로, 그 정도로 멋진 작품을 프랑스 극장이라는 이 무대의 주어진 좁은 공간 위에, 공연을 관람하는 주어진 시간 속에 아주 고상하게 밀어 넣고 끼워 넣지 않았던가! 장면을 잣아 꿰지 않았던가! 모든 것을 정확하게 엮어 철(綴)하지 않았던가!" - [그런 시인이라면] 형편없는 의전관이다! 연극의 허풍선이지, 창조자는 아니다! 시인은 아니다! 드라마의 신은 아니다! 그런 사람으로서 그대를 위해서는 탑과 신전 위에서 어떤 시계도 울리지 않는다. 오히려 그대가 공간과 시간의 척도를 창조해야 한다. 그리고 그대가 공간과 시간 속에서만 실존하는 세계를 만들어낼 수 있다면, 봐라, 저기 내면에 기간과 공간에 대한 그대의 척도가 있다. 그대는 모든

---

65 코르네유는 「삼일치론 *Discours de trois unités*」(1664)에서 연극과 실제 사건의 소요시간의 동일함을 요구하고, 사건의 진행시간은 두 시간으로, 최대 하루로 국한한다.

66 (옮긴이의 주) 연극 공연에서 장소와 시간에 대한 프랑스인들의 생각.

관객을 매혹시켜 그 척도를 받아들이게 해야 한다. 모든 관객에게 그 척도를 강요해야 한다. 그렇지 않으면 그대는 이미 말했듯이 결코 드라마 시인은 아니다.

도대체 공간과 시간은 본래 그 자체로는 아무것도 아닌 것임을, 이것들은 영혼 안에 혹은 밖에 있는 현존, 행위, 정열, 생각의 연속과 주의력의 정도와 관련해서 볼 때 가장 상대적인 것임을 세상의 누군가에게 증명할 필요가 있을까? 도대체 드라마의 시간을 재는 선량한 그대의 생애에는, 몇 시간이 몇 순간이 되고 몇 날이 몇 시간이 되었던 때가, 그러나 또한 반대로 몇 시간이 몇 날이 되고 야간 보초 서는 일이 몇 년으로 느껴졌던 때가 결코 없었는가? 그대의 생애에는, 영혼이 한때 완전히 그대 밖에 있었던 상황이 없었는가? 여기 그대의 연인의 이 낭만적인 방에, 저기 저 굳은 시체 위에, 여기 외부의 수치스러운 곤경의 이 압박하는 것 속에 있었던 상황이 없었는가? – 이제 다시 영혼이 날아서 세계와 시간을 넘어가고 공간과 세계 여러 지역을 뛰어넘으며 주변의 모든 것을 잊고서 하늘에, 지금 그 실존을 느끼는 사람의 영혼 속에, 가슴속에 있었던 상황이 없었는가? 그런데 이것이 그대의 굼뜨고 졸고 있는, 벌레와 나무와 같은 삶 속에서 가능하다고 한다면, 이런 삶에는 뿌리가 그대를 그대가 서있는 자리인 죽은 토양에 충분히 붙들게 되는데, 그리고 그대가 질질 끌며 걷는 각 영역이 벌레처럼 걷는 그대의 걸음걸이를 재기에 충분히 느린 계기라고 한다면, – 이제 그대가 한순간 하나의 다른 세계로, 어떤 시인의 세계로, 단지[67] 꿈속으로 옮겨졌다고 생각하면 어떨까? 그대는 꿈속에서 장소와 시간이 어떻게 사라지는가를 결코 느끼지 못했는가? 따라서 이것들이 얼마나 비본질적인 것이고, **행위**, 영혼의 활동이

---

67 원문(FHA 2, 517)에는 "eine Dichterwelt nur 〈,〉 in einen Traum"으로 되어 있으나, 프로스 판("eine Dichterwelt, nur in einen Traum")에 따라 번역했다.

라는 것에 비하면 그림자에 불과할 수밖에 없음을 결코 느끼지 못했는가? 이 영혼에게 중요한 것은 원하는 방식으로 원하는 곳에 공간과 세계와 시간의 척도를 창조하는 것임을 결코 느끼지 못했는가? 그런데 만약 그대가 위와 같은 것들을 생애에 단 한번만이라도 느꼈더라면, 한 15분 후에 깨어나서는 꿈속에서 한 행위의 어렴풋한 잔재로 인해 ["]나는 밤새 잠자고 꿈꾸고 행동했다![''"]라고 맹세했더라면 - 그대는 한순간이라도 마호메트의 꿈[68]이 꿈으로서는 불합리하다고 생각하겠는가! 그리고 그대를 하나의 그런 꿈속으로 옮겨놓은 것이 바로 각 천재의, 각 시인의, 특히 드라마 시인의 첫째가는 유일한 의무가 아니겠는가? 그런데 이제 그대가 시인에게 그대의 회중시계나 응접실을 보여주고 그가 이에 따라 그대에게 꿈꾸는 것을 가르치게 한다면, [이로 인해] 그대가 어떤 세계를 혼란에 빠뜨리게 하는지를 생각해봐라.

시인이 묘사하는 사건의 진행 속에, **그의** 세계의 연속성과 동시성의 질서 안에, 거기에 그의 공간과 시간이 있다. 어떻게, 어디에서 그가 그대를 사로잡을까? 그가 그대의 마음을 낚아채가기만 한다면, 거기에 그의 세계가 있다. 그는 얼마나 빠르게, 얼마나 느리게 시간이 이어지게 하는가. 그는 시간이 이어지게 한다. 그는 그대의 마음에 이 이어짐을 각인한다. 이것이 그의 시간의 척도이다. - 그런데 이 점에서 다시금 셰익스피어는 대가이다! 그가 묘사하는 사건은 자연에서 그런 것처럼 그의 본성에서는 천천히 둔중하게 시작된다. 왜냐하면 그는 자연을 단지 축소해서 제공하기 때문이다. 태엽이 작동하기 전에는 얼마나 많은 힘이 드는가! 그러나 태엽이 작동하면 할수록, 장면은 어찌나 [빨리] 지나가는가! 말은 더욱더 짧아지고, 영혼과 정열과 행위에는 훨씬 더 많은 날개

68 마호메트는 꿈속에서 메카를 떠나 예루살렘으로 간 다음에 칠층천(七層天)을 거쳐 신에게 나아갔다고 한다.

가 달린다! 그런 다음 이런 진행은, 흩뿌려진 특정한 말은 얼마나 강력한가. 그 이유는 누구도 더 이상 시간이 없기 때문이다. 마침내 결국, 그가 독자를 완전히 환상에 빠뜨리고, 독자가 자기 세계와 정열의 심연에서 길을 잃은 것을 볼 때, 그는 얼마나 대담해지는가! 그는 뭔가를 이어지게 한다! 리어 왕은 코델리아를 뒤따라 죽고, 켄트 백작은 리어 왕을 뒤따라 죽는다! 말하자면 세계종말이, 최후 심판이 도래했다. 이때 모든 것은 서로에게 굴러가고 돌진하며, 하늘은 둘둘 말리고 산은 무너진다. 시간의 척도는 사라진다. - 물론 이것은 다시금, 온전한 싱싱한 피부를 하고서 5막에 나타나서는 거기서 얼마나 많은 사람들이 언제 죽는가를 시계로 재는 저 유쾌하고 쾌활한 **캐클로갤리니아 거주민**[69]에게는 해당되지 않는다. 그런데 맙소사, 이런 것이 비판이자 연극이고 환상이어야 한다면, 도대체 비판은 무엇이고, 환상은 무엇이며, 연극은 무엇일까? 모든 이 공허한 단어들은 무엇을 의미할까.

이제 바로 내 연구의 핵심부분이 시작된다. "셰익스피어는 어떻게, 어떤 기법으로, 어떤 창작방법으로 형편없는 로맨스와 노벨레와 우화이야기를 그처럼 생생한 하나의 전체로 지어낼 수 있었을까? 그의 조처와 기교 각각에는 우리의 **역사적 철학적 드라마적 기법**의 어떤 법칙이 있을까?" 이것은 얼마나 훌륭한 연구인가! 우리의 역사구조에, 인간영혼

---

69 "캐클로갤리니아 거주민"(Kaklogallinier)이라는 말은 1727년 브런트(Samuel Brunt)라는 가명으로 출판된 『캐클로갤리니아 나라 여행기. 이 나라의 종교, 정치, 관습과 예의범절에 대한 기술 *A Voyage to Cacklogallinia with a Description of the Religion, Policy, Customs and Manners of that Country*』에서 유래한다. 제목에 나와 있는 '캐클로갤리니아'(Cacklogallinia)는 말을 하고 학식이 있는, 사람 크기의 닭의 나라를 가리킨다. 이로 보건대 이 소설은 스위프트의 『걸리버 여행기』(1726)의 제4부에 등장하는 학식 있는 말(馬)의 나라를 풍자하고 있다. 그런데 하만(Johann Georg Hamann)과 헤르더는 'Kaklogallinier'가 '갈리아'(Gallien)라는 단어를 연상시키기에 이 말을 프랑스인들을 조롱하는 표현으로 사용했다.

에 대한 철학과 드라마에 얼마나 많은 기여를 할까. - 그러나 나는 역사와 철학과 예술과 관련된 우리의 모든 학술원의 회원이 아니다. 물론 이런 학술원에서는 그런 것[70]보다는 오히려 다른 것을 생각한다! 셰익스피어의 동향인들조차도 그런 것을 생각하지 않는다. 주석가들은 그에게서 역사적인 오류를 책잡지 않았던가! 예를 들면 저 두터운 워버튼의 책[71]에서는 역사적인 아름다움을 비난하지 않았던가! 게다가 최근에 **그에 대한 소론을 쓴** 저자[72]는 어쩌면 내가 그에 대해 즐거이 했던 생각, 즉 "셰익스피어는 어떻게 로맨스와 노벨레를 가지고 드라마를 지었을까?"라는 생각을 해본 적이 있을까? 그런 생각은 그 저자에게도, 이 영국의 소포클레스[셰익스피어]의 아리스토텔레스격인 홈 경[73]에게도 떠오르지 않았다.

따라서 셰익스피어 작품의 통상적인 분류를 살짝이나마 들여다보자. 틀림없이 셰익스피어를 온전히 느꼈던 한 작가[74]에게 최근에 하나의 착상이 떠올랐다. 그 착상이란 수염은 희고 얼굴은 주름지며 눈에는 눈물이 흥건하고 "정신[은] 하나도 없는데다가 허벅지는 약해 빠"[75]진 궁정

---

70 (옮긴이의 주) 방금 헤르더가 언급한 연구.

71 워버튼(William Warburton)이 1747년 런던에서 포프와 공동으로 펴내고 주석을 단 8권으로 구성된 셰익스피어 작품집을 가리킨다.

72 『그리스와 프랑스의 드라마 시인과 비교한 셰익스피어의 글과 독창성에 대한 소론 및 볼테르 씨가 잘못 묘사한 것에 대한 몇몇 언급』을 저술한 몬터규 부인을 가리킨다.

73 (옮긴이의 주) 홈 경(Lord Home)에 대해서는 각주 2번 참조.

74 (원주) 『문학에서 주목할 만한 것에 관한 편지』 제3집. [여기에서 "작가"는 게르스텐베르크를 가리킨다. 그는 『문학에서 주목할 만한 것에 관한 편지』 제2집(제3집이 아니다!) 17번째 편지에서 『햄릿』에 등장하는 궁정인 폴로니우스가 했던 구분(각주 77번 참조)에 따라 셰익스피어 작품을 분류하고자 했다. 하지만 헤르더는 게르스텐베르크에게 보내는 편지글 형식으로 쓴 「셰익스피어」 초안(FHA 2, 522-524 참조)에서 그의 분류법에 대해 회의적인 반응을 보인다.]

75 『햄릿』 2막 2장, 200-201행(최종철 역, 367쪽)

인인 저 정직한 "생선 장수"[76], 즉 아이 같은 **폴로니우스**를 이 시인[셰익스피어]의 아리스토텔레스로 만드는 것이었다. 그리고 그가 농담에서 쏟아내는 일련의 '-al'과 '-cal'[77]을 모든 작품의 진지한 분류로 제안하는 것이었다. 나는 [이에 대해] 회의적이다. 셰익스피어에게는 특히 아이와 어릿광대의 입 안에 공허하고 판에 박은 말과 도덕과 분류를 넣는 술책이 물론 있다. 그런데 이런 것들은 수많은 경우에 적용할 경우 모든 것에 들어맞기도 하고, 어느 것에도 제대로 들어맞지 않는다. 그리고 새로운 스토바이오스의 모음집[78]과 발췌 모음집, 혹은 셰익스피어의 지혜가 담긴 풍요의 뿔을 영국인들은 부분적으로 이미 가지고 있으나, 우리 독일인들은 다행히도! 최근에 갖게 될 것이다.[79] **폴로니우스**와 **란슬럿**, **익살꾼**과 **어릿광대**, 멍청한 **리차드** 혹은 교만한 **기사 왕**[80] 같은 그런 인물들은 이런 모음집들을 가장 많이 즐겼을 것이다. 왜냐하면 셰익스피어 작품에 등장하는 온전하고 건전한 인물은 누구나 직접 행동에 필요한 것

---

76 햄릿은 폴로니우스를 "생선 장수"(『햄릿』 2막 2장, 176행; 최종철 역, 366쪽)라고 부른다.

77 폴로니우스는 '-al'과 '-cal'과 같은 표현을 남용하면서, 때마침 엘시노어 왕성을 찾아온 극단 배우들이 여러 장르의 극을 소화할 수 있음을 햄릿에게 떠벌린다. "The best actors in the world, either for tragedy, comedy, history, pastoral, pastoral-comical, historical-pastoral, tragical-historical, tragical-comical-historical-pastoral […]."(FHA 2, 1192에서 재인용) "이 세상에서 으뜸가는 배우들로 비극, 희극, [역]사극, 목가극, 희극적 목가극, 목가극적 [역]사극, [역]사극적 비극, 목가극적 [역]사극적 희극적 비극[도 ...] 좋고".(『햄릿』 2막 2장, 386-389행; 최종철 역, 374쪽)

78 스토바이오스(Johannes Stobaios)는 5세기 초에 철학과 윤리학과 경제학 관련 저술에서 발췌한 것을 네 권으로 묶은 『발췌 모음집 *Anthologion*』을 펴냈는데, 이것이 이후의 발췌 모음집들의 모범이 되었다. "새로운 스토바이오스의 모음집"이란 도드(William Dodd)가 펴낸 『발췌한 대사로 보는 셰익스피어 드라마의 아름다움. 항목별 표제를 단 일반색인 첨부 *The Beauties of Shakespeare, regularly selected from each play, with a general index, digesting them under proper heads*』(1752)를 가리킨다.

79 에셴부르크(Johann Joachim Eschenburg)는 이와 유사한 모음집을 계획하고 있었다.

80 셰익스피어 작품에 등장하는 어릿광대들을 가리킨다. 란슬럿은 『베니스의 상인』에 나오는 샤일록의 하인이고, 익살꾼과 어릿광대는 『십이야』와 『좋으실 대로』에 등장한다. "멍청한 리차드"는 리차드 2세를, "기사 왕"은 존 왕을 가리킨다.

이상으로 말할 것이 결코 없기 때문이다. 그런데 나는 이 점에서도 여전히 회의적이다. 폴로니우스는 여기에서 아마도 단지 늙은 아이 취급을 받게끔 되어 있다. 그는 구름을 낙타로,[81] 그리고 낙타를 콘트라베이스로 생각하고, 젊었을 때는 한때 줄리어스 시저 역을 맡았고 좋은 배우였으며 브루투스에 의해 살해당했고

왜 낮은 낮 밤은 밤 시간은 시간인지[82]

잘 알고 있다. 따라서 그는 여기에서도 연극적인 말(言)의 팽이를 돌리고 있다, - 그런데 누가 그 위에 구축하고자 할까? 혹은 이런 구분을 가지고 도대체 이제 얻는 것이 무엇일까? "비극, 희극, [역]사극, 목가극, [역]사극적 비극, 목가극적 [역]사극, 희극적 목가극, 목가극적 [역]사극적 희극."[83] '-적'을 백번 더 섞는다 하더라도 결국 우리가 얻는 것은 무엇일까? [셰익스피어의] 그 어떤 작품도 그리스 비극, 희극, 목가극이지 않을 것이며, 그래서도 안 될 것이다. 각 작품은 가장 넓은 의미에서 역사극인데, 물론 역사극은 곧 다소간 비극, 희극 등의 뉘앙스를 띤다. - 그러나 색채는 그렇게 무한히 떠다닌다. 그러다가 결국 각 작품은 **그것인 바 역사극**으로, **중세시대의 환상을 갖게 하는 영웅과 관련된 정치극**(Helden- und Staatsaktion)으로, 혹은 (본래의 소수 오락극(Plays)과 막간극을 제외하면) **세계적 사건과 인간의 운명이라는, 웅장함을 지닌** 완벽하게 **일어난 일**로 남으며, 그리고 그럴 수밖에 없다!

보다 서글퍼지면서도 보다 중요해지는 생각은, 역사와 세계영혼의 이

---

81 (옮긴이의 주) 『햄릿』 3막 2장, 360-361행(최종철 역, 409-410쪽)

82 (옮긴이의 주) 『햄릿』 2막 2장, 87-88행(최종철 역, 362쪽). 이 구절이 본문에서는 한 행으로 되어 있으나, 『햄릿』 원문에는 두 행에 걸쳐 있다. "왜 낮은 낮 밤은 밤/시간은 시간인지"

83 (옮긴이의 주) 각주 77번 참조.

위대한 창조자도 점점 더 노쇠해진다는 것이다! 시대의 말과 풍속과 유형은 가을 잎처럼 시들고 떨어지기 때문에, 우리는 이제 이미 기사적 본성의 이 위대한 파편으로부터 한참 멀리 벗어나 있다는 것이다. [셰익스피어를] 다시 소생시킨 자이자 그의 무덤의 수호천사인 개릭[84]조차도 아주 많은 것을 고치고 생략하고 훼손할 수밖에 없다는 것이다. 그리고 모든 것은 아주 많이 지워지고 다른 경향을 띠기 때문에, 어쩌면 곧 셰익스피어의 드라마도 전혀 생생하게 공연 될 수 없으며, 누구나 보고 놀라워하나, 아무도 이해하지 못하는 거상(巨像)과 피라미드의 파편이 되리라는 것이다. [하지만] 다행스러운 일이 있다. 나는 셰익스피어를 이해할 수 있는 시대에 여전히 살고 있다. 그리고 그대, 내 친구[괴테]여, 셰익스피어 작품을 읽으면서 자신을 인식하고 느끼며, 그의 성스러운 초상 앞에서 한 번 이상 내 포옹을 받았던 자네가 **우리 기사시대에서 소재를 취해** 아주 퇴화한 우리 조국에서 우리 언어로 셰익스피어의 기념비를 만들겠다는 달콤하면서도 자네에게 합당한 꿈[85]을 가질 수 있는 시대에 나는 여전히 살고 있네. 나는 자네의 꿈이 부럽네. 그리고 화관이 저 위에 걸릴 때까지 자네의 고귀한 독일적 활동을 중단하지 말게. 그러고 나면 자네 또한 나중에, 자네의 건물 밑에서 땅이 흔들리고, 주위의 비천한 사람들이 가만히 서서 구경하거나 조롱하며, 영속하는 피라미드가 고대 이집트 정신을 다시 일깨울 수 없음을 알게 될 것이네. - [하지만] 자네 작품은 영원히 남아, 어떤 신실한 후손이 자네 무덤을 찾아와 경건한 손

84 개릭(David Garrick)은 자연스러운 연기스타일로 유명했던 영국배우로 1769년에 스트랫퍼드와 런던에서 셰익스피어 축제를 개최하여 셰익스피어 르네상스의 계기를 마련했다.

85 1771년 괴테가 창작한 『극작된, 무쇠 손의 고트프리트 폰 베를리힝엔의 이야기 *Geschichte Gottfriedens von Berlichingen mit der eisernen Hand, dramatisiert*』(1771)를 가리키는데, 이 작품은 "원본 괴츠"(Ur-Götz)라 불린다. 괴테는 헤르더 등의 지적과 비판을 토대로 이 초고를 보완하여 1773년에 『연극. 무쇠 손의 괴츠 폰 베를리힝엔 *Götz von Berlichingen mit der eisernen Hand. Ein Schauspiel*』을 완성한다.

으로 세상의 거의 모든 품위 있는 사람들의 생애를 표현했던 문구를 쓸 것이네.

그는 노력했다! 이제는 잠드노라!

시대의 총아 호메로스

Homer, ein Günstling der Zeit

일러두기

1. 번역 원본으로는 FHA 8, 89-115을 사용했다.

탈레스는 무엇을 세상에서 **가장 지혜로운** 것으로 생각하느냐는 질문을 받았을 때, ["]**시간이오. 왜냐하면 시간은 모든 것을 발명했기 때문이오.**["]라고 대답했다.

이에 따라 그리스인들은 시간의 신(크로노스)에게 가장 위대하면서도 가장 멋진 이름을 부여했다. 그들은 그 신을 가리켜 **사물의 아버지, 진리를 밝히는 자, 생각의 시금석이자 숫돌, 인간에게 있어 최고의 조언자**라고 불렀으며, 그를 칭송하기를, **그는 모든 것을 완화하고 바로잡고 매끄럽게 다듬는다**고, **그는 지속적으로 미지의 것은 밝히고 기지**(旣知)**의 것은 어스름 속에 가라앉도록 하는** 등의 **일을 한다**고 했다.

마찬가지로 다른 알레고리로 말할 수 있을 만한 것은, 인간들은 이 고대 신과 지속적으로 싸우며 살고 있다는 점과, 이 신의 자녀들 가운데 몇몇은 자신이 아니라 오직 그만이 행했으며 행할 수 있는 일을 자신이 행한 체한다는 점이며, 결국에 그는 자기 이름으로 몇몇 운 좋은 사람들에게 종종 예기치 않게 가장 풍성한 명성의 관을 씌워 준다는 점이다.

타우트, 테우트, 토트,[1] 헤르메스, 오르페우스. 이 고대의 신화적인 이름들을 모르는 자 누구인가? 이 신화적인 이름들 가운데 하나는 종종 세기 전체의 발명을 내포하는 것 같다. 인간들의 삶을 인간적으로 만들었던 예술이나 학문은 거의 없으며, 사람들이 그 시작을 위 신들에게 돌리지 않았던 예술이나 학문은 거의 없다. 이 신화적인 이름들처럼 고대의 몇몇 이름은 어두운 하늘에 많은 것을 담고 있는 **별자리**로, **고대의 위대한 성좌**로 간주되고 있다.

사건과 **단행**(斷行)은 발명과 마찬가지이다. 우리는 전적으로 시간의 산

---

1 (옮긴이의 주) 토트(Thot, Thoth)는 이집트의 지식·문자·지혜의 여신으로 따오기(학)의 머리에 사람의 몸 모습으로 묘사된다. 그리고 테우트(Theut), 토우트(Thoout), 타우트(Thaut), 제후티(Djehuti) 등으로 표기한다.

물인 사건과 단행을, **단행하는 개별적인 사람들**에게 돌리고 싶어 한다. 예를 들면 로물루스와 누마는 로마의 성벽과 예배로써 이미, 이 성벽 안에서 시간의 도움에 의해서만 발생했던 모든 것을, 시간의 도움에 의해서만 이 성벽에서 세계로 전파되는 모든 것을 염두에 두었다고 한다. 알렉산더 대왕은 아시아로 건너갈 때, 알렉산드리아와 바빌론과 다른 도시를 건립할 때, 수 세기 후에 아주 상이한 상황의 계기 속에서 다의적인 시간이 비로소 생각해냈고, 그럼에도 불구하고 엄청난 힘으로도 거의 실행하지 못했던 것을 염두에 두었다고 한다. 율리우스 카이사르, 마호메트가 그러했다고 하고, 몇몇 다른 입법가들, 종교 창시자들, 단행하는 사람들은 특히 위업을 마무리 짓지 못하고 젊어서 죽었을 때 그러했다고 한다. 인간들의 **예술품**조차도, 그들의 영혼의, 그들의 근면의, 그들의 욕구의 가장 고유한 산물조차도 그러했다고 한다. – 하지만 나는 차라리 예를 통해서 이야기 하고 몇몇 운 좋은 **시대의 총아들**에 대한 생각을 털어놓고자 한다. 이때 나는 직접 **시간의 추이**를 따라갈 수 있을 것이다. 이 추이 속에서 내게는 이런 추측이 전개되었다.

1.
『일리아스』와 『오디세이아』는 동일한 시인의 작품인가?

나는 젊은 시절에 호메로스의 작품을 거의 완전히 동화로 읽었을 때, 『일리아스』와 『오디세이아』를 지은 사람이 **동일한** 호메로스인지를 선입견 없이 물었다. 이에 대한 대답은 다음과 같았다. "물론이오! 다만 그가 『일리아스』를 쓸 때는 젊었지만, 『오디세이아』를 쓸 때는 늙었다오. 『일리아스』를 쓸 때는 뜨는 해였지만, 『오디세이아』를 쓸 때는 지는 해였소." 나는 이 대답을 받아들였다. 다만 (내가 알기로 롱기누스가 여기에서[2] 다소 부적당하게 말했던) 뜨고 지는 해라는 비유를 **내 방식**으로 해석했다. 이후로 내게 **지역**으로 볼 때『일리아스』는 **근동 세계**였고,『오디세이아』는 **서양 세계**였다. 나는 말하기를,『일리아스』에서는 하늘과 땅에서 그렇게,『오디세이아』에서는 이렇게 사건이 진행된다고 했다. **동방의 호메로스**와 **서방의 호메로스**, 이 둘이 내 안에서 평화롭게 병존했으면 한다. 만약 내가 두 시[3]와 그 속에 있는 대상들의 상이함을 두 시의 내적인 상태와 외적인 구성에 따라 개진하고자 한다면, 한 권의 소책자를 써야만 할 것이다. 하지만 어쩌면 사람들은 ["]꿈같은 소리오![”]라고 말할지 모른다.[4] 내 생각에 두 시에는 각각 나름의 공기와 하늘이, 그리고 상계와 중계와 하계에 있는 형상들에 대한 나름의 요약이 들어있다. 호메로스가 스스로 자기 세계를 나누듯이, 하나는 우리 **동방 세계**의 호메로스이고, 다른 하나는 우리 **서방세계**의 호메로스이다.

2.
호메로스 시 안에 있는 대상들의 거대한 규모

호메로스의 작품을 두 번 읽었을 때, 나는 모든 이론과 규칙과는 무관

---

2 (옮긴이의 주) 롱기누스,『숭고에 관하여 *Peri hypsous*』 9장 13절 참조. “[…] 그[호메로스]의 재능이 절정에 달했을 때『일리아스』는 작품 전체를 극적인 행동과 투쟁으로 가득 채운 반면,『오디세이아』는 대부분이 이야기로 구성되어 있는데 이것은 노년기의 특징이오. 따라서 사람들은『오디세이아』에서의 호메로스를 크기는 그대로지만 힘이 없는 지는 해에 비길 수 있을 것이오.”(실린 곳: 아리스토텔레스(저)/천병희(역),『시학』, 294쪽)

3 (옮긴이의 주)『일리아스』와『오디세이아』.

4 (원주) 나는 여기에서 내가 상술할 수 없는 것을, 다시 말하면『일리아스』와『오디세이아』의 내적 외적 상이함을 다른 사람이 상술하기를 원했다. 이것은 기분 좋고 유익한 작업일 것이다. 단, 적절한 지식을 갖고서 완전히 선입견 없이, 그리고 대상에 대한 생생한 직관을 갖고서 써야만 할 것이다.

하게 그 작품의 **내용**을 생생하게 미리 구상하고자 했다. 그러면서 풍부함을 보고, 형상들을 선보임에 있어 질서정연함을 보고, 결국에는 전체의 가장 작은 부분들에 대한 어마어마한 그림을 보고 놀랐다. 나는 후세의 그리스인들이 호메로스를 신으로, 그의 두 시를 모든 인간 지식의 백과사전으로 삼을 수 있었던 이유를 이해했다.[5] 왜냐하면 실제로 하늘과 땅 위의 특성과 통찰의 세계가 그의 작품 속에 열려 있기 때문이다. 그가 인간 지식에서 손대지 않았던 측면이 있었던가! 그는 태곳적 세상사 지식과 세계사의 시조이자, 그리스 지리학, 계보학, 웅변, 시문학과 여러 학문의 시조이다. 내가 말했듯이, 호메로스는 어떻게 대상들을 아주 자세하게 설명하면서도 그것들을 이처럼 폭 넓게 포괄하게 되었을까? 그 이유는 그가 예를 들면 올림포스 산정과 저승에서 뿐만 아니라, 이승에서, 이타카 섬에서, 트로이에서, 그리스 곳곳의 만과 계곡에서도 그 지역과 강과 민족을 잘 알고 있기 때문이다. 그는 그 가운데 몇몇은 아주 자세하고 현장 검증하듯 특징짓고 있어, 그의 노래를 정리 정돈할 **때 그리스인들의 시야에 들어 있는 이 대상들의 포괄과 관계에 있어서** 모종의 **보편성**이 **의도**였음을 잘 알게 된다. **이** 고대 부족 또한 무시해서는 안 된다. **저** 민족, **저** 도시, **저** 사건과 지역에 대해서도 뭔가를 말해야 한다. 그리스인들에게 관심 있는 모든 것이 이 두 시 안에 존재하는 것 같다.

---

5 (원주) "호메로스가 신이라면, 그는 신들과 더불어 숭배를 받을 것이고
그가 인간이었다면, 그럼에도 불구하고 그는 신으로 존경받고 있을 것이다."
(『시선집』 4권 27장, 10)

"그것을 자연이 만들었고, 자연은 고통을 겪고 낳았고 쉬었다,
호메로스와 같은 사람 속에 자신의 온갖 지혜를 묻어놓았을 때."
(위와 같은 책과 권, 27장, 11)

[위의 두 경구시는 『흩어진 잎 *Zerstreute Blätter*』의 첫 번째 모음집(1785)에 실린 「그리스 시선집에서 모은 정수 *Blumen aus der griechischen Anthologie gesammelt*」에서는 한 편의 시(SW 26, 38 참조)로 축약되어 있다.]

그런데 그것이 어디에서도 공간을 얻지 못한 경우에는, 아킬레우스의 방패 위에서, 파트로클로스 추모 경기에서, 땅 가장자리에서 공간을 발견했다. 그리고 실은 각각의 것은 너무도 멋진 공간을 발견하여, 나는 그 늙은 가인[호메로스]이 슬쩍 지나가며 이야기 하는 것에 대해서도, 아주 자세하게 이야기하는 것에 대해서도 시샘할 수밖에 없었다. 이를 시험 삼아 해보고 이런 의도 속에서 『일리아스』와 『오디세이아』를 통독하라. [그러면] 이 암시들의 풍부함과 질서정연함과 비례를 보고 놀랄 것이다.[6]

["]어떻게 **한 가인**이 많은 것을 포괄하고 자세하게 정돈하는 이런 정신을 가졌던가?["]라고 나는 물었다. 분명히 그는 이 점에서 독보적이다. 왜냐하면 헤시오도스와 이 태곳적 가인시대에 잔존했던 나머지 모든 가인들은 호메로스에 비하면 거친 무리이거나 불어 모은 비축물이기 때문이다. 호메로스는 최고(最古)의 시인이며, 가련하고 미완성된 이런 가인들은 그를 본받아 살았다. 나는 블랙웰의 탁월한 『연구』[7]를 읽었다. 사람들이 이 저서에 대해 말할 수 있는 점은, 블랙웰이 호메로스와 그의 시대에 관해 우선은 대략적으로 생각했다는 것이다. 그는 많은 점에서 만족스러웠지만 모든 점에서 그런 것은 아니었다. 나중에 우드[8] 또

---

6 (원주) 라이만([Jakob Friedrich] Reimann)은 이런 의도로 소위 『호메로스 이후의 『일리아스』 *Ilias nach Homer*』[(1728; 원제는 "Ilias post Homerum")]를 편찬했다. 만약 호메로스의 노래를 정리 정돈할 때 이런 유형의 그리스 백과사전과 세계지도가 함께 하나의 의도였음을 근거로 삼는다면, 호메로스 이후에는 새로운 『일리아스』를 보다 합목적적으로 설명할 수 있을 것이다.

7 (원주) 블랙웰([Thomas] Blackwell)의 『호메로스의 생애와 저서에 관한 연구 *Untersuchung über das Leben und die Schriften Homers*』, 포스([Johann Heinrich] Voß) 번역, 라이프치히 1776. [그러나 독일어 번역본의 원제는 "Untersuchung über Homers Leben und Schriften"이다.]

8 (원주) 『호메로스의 독창적 천재성에 대한 우드[의 시론] *Wood über das Originalgenie des Homers*』(1773). [우드의 본래 저서는 『호메로스의 독창적 천재성에 대한 소론 *An essay on the original genius of Homer*』(1769)이고, 독일어 번역본의 원제는 "호메로스의 독창적 천재성에 대한 로버트 우드의 시론 Robert Woods Versuch über das Originalgenie des Homers"이다.]

한 마찬가지였다. 다음과 같이 말해도 된다면, 비록 우드가 호메로스의 출생지에 훨씬 더 가까이 다가간다고 하더라도 말이다. 따라서 나는 이 시들의 근원을, 갈 수 없었던 나일 강의 수원처럼 아득히 먼 곳에서 숭배하는 것으로 만족했다.

3. 가인으로 바라본 호메로스

다른 때에는 시인의 **창법**이 문제였다. 호메로스에서는 이것이 핵심 사안이었다. 왜냐하면 이 노래들은 원래 **읽히**기 위해 지어진 것이 아니기 때문이다. 그것들은 **불려**졌다. 그것들은 **들려**져야 했다.[9] 6보격시행의 전체 구조는, 그것의 이미지와 어조의 변화 많고 항상 나아가는 진행은 이 점을 지향한다. 이것을 입증해주는 것으로는 자주 반복되는 말과 형용사, 되풀이 되는 시행과 반행(半行), 우리에게 불필요한 것처럼 보이지만 생생한 낭독에 균형과 비약을 주었던 많은 불변화사에 의한 생각의 가벼운 연결, 결국에는 방금 언급된 모든 것이 나타나는 온갖 유형의 **느슨한 복문**이 있다. 가인을 위해 6보격시행이 만들어졌던 것이다. 가

9 (원주) 이 기회에 그리스에서의 표음문자의 연수(年數)를 다룰 수는 없다. 표음문자는 페니키아에서 생겼고 아마도 이오니아 지방에서 처음 쓰였다. 그러나 『일리아스』와 『오디세이아』 같은 작품들이 문자로, 그중 몇 개는 아주 나중에 그리스 알파벳에 들어왔는데, 완전히 자세하게 쓰이는 데 무엇이 필요한 지 생각해보라. 음유시인들의 기교는 책 쓰기를 장려하고자 했다기보다는 오히려 그런 것에 저항했다. 왜냐하면 콘스탄티노플에서 코란을 베껴 쓰는 사람들인 필경사들이 인쇄소의 도입으로 인해 생업이 몰락해서 이에 반대했듯이, 가인들의 저 기교는 표음문자의 도입으로 인해 점차로 종말을 고했기 때문이다. [이리하여] 산문이 생겼다. 6보격시행에서 산문적 복문이 생겼다. 사람들의 전설은 문자에 맡겨졌다. 이로 인해 므네모쉬네(Mnemosyne)의 딸들로서 이전에는 홀로 인간의 기억의 보화를 보존하고 생생하게 전파했던 무사 여신들의 음성이 그쳤다. 책은 서사시의 무덤이었다.

인은 결코 멎거나 중단할 수 없었고, 결코 그래서도 안 되었다. 노래는 계속되었다. 바로 시행의 저 가볍고 한결같은 종결부는 어렵지 않게 이미지나 이야기의 속행을 유인했다. 일련의 반복되는 표현과 시행은 여전히 회중의 귀를 기분 좋게 채워주면서 가인에게는 좀 더 생각할 시간을 주었다. 구절은 옮겨지고 수많은 사소한 특성은 다시 가져올 수 있었다. 따라서 『일리아스』의 몇몇 노래를 불렀던 사람은 이런 방식으로 트로이 전쟁 전체를 노래 부를 수 있었다. 가인은 매우 자유로운 요소 안에서 헤엄치고 움직였다.

[이런 상황은] 마치 지어내면서 노래했고 노래하면서 지어냈던 호메로스에게 유익했다. 그를 따라 노래했던 가인들인 **호모로스 파 시인들**에게도 유익했다. 영웅적 6보격시행의 샘은 고갈되지 않은 채 그들에게 흘렀던 것이다. 그런데 이 경우 **음유시인들의 입 속에서 그런 노래의 보존** 상태는 어떠했을까? 그들은 가장 양심적으로 충실하게 호메로스를 배웠고 일종의 신을 숭배하듯이 그의 노래를 반복했을지 모른다. 경쾌한 시행과 이야기 자체가 변화를 유인했다. 여기에서는 **이** 시행을, 저기에서는 **저** 시행을 삽입할 수 있었다. 첫 음과 끝 음이 유사하면 시행은 저절로 생겼다. 게다가 그리스어는 수백 년 동안 호메로스의 노래가 불렸던 모든 해안과 섬에서, 모든 나라와 도시에서 **똑같았**던가? 아시아에서, 군도(群島)에서, 고대 그리스와 대(大)그리스[10]에서 가인은 이해받고자 했거나, 황홀한 느낌을 주고자 했을 때 여기저기서 민중의 귀에 순응하고 따라서 **변해**야만 하지 않았을까? 이것을 시도한 사람은 누구나 회중의 생생한 현존이 말하는 사람에게 어떤 법칙을 부과하고 있는지를 안다. **저기에서** 말할 수 있었던 모든 것을 그는 **여기에서는** 말할 수 없다.

---

10 (옮긴이의 주) 대(大)그리스는 기원전 8세기 이후 그리스인들의 식민지였던 시칠리아 남부에 위치한 도시와 지방을 일컫는다.

그는 그것을 **동일한 방식으로**는 **말할** 수 없다. 그리고 음유시인의 목적은 말하자면 회중과 하나가 되고, 자신의 영혼에서 그들의 영혼 속에 **호메로스의 열광**과 만족과 무사 여신을 쏟아 붓는 것이었다. 이를 위해 음유시인은 심지어 **미메시스적 기교**도 사용했다. 그렇기 때문에 낭독할 때, 이야기할 때, 즉흥적으로 이야기를 지어낼 때 드러나는 그리스적인 생생함을 조금이라도 상상한다면,[11] 그리스의 모든 민족들 가운데에서 수백 년 동안 **똑같았을** 리 만무할 시행을 암기하여 어색하게 낭송한다는 것은 전혀 생각할 수 없다. 특히 웅변의 격정 속에서는 하나의 이야기를 똑같은 말로 두 번 얘기할 수는 거의 없다. 그리고 비록 여기에서 노래와 운율의 존재 이유가 이 가인을 확고한 경계 내에 두는 것이라 할지라도, 이 경계는 상당히 폭넓게 설정되어 있어, 가인이 계속해서 같은 어조를 반복하는 언어기계가 될 수 있는 일은 불가능했다. 배운 것에 자신의 것을 덧붙이는 것은 우리 본성 안에 들어 있는 충동이다. **이** 순간을, **이** 시간을, **이** 영역을 자신의 것으로, 비록 그것에 부적당하고 불필요한 것이 있을 지라도, **표현하는** 것은 우리 본성 안에 들어 있는 충동이다. 그렇게 지구상의 모든 **민요**는 변한다. 그 어떤 지방에서도 변화시키지 않은 채 나름의 민요를 부르진 않는다. 느린 어조의 우리 찬송가조차도 민중이 암기하는 경우 첨가와 말의 삽입과 심정의 토로에서 자유롭지

---

11 (원주) 낭독할 때, 이야기할 때, 즉흥적으로 이야기를 지어낼 때 드러나는 이 그리스적인 생생함은 지금도 여전히 여러 여행기에서 이 국가의 특징으로 알려져 있다. 저 고대의 시적인 시대에서는 이 생생함이 틀림없이 이보다 훨씬 더했을 것이다. 우드(49쪽)는 이렇게 말한다. "이탈리아와 근동의 시인들은 야외에서 시를 암송하고, 묘사하는 각 대상을 그들의 상상력이 순간적으로 만들어내는 가공의 장면에서 제시한다. 그러나 동시에 그 대상에 적용할 수 있는 그 지역의 자연스러운 이점은 모두 이용한다. 이를 통해 그들은 시를 자신들이 낭독하는 장소와 연관시킨다. 그럴 경우 나는 자주 그들의 생생한 연극적인 낭독에 감탄했다." 또한 기([Pierre-Augustin] Guys)의 『그리스 문학 여행』 등을 보라. [기의 본래 저서는 『그리스 문학 여행 혹은 고대 그리스인들과 근대 그리스인들에 대한 편지와 이들의 풍속 비교 *Voyage littéraire de la Grèce, ou Lettres sur les Grecs*, *anciens et modernes, avec une parallèle de leurs moeurs*』(1776) 이다.]

않다. 따라서 호메로스의 입에서 흘러나왔던 원문의 존재를 믿을 수 있는 사람은 많은 것을 믿는 셈이다.

4.
빌루아종[12]의 호메로스. 이탈리아에서의 호메로스 연구

예기치 않게 빌루아종의 『일리아스』[13]라는 하나의 훌륭한 간행물이 나에게 모습을 드러냈다. 그리스에 대한 이러한 풍성한 비판과 판단을 보고서 얼마나 놀랐던가! 여기에서 나는 젊을 적에 품었던 회의를, [즉] **분리론자들**이라는 **그리스 비평가들의 한 분파 전체의 이름으로** 제기된, ["]『일리아스』와 『오디세이아』가 동일한 한 시인의 작품일까["]라는 회의를 다시 발견했다. 이들은 『일리아스』와 『오디세이아』는 동일한 시인의 작품이 아니라고 말했다.[14]

---

12 (옮긴이의 주) 빌루아종(Jean-Baptiste-Gaspard d'Ansse de Villoison)은 프랑스의 고대 그리스 어문 학자이다.

13 (원주) 『오래된 베니스 필사본에 근거해서 교정된 호메로스의 『일리아스』. 장 밥티스트 [가]스파르 당스 드 빌루아종이 같은 필사본과 다른 필사본들을 바탕으로 그것[『일리아스』]과 관련된 가장 오래된 고대주석들을 이제 처음으로 편집하고 별표[*]와 단검표[†], 그리고 다른 문헌비판 편집부호들을 붙여 출판했다. *Homeri Ilias ad veteris codicis veneti fidem recensita. Scholia in eam antiquissima ex eodem codice aliisque nunc primum editit cum asteriscis, obeliscis, aliisque signis criticis, Joh. Baptista Caspar d'Ansse de Villoison*』(베니스 1788). 이 고대 보화들을 알린 것은 하나의 업적으로, 이것만으로도 빌루아종의 이름은 불멸할 수 있다. 간절히 바라는 점은 이 지칠지 모르는 학자가 자신의 『일리아스』에 일종의 『오디세이아』를, 말하자면 그가 그리스 전체 문학을 설명하기 위해 조명하고자 하는 바 그리스 횡단 학술여행을 덧붙였으면 하는 것이다.

14 (옮긴이의 주) 분리론자들에 따르면 『일리아스』와 『오디세이아』는 여러 측면에서 볼 때 전혀 상이하기에 한 작가의 작품이 아니며, 처음부터 지금과 같은 형태를 지닌 것이 아니라 후세에 조금씩 다른 이야기가 덧붙여져 현재의 상태에 이른 것이다. 이와는 달리 통합론자들은 이 두 서사시를 호메로스의 작품으로 간주한다.

내가 호메로스에 대한 논평에서 발견한 것은, 호메로스의 노래를 일종의 알 만한 가치가 있는 것의 **백과사전**으로 바라보는 생각이 널리 퍼졌다는 점이다. 고대 전체는 이런 생각을 우리에게 보여준다.

결국 나는 사람들이 호메로스의 텍스트를 가지고 행할 수 있고, 당연히 행해도 된다고 수백 년 내내 믿어왔던 분에 넘치는 짓을 보고 경악할 지경이었다.[15]

빌루아종의『일리아스』는 이탈리아에서 내 앞에 나타났다. 그때 나는 그리스 예술의 기념물 사이에서, 따라서 호메로스 속에서도 살았다.[16] 왜냐하면 북구의 가을이 우리를 오시안에게 내몰듯이, 그리스의 고대 유물은, 심지어 대(大)그리스의 풍속과 지역조차도, 마치 그것들 속 여기저기에 호메로스의 정신이 여전히 부유하는 것처럼 우리를 그에게로 초대하기 때문이다. 나는 특히 다음 세 가지를 이런 고대 시대의 아주 귀중한 유물들에서 배웠는데, 그것은 내가 호메로스를 이해하는 데도 상당한 도움이 되었다.

멋진 호메로스풍의 **진행**에서 나타나는 그리스 **이미지**의 진실함과 소박함과 화려함.

하나의 양식이 다른 양식에서 같은 모양으로 형성되었던, 그리스 예술과 시문학의 몇몇 **시기**.

학문과 예술에 있어 그리스 **학파**의 가치와 영향.

---

15 (원주) 이에 대한 원인과, 호메로스를 논한 생각이 풍부하고 간결한 역사를 읽고자 하는 사람은 볼프(Friedrich August Wolf)가 저술한『호메로스와 호메로스 모방자들의 작품과 자취 *Homeri et Homeridarum opera et reliquiae*』(제1권, 할레 1794)에 대한 그 자신의 서문을 읽어보라. 거기에서 또 다른 연구를 할 만한 특별한 가치가 있는 탁월한 암시를 발견할 것이다.

16 헤르더는 1788년 8월 7일부터 1789년 7월 8일까지 11개월 동안 이탈리아를 여행할 때 호메로스의『일리아스』와『오디세이아』를 휴대했다.

5.

멋진 호메로스풍의 진행에 적용된 그리스 이미지의 진실함과 소박함과 화려함에 대해

그리스적인 생각의 기법에서 드러나는 **진실함**과 **소박함**이 우리에게 끼치는 인상은 형언할 수 없다. 그리스인들은 결코 너무 많은 것을 말하려고 하지 않았다. 그 때문에 그들은 완전하게 명백하게 완벽하게 말했다. 그들은 예술에서 그랬던 것처럼 노래에서도 이것을 행했다. 호메로스의 밝은 세계에서는 모든 것이 아주 생동감 있다. 신들과 인간들은 생기를 띠는 **이** 입상들처럼 진실한 존재이다. **이** 사지(四肢)의 구조에서 지배적인 화음과, **이** 자세 안에 부어진 진실함은 저 노래들의 형상 또한 돋보이게 한다. 그리고 빙켈만의 말은 옳았다.[17] 북구에서는 이미지 속에서 말하지만, 그리스인들은 언어 속에서도 이미지를 **부여한다**.

나는 사려 있는 횃불 빛 아래에서 바티칸과 카피톨리움 언덕[18] 등에 있는 예술작품을 바라보는 매력적인 즐거움을 누렸다. 여기에서는 신들과 영웅들이 생기를 띠었다. 그래서 나의 눈은 그리스 서사시의 진행과, 거기에 나타난 신들과 인물들의 확고하고 부드러운 걸음걸이를 보았다. 이에 대한 글은 아주 많으며, 나 또한 불분명하게나마 이에 대해 쓴 적이 있다. 나는 다음과 같이 말했다. [“]아폴론은 호메로스 작품에서도 그렇게 걸어 나온다. 제우스는 테티스가 자기에게 걸어왔을 때 올림포스 산에 그렇게 앉아 있었다. 이것이 위엄 있는 유노의 머리이다. 디아

---

17 “그리스 시인들은 호메로스 시절부터 이미지를 통해서만 말하지 않는다. 오히려 그들은 이미지도 부여하고 그것을 그린다.”(빙켈만(Johann Joachim Winckelmann), 『고대 미술사 *Geschichte der Kunst des Altertums*』, 파이돈(Phaidon) 판, 1764, 42쪽.

18 (옮긴이의 주) 카피톨리움 언덕(Capitolium)은 로마의 일곱 언덕 중에서 가장 높고 가장 중요한 곳으로 그 위에 성채와 유피테르 신전이 지어졌다.

나는 그렇게 걸어왔다. 어머니 같은 데메테르는 그렇게 했다. 그리고 전쟁하는 팔라스는 이렇게 모습을 드러냈다. 이것이 신적인 멋진 아킬레우스의 머리이고, 저것은 아주 노련한 율리시스의 머리이다. 아약스는 유피테르를 그렇게 올려다보았고, 그는 죽은 파트로클로스[의 시체]를 그렇게 구했다.[”]

분별 있는 소박함 속에서, 의미심장한 평온과 진실함 속에서 이루어지는 이런 **멋진 진행**은 호시절 그리스 예술의 모든 부조물에서도 지배적이다. 도처에서 하나의 **지속적인 행위**가 드러났다. 이 행위는 뭔가를 뒤에, 뭔가를 앞에 두고 있으며, 진행하는 가운데 정곡을, 말하자면 **서사시의 계기**를 맞추어 예술에 의해 포착돼 영속화 되었다.

따라서 여기에서 고대 그리스 문학의 박자가 내 영혼 속으로 들어왔다. **내 영혼은 노래했고 이야기하면서 묘사했다**. 이때 그 어떤 이미지도, 이미지의 그 어떤 특성도 듣는 사람의 직관적인 감각이 원하는 것보다 더 오랫동안 생생한 말 속에 머물러서는 안 되었다. 각 특성은 전체 형상에 따라 듣는 사람의 영혼 속에 그려지는 대로 즉시 나타났다. 이 목적에 도달하기까지는 어느 것도 빠뜨려서는 안 되었다. 하지만 그런 다음 이미지는 어떤 순간도 더 이상 오래 지체하지 않았다. 깜짝 놀라는 경청자의 내적인 눈은 서둘렀고 계속해서 요구했다. 호메로스 작품의 진행이 화려하면서도 균형 잡힌 것은 이 때문이다. 그의 작품에서는 모든 것이 그처럼 느슨하게 나타남에도 불구하고, 온갖 반복에도 불구하고 본래 그 어떤 것도 불필요하지 않는 것은 이 때문이다. 겉보기에 번역하기 쉬워 보이더라도 호메로스의 작품(생생하게 노래했고, 글을 쓰지 않았던 모든 시인들의 작품과 마찬가지로)이 이 글에서 거의 번역될 수 없는 것 또한 이 때문이다.[19] 왜냐하면 시행의 조화란 본래 시행에 있는 말의 키(舵)가 아니라 그 말의 노(櫓)에 불과하기 때문이다. 각 특성이 새롭게 추가되는 가운데 **사건의 직관적인 속행, 말의 점차적인 진행**. 이것이 핵심이다. 이것으로 인해 사람들은 시행의 조화조차도 잊어버리고, 때 아니게 기억하여 시행의 조화를 **특수한** 것으로 생각하면 거의 불쾌해 한다. 고대 가인들은 결코 이러지는 않았을 것이다. 그렇지 않으면 조화 자체가 서사시의 작용을 방해했다. 서사시는 여유를 갖고 모든 것을 완전하게 묘사하여, 듣는 사람은 말(言)의 날개 위에 실려 기꺼이 **서둘렀**고 **머물렀**다.

6.
호메로스와 고대 가인들에게 적용된, 한 양식에서 다른 양식으로의 그리스 예술의 진행에 대해

나는 그리스 예술의 뚜렷한 진행을 통해 호메로스가 어떻게 이전과 동시대와 그 이후의 그렇게 많은 다른 가인들 앞에서, 그리스인들이 볼 때 단독자로 서있는 그런 수준에 올랐는가를 알게 되었다. 그는 예술가로서도, 총애를 받은 **시대의 아들**로서도 그 수준에 도달했던 것이다.

호메로스 이전의 많은 가인들이 노래했던 대상으로는 **우주 진화론**과

---

19 (원주) 유럽의 교양언어들 가운데 이미지와 이미지의 특성의 이런 진행에서 그리스어에 지지 않으려고 노력할 수 있고 노력해도 되는 하나의 언어가 있다면, 그것은 독일어이다. 그러나 그럼에도 불구하고 독일어는 그리스어에 도달할 수 없다. 보스가 메이오네스(Meiones) 출신자[호메로스]의 작품 번역에서 거둔 초인적인 공로는 모든 이의 인정과 존경을 받고 있다. [메이오네스는 소아시아 서부 뤼디아(Lydia)의 옛 이름이다. 보스(Johann Heinrich Voß)는 1781년에 『오디세이아』를, 1793년에는 『일리아스』를 번역했다.]

신통기(神統記), 신들의 행적, 티탄 신족의 모험, 헤라클레스와 아르고호 원정대원들, 테세우스 등 영웅들의 모험이 있고, 아마도 트로이 전쟁과 그리스 지휘관들의 귀환도 있다. 그리고 분명히 그 가운데에는 탁월한 노래가 있었다. **그**에 의해『일리아스』와『오디세이아』가 생겼다. 이 일이 어떻게 일어났는가는 그리스 예술이 우리에게 명확하게 설명해준다.

그리스 예술도 말하자면 가장 거친 것에서 시작하여 온갖 난관을 거쳐, 일부는 가장 강압적인 상상 속에서, 관습적으로 **신들과 영웅들의 숭고한 양식**이라 불리는 그 수준에까지 도달했음이 틀림없다. 그리스 예술은 큅셀로스의 상자[20] 위에 새겨진 문양에서 **열주문**의 장식에, 페이디아스[21]의 〈**팔라스 상**(像)〉에 다다른 이후로는, 혹은 다이달로스가 만든 형상에서 〈올림피아의 제우스 상〉에 다다른 이후로는 어떤 길을 걸어왔던가! 이전에 노래는 신들과 영웅들에 대한 가장 거친 전설로부터 **호메로스 양식의 서사시**에 다다른 이후로는 [그리스 예술과] 같은 길을 걸었다. 이것을 보고자 하는 사람은 호메로스와 헤시오도스를, 아니면 간결하게 단지 호메로스의 작품에 나오는 아킬레우스의 방패[22]와 헤시오도스의 전설 속에 있는 헤라클레스의 방패[23]를 비교해보라. [그러면] 페이

---

20 (옮긴이의 주) 에에티온(Eetion)은 당시 코린토스를 지배한 박키아다이(Bakchiadai) 가문에 속한 절름발이 여인 랍다(Labda)와 결혼했다. 이들 사이에서 사내아이가 태어났는데, 모종의 신탁을 받은 박키아다이 가문 사람들은 실권을 잃을 것을 두려워하여 랍다의 아들을 죽이기로 결심했다. 이 소식을 듣게 된 랍다는 아들을 상자(그리스어로 큅셀레(kypsele)) 속에 숨김으로써 위기를 모면하게 된다. 후에 에에티온의 아들은 상자 덕분에 목숨을 구했다고 하여 큅셀로스(Kypselos)라는 별명을 갖게 되었다. 이에 대해서는 헤로도토스의『역사』제5권 92(천병희 역, 526-529쪽) 참조.

21 (옮긴이의 주) 페이디아스(Pheidias)는 고대 그리스 조각가로 유명한 작품으로는 재건한 파르테논 신전과 〈올림피아의 제우스 상〉이 있다.

22 (옮긴이의 주) 아킬레우스의 방패에 대해서는『일리아스』제18권 478-608행(천병희 역, 숲 2015, 제2판, 548-554쪽) 참조.

23 (옮긴이의 주) 헤시오도스의 작품으로 알려진『헤라클레스의 방패』(실린 곳: 헤시오도스(저)/천병희(역),『신통기』, 한길사 2004, 185-208쪽)는『일리아스』제18권에 묘사된 아킬레우스의 방패를

디아스의 조각품과 캄파니아 지방에 있는 고대 형성물 사이에서 나타나는 것과 같은 차이점[이 드러날 것이다.]

예술의 본질은 이를테면 **윤곽**을, **중요하고 궁극적인 목적**을, **우아함**과 **충만함**과 **통일성**을 지향한다. 눈에 띄지 않게 예술은 불필요한 것은 제거하나 필요한 것에는 힘을 부여하고, 그것을 극도의 소박함 속에서 신성하고 품위 있고 쾌적하고 우아하게 묘사하는 쪽으로 진력한다. 따라서 예술에서는 이(齒)를 드러내 보이는 저 흉측한 죽음과 고통의 형상들은 인간의 정열이 낳은 온갖 괴물들과 함께 필연적으로 사라져야만 했듯이, 말하자면 예술과 경합 중에 있었고 그 자체로 들을 수 있는 예술이었던 노래에서도 시간의 도움을 받아 티탄 신족의 괴물들과, 영웅들의 원정과 기사들의 행적 속에 들어 있는 거친 모험은 없애거나 좀 더 도덕적인 모양을 갖춰야만 했다. 그런데 이에 대해서는 우리에게 호메로스가 초기의 모범이 되었다. 그 또한 저 태곳적 거친 신화를 알고 있다. 단, 그는 그것을 극히 조금만 합목적적으로 사용한다. 그는 그것을 잠시만 신들 혹은 영웅들의 입속에 둔다. 그는 그것을 전투의 격렬한 혼잡 속에, 땅의 경계에 옮겨 놓았다. 아니면 그것은 그에게 수사에 불과하다. 그의 고유한 묘사는 모두 획일적인 것과 구분되며 순전히 신적이고 인간적이다.

아리스토텔레스의 모든 규칙과 규정 없이, 어떻게 이 길을 통해 **개념**과 **작품**으로서 **호메로스 서사시의 윤곽**이 생성될 수밖에 없었는지를 살펴보자.

이를테면 모든 전설은 신들 혹은 영웅들과 관련되고 미완성된 채 무한히 계속된다. 그것들은 서로 결부되거나 상세한 목적 없이 측량할 수

모방한 것으로 총 480행으로 구성되어 있다.

없는 넓은 공간에서 서로 떨어져 있다. 아마도 고대 그리스 전설, 신통기와 우주 진화론, 헤라클레스와 테세우스와 아리아드네의 행적에 대한 전설, 아르고호 원정대 이야기와 퀴프로스 섬에서 경배된 아프로디테에게 바치는 시는, 트로이 전쟁조차도, 그리고 넓은 무한한 바다에서 펼쳐지는 영웅들의 방황은 이처럼 윤곽이 분명치 않은 **모험**과 **전설**이었다. 그런데 필연적으로 운 좋은 가인에게 (그가 누구였든지 간에) 이 무한성에 **윤곽**을, 이 사건들에 **형식**을, 그것도 **가장 쉬운 방법으로** 부여할 생각이 떠올랐음이 틀림없다. 가인은 몇몇 원인과 상황의 유인을 받아 그렇게 했던 것이다.

첫째. 하나의 사건 혹은 오랫동안 계속된 하나의 모험의 모든 **계기**가 듣는 이에게 똑같이 매력적이고 재미있을 수는 없었다. 가장 흥미로운 계기들 주위로 무리가 모였고, 그것들은 늘어나는 즐거움으로 이들의 관심을 붙들었다. 따라서 이런 유형의 노래는 더 많이 불려졌다. 따라서 가인 또한 하나의 **주요 행위**의 적절한 계기인, 그와 같은 노래의 구성 쪽으로 유도를 받은 것은 물론이다.

둘째. 사건에 적용되는 것은 **영웅**에게도 적용된다. 어떤 영웅은 다른 영웅보다 인기가 더 있었고, 인기를 더 끈 영웅에게는 더 많이 맞물리는 주목한 만한 일들이 결부되었다. 따라서 그는 좀 더 인기 있는 전설의 **주연**이 되었다. 그의 삶은 하나의 **주요 행위**의 계기를 주었다.

셋째. 가인 본인에게도 여러 노래를 하나의 **전체**로 엮는 것이 이롭고도 만족스러웠다. 그리고 나서 하나의 노래는 다른 노래를 가리켰고, 하나의 노래는 다른 노래에서 흘러나왔으며, 저 노래 다음에 이 노래가 요구되었다. 따라서 하나의 **주요 행위의 통일**은 가인의 기억력에 도움이 되었을 뿐만 아니라, 듣는 사람에게는 영혼의 힘과 주의력을 실제로 증대시키기도 했다. 듣는 이는 우아한 미로에서 다른 미로로 혹은 [한] 수준에서 [다른] 수준으로 이끌렸다. 이전에 **노래의 매듭**이 지어졌다면 듣는 이는 그 매듭이 풀려지는 것을 보고자 했다. 가인은 그 매듭을 풀어야만 했다. 아니면 그는 대가가 아니었다.

넷째. 노래들도 이 **연쇄**를 통해 서로 더 확고하게 연관되었다. 하나의 노래가 다른 노래를 기억나게 하고 그 노래와 맺어지면서 전자는 후자와 마찬가지로 망각될 수 없었다. 행위의 설정된 목표는 구르는 바퀴의 축이자, 방패의 모든 부문을 자신에게 붙들어 매고 자신과 함께 데려갔던 중심[24]이었다.

다른 시인들의 작품과 비교하여 호메로스의 작품에서 이에 대한 증거를 살펴보자.

우리에게는 오르페우스의 이름으로 된 『아르고호 원정대의 여행』이라는 시가 있다. 가인 오르페우스는 제자인 무사이오스[25]에게 자신이 함께 했던 유명한 항해에 대해 이야기 하는데, 이 이야기는 저 여행과 마찬가지로 지속된다. 우리에게 해도(海圖)가 전혀 중요하지 않다면, 이 이야기의 부분 부분을 생략하고 덧붙일 수 있다. 하지만 결국에는 오르페우스와 함께 다시 그의 집에 이른다.

『일리아스』에서는 상황이 전혀 다르다. 트로이 전쟁이 발발한 지 9년이 흘러갔는데, 이 가인[호메로스]은 이것을 단지 삽화적으로만 생각한다. 즉시 그의 시를 이끄는 것은 하나의 **행위**, 그리고 이와 함께 일련의 행위들이다. 이것들은 결말에 이르기까지 가볍고 단단하게 서로 맺어져 있다. 이 결말 이후에 사람들은 여러 곳에서 임박한 것으로 예고되었던 영웅의 종말을 직접 알고 싶어 한다.

『일리아스』에서는 트로이 앞에 선 **가장 위대한** 그리스 영웅[아킬레우스]과 그의 생애에서 **가장 중요한 시기**를 부각했듯이, 『오디세이아』에

24 방패와 관련지어 이해한다면 이 "중심"은 방패의 불룩한 부분을 가리킨다.

25 무사이오스(Musaios)는 호메로스 시대 이전의 전설적인 시인이다.

서는 귀향하는 모든 영웅들 가운데에서, 가장 많은 것을 경험했고, 따라서 가장 잘 이야기할 수 있었던 가장 노련한 자[오디세우스(율리시스)]를 택한다. 아가멤논, 메넬라오스 등에 대해서는 우리가 당연히 들어야 할 것을 여기저기서 단지 삽화적으로만 듣는다. 이 서구 지역의 모든 이야기의 화관은 율리시스를 휘감는다. 그런데 사실 그 화관은 아주 우아하면서 아주 지혜롭게 휘감겨 있어, 이것을 이야기하는 자가 시인인지 아니면 율리시스인지는, 이것을 말하는 자가 에이도테아[26]인지 키르케[27]인지 테이레시아스인지는 중요하지 않다. 모든 것은 뒤섞여 있지만 빈틈없고 사려 있게 정돈되어 있다.

7.
호메로스의 작품에서 노래의 연결에 대해

호메로스의 작품에서는 여러 노래의 연결이 **가장 가볍고 가장 느슨한** 방식으로, **다시 말하면 광시적**[28]으로 이루어졌다. 이런 작풍 속에는 무엇이 들어있는 지 살펴보자.

이 고대 그리스 가인은 전설을 무한히 계속해서 노래했다. 이 음유시인(Rhapsode)은 **노래를 연결한다**. 이로부터 그는 음유시인이라는 이름을

---

26 에이도테아(Eidothea)는 물의 신 프로테우스의 딸이다.

27 (옮긴이의 주) 키르케는 헬리오스의 딸로 마술에 능한 요정이다. 『오디세이아』에서 키르케는 오디세우스의 부하들을 약을 먹여 돼지들로 변하게 했으나, 오디세우스는 헤르메스의 도움으로 그들을 원래의 모습으로 되돌린다.

28 (옮긴이의 주) 광시(Rhapsodie)는 "희랍어 'ῥαπτειν'(꿰매다)에서 유래한 말로 고대 그리스 음유시인들이 낭독했던, 서사문학의 단편들을 짜 맞추어 놓은 것을 뜻한다. 따라서 '광시적'(rhapsodisch)이라는 말은 '단편적인', '연관성이 없는'"(요한 게오르크 하만(저)/김대권(역), 『하만 사상선집』, 인터북스 2012, 166쪽)이라는 의미를 지닌다.

얻게 되고, 이것이 생생한 낭독과 더불어 그의 **예술작품**이다. 이로써 호메로스에 관해서는 모든 것을 말한 셈이다.

이를테면 호메로스의 『일리아스』가 어디에서 끝나는지 묻는다면, 대답은 원하는 곳에서이다. 이 작품은 언제까지나 느슨한 노래이다. (처음에는 아킬레우스의 분노만이 예고되었기 때문에) 아킬레우스가 더 이상 분노하지 않는 곳에서 끝내고자 한다면 끝내라. 다른 사람들은 이제 막, 실은 아가멤논에 대해서는 더 이상 분노하지 않으나 헥토르와 트로이 사람들에 대해서는 더욱더 분노하는 아킬레우스의 복수와, 파트로클로스에 대한 그의 애도를 몹시도 보고 싶어 하면서도 헥토르에 대해 걱정할 것이다. 따라서 그들이 원하는 노래의 구조는 **이제야 비로소** 시작된다. 다른 노래도 그렇다. 율리시스의 야간 정탐 장면이 담겨 있는 「돌론의 정탐」[29]을 읽고자 하지 않는다면 그것을 생략하라. 파트로클로스 무덤 곁에서 벌어진 [추모] 경기로 인해 노래가 너무 오랫동안 끌려간다 싶으면, 아킬레우스의 마음은 친구에게 합당한 그런 명예를 부여함으로써만 진정될 수 있지만, 파트로클로스는 이런 명예 없이도 잠들었으면 한다. 이런 저런 음유시인이 이런 저런 광시를 빠뜨릴 수 있다. 왜냐하면 그는 경청자가 원하는 대로 때로는 이것을, 때로는 저것을 노래했기 때문이다. 하지만 이 모든 노래의 구조가 하나의 정신과 분위기로 된 하나의 매듭에서 기인한다는 것은 오인할 여지가 없다.

『오디세이아』에서도 마찬가지이다. 이타카 혹은 메넬라오스, 알키노

---

29 (옮긴이의 주) 『일리아스』 제10권. 트로이군 병사인 돌론(Dolon)은 외모는 흉했지만 걸음이 빨라 그리스군 정탐을 자원했다가 오히려 디오메데스와 오디세우스에게 붙잡혀 정보를 내준 후에 죽임을 당한다.

오스[30]의 궁전, 키르케의 거처[아이아이에 섬], 저 신성한 돼지치기,[31] 폴뤼페모스,[32] 저승이 우리 마음에 든다면, 모든 것은 열려 있다. 모든 것은 개별적으로 우리 앞에 있다. 그런데 『오디세이아』에서는 미술품 수집에서처럼 모든 것이 멋지게 정돈되어 있다.

『일리아스』에서는 왜 예고가 모든 노래의 내용을 거의 포괄하지 못할 정도로 그처럼 가볍고 느슨한가 하고 묻는다면, 이에 대한 답변으로는, 바로 이런 가벼운 예고가 **광시적**이었다는 것이다.[33] 그 가인은 아킬레우스의 분노에서 벌어졌던 일을, 혹은 그 분노에 적절하게 배열할 수 있었던 것을 그것에 꿰매고 배열했다. 하지만 아킬레우스의 분노는 여전히 그의 노래와 전설의 **배꼽**, 다시 말하면 초점이었다. 『오디세이아』에서는 더 자세하게 예고된 것 같다. 하지만 예고에서는 그 속에서 일어나는 모든 것을 전적으로 다 말하지는 않는다. 예고에서는 이 이야기의 주목적인, 율리시스의 이타카 도착과 거기에서 일어났던 일조차도 거의 언급하지 않는다.

우리가 『일리아스』와 『오디세이아』라는 경쾌하고 화려하게 짜진 고대의 이 두 화관을 다음과 같은 규칙에 맞추고자 한다면, 우리는 고대 가인 시대의 정신과 얼마나 동떨어져 있게 되는가. 그 규칙이란 근대 취향

---

30 (옮긴이의 주) 알키노오스(Alcinoos)는 스케리아 섬에 사는 이름난 뱃사공들인 파이아케스족의 왕으로, 배가 난파하여 표류하던 오디세우스를 따뜻하게 맞이하고 그를 고향인 이타카에 무사히 데려다준다.

31 (옮긴이의 주) 에우마이오스(Eumaios).

32 (옮긴이의 주) 폴뤼페모스(Polyphemos)는 외눈박이 거인으로 오디세우스의 부하들을 잡아먹다가 오디세우스와 부하들이 그의 눈에 박아 넣은 나무 말뚝으로 인해 실명하게 된다.

33 (원주) 쾨펜 등이 이에 대해 썼던 것 외에 일겐([Karl David] Ilgen)의 저서인 『호메로스의 『일리아스』에서의 행동의 원리에 관한 탐구 *Disquisitio actionis principis in Iliade Homeri*』[(1791)]에는 자주 반복되는 이 의혹에 대해 어느 정도 비축된 학식이 들어있다. [쾨펜(Johann Heinrich Justus Köppen)은 『호메로스의 생애와 노래에 관해 *Über Homers Leben und Gesänge*』(1788)를 저술했다.]

이 호메로스가 전혀 알지 못한 장르인 소위 **영웅시**(서사시)를 위해 만들어냈던 것이며, 그 규칙 속에서 사람들은 거의 공통점이 없는 작품들인『아이네이스』, 단테의『신곡』, 아리오스트, 타소, 밀턴, 클롭슈토크, 빌란트의 작품을,[34] 다시금『라 앙리아드』[35]와『라 아라우카나』[36]를 하나의 척도로 재고 맞췄던 것이다! - 호메로스의『일리아스』와『오디세이아』는 살아있는 두 군대로서 때로는 이렇게 때로는 저렇게 무리지어 개별적으로 움직였다. 하지만 전체가 전진할 때는 잘 배치되고 정돈된 군대였다.

개별적인 노래와 전설에서 **정리정돈 된 노래**가 생긴 상황을 전혀 고려하지 않더라도 그리스인들의 취향 일반은 그들이 **정리정돈**이라고 불렀던 모든 점에서 예술에서든 철학에서든 얼마나 가볍고 부드러웠던가. 그들의 뛰어난 조각품, 그들의 군상(群像), 그들의 그림을 봐라. 거기에서는 어느 것도 삼각형에서 혹은 인화점에서 하늘을 향해 가기 위해 서로 밀지 않는다. 형상들은 평화롭게 공존한다. 직관하는 사람의 눈은 이것들을 차분히 향유하고 **마음**속에서 정리정돈 하면 된다. 그들은 우리의 첨예한 관점에 대해서는 아무것도 몰랐다. 아킬레우스의 방패에 대한 호메로스의 묘사를, 아뮈클라이[37]와 올림포스의 옥좌에 대한 파우

---

34 아리오스트(Ludovico Ariost)의 작품으로는『광란의 오를란도 *Orlando furioso*』(1516; 김운찬 역, 아카넷 2013)가 있고, 타소(Torquato Tasso)의 작품으로는『리날도 *Rinaldo*』(1562)와『해방된 예루살렘 *Gerusalemme liberata*』(1581)이 있다. 밀턴은『실낙원』(1667)과『복낙원 *Paradise Regained*』(1671)을, 클롭슈토크는『메시야』를, 그리고 빌란트는『새로운 아마디스 *Der neue Amadis*』(1771)를 썼다.

35『라 앙리아드 *La Henriade*』(1728)는 볼테르가 쓴 서사시이다.

36『라 아라우카나 *La Araucana*』(1569-90)는 알론소 데 에르시야(Alonso de Ercilla y Zúñiga)가 지은 서사시이다.

37 (옮긴이의 주) 아뮈클라이(Amyklai)는 스파르타 인근 소도시이다.

사니아스의 이야기[38]를 읽어라. 뿐만 아니라 그가 **다수를 하나로 정리 정돈 한 것**에 대해 이야기하는 모든 구절도 읽어라. 필로스트라토스의 그림 [설명집][39]을 읽어라. [그러면]『일리아스』와『오디세이아』에서처럼 도처에서 곧바로 가볍고 느슨한 구성을 인지하고, 심지어는 우리의 개념에 따라 통일성의 부족에 대해 자주 불평할 것이다. 왜냐하면 그리스인들은 진실하고 아름다운 소박함이라는 면에서는 근동인들과 서양인들 가운데에서 독보적으로 두각을 나타냈기 때문이다. 하지만 이 소박함은 그들에게 죽은 메커니즘이 아니라, **생각의 통일과 소박함, 절제된 채 지속되는 느낌**이었다. 그들은 서사적, 서정적, 드라마적 시에서 이 길 위에 머물러 있었다. 그들의 격언, 그들의 대화, 그들의 경구조차도 이처럼 조용한 분리와 공존을 좋아했다. 이 점에서 **호메로스 학파**가 그리스 전체와 후대에 어떤 유익을 끼쳤는가를 이제 몇 마디로 대략 말하고자 한다.

8.
호메로스 학파의 가치와 이 학파가 그리스에 끼친 영향

나는 그리스 예술이 **학파로서 가치와 영향**을 보여준다고 언급했다. 고대 기념물이 평범한 작업의 소산인 경우가 자주 있다. 그럼에도 불구하고 그 기념물의 이념은 위대하고, 따라서 그것의 영향 또한 엄청나다.

---

38 파우사니아스(Pausanias)는 2세기 그리스 여행작가이자 지리학자로서 10권으로 구성된『그리스 소개서 *Ελλάδος Περιήγησις*』를 저술했다.

39 『에이코네스 *Εἰκόνες*』는 필로스트라토스(Flavius Philostratos)가 저술한 그림 설명집이다.

그것에서는 폴뤼클레이토스의 규칙[40]이 눈에 띄어 그것에 주목할 수밖에 없다. 그리스 예술은 그리스인들이 이 예술규칙에 아주 충실했다는 것을 보증했다. 그들은 모든 것을 허락된 것으로 생각하는 근대인들처럼 헤매고 돌아다니지 않았다.

호메로스는 자신의 창법으로써 그리스의 진정한 **학파**를 설립했고, 이 학파는 후세에 이르기까지 꽃을 피웠다. 예술과 시문학과 철학에 있어 그리스의 취향은 호메로스와 **호메로스 파의 시인들**에게 거의 모든 것을 빚지고 있다.

오르페우스 비교(秘敎)의 취향이 있는데, 이는 입문한 자들의 비밀 속에서 오랫동안 보존되었다. 이 취향의 후기 증거는 단편과 찬가 속에 들어있다. 그러나 이 오르페우스 비교의 취향을 호메로스의 취향과 바꾸고자 하고 전자에 보편성을 부여하는 것을 바랄 사람은 아마도 우리들 가운데 아무도 없을 것이다.

헤시오도스의 글에는 몇몇 태곳적 그리스 사고방식의 다른 증거들이 있는데, 이것들 가운데 호메로스의 순수한 형상과, 그의 명랑하고 지혜로운 사고방식과 혼동할 것은 거의 없을 것이다.

호메로스는 이를테면, 흡사 하늘을 땅 위로 끌어당김으로써, 그리고 저 태곳적 어마어마한 낡은 우화는 제자리에 놔두고 자신의 모든 형상을 순전히 인간적으로 만드는 가운데 오래된 취향을 바꾸었다. 영웅과 관련된 사건들 가운데에서는 그리스 전체의 관심을 끌었던 오래된 것들 중에서 **가장 최근의** 것을 선택했다. 영웅들 가운데에서 영웅의 꽃인 **가장 용감한** 자[아킬레우스]와 **가장 약삭빠른** 자[오디세우스]를 선택했

40 폴뤼클레이토스(Polykleitos)는 기원전 5세기 고대 그리스 조각가로 부분적으로만 남아있는 이론서인 『카논 *Κανών*』에서 인체의 이상적인 비율을 논했고, 이 이론을 〈창을 든 남자 *Doryphoros*〉라는 조각상에서 구현했다.

다. 이를 통해 그는 심은 뒤 만개하는 커다란 나무의 싹을 자신의 시 안에 두었다. 전적으로 인류의 범위 안에서. 그의 아킬레우스 주변에서는 그리스와 트로이가 수천의 운명과 인간 특성과 하나가 되었다. 그의 율리시스를 통해서는 가장 다양한 견해 속에서 서구 세계의 지도가 우리 눈에 보였고, 그의 율리시스 속에서는 가정생활과 시민생활의 가장 상이한 제도와 상황이 서로 잇닿아 잘 정리된 채로 우리 눈에 보였다.

만약 나에게 ["]이미 호메로스가 이 모든 것을 노래했던가?["], ["]각 시행의 각 특성 또한 이 위대한 조상의 것이라고 확신하는가?["]라는 질문이 던져진다면, 나는 그런 질문에 대해 대략 이런 대답만을 알고 있을 것이다. 호메로스가 이 노래들을 스스로 부르지 않았더라도 그는 **그것들의 아버지**였다. **후성설**, 다시 말하면 규칙적인 형태 속에서 힘과 마디의 생생한 성장이 일어나게 하려면, 자연 전체가 보여주듯이, **자연물**이자 **인공물**인 **생생한 싹**이 있어야만 한다. 그러면 이제 모든 요소가 기꺼이 이 싹의 성장을 촉진한다. 호메로스는 서사적 인공물인 그러한 싹을 심었고, 이 나무를 그의 **가문**이, 호메로스 파 시인들이 길렀다. 그의 어린 가지는 생생한 노래를 통해 주변 곳곳에 이식되었다. 그리고 이 나무는 가공하고 어쩌면 접목하고 절단하고 다듬던 여러 손길 밑에서 바람과 뇌우를 이겨내며, 지금 우리 앞에 서 있고, 아마 인간 문화가 지속되는 동안 (약간의 개선사항을 제외하고는) 서 있을 모습으로 자랐다.

9.
호메로스의 사고 범위에 대해

호메로스 파 시인들이 겨냥했던 것이 [**서사시**]**권**(圈)[41], 다시 말하면 당시의 시계(視界) 안에 있는 신적이고 인간적인 것들 가운데 일종의 알아둘 만한 것의 백과사전이라는 점은, 『일리아스』와 『오디세이아』의 내용에 대해 순수한 이미지를 그리는 동시에, 하지만 또한 이 작품들과 함께 호메로스의 것으로 간주된 다른 작품들을 고려하는 사람이라면 누구에게나 깊은 인상을 줄 것이다. 예를 들면 『마르기테스』[42]는 그와 같은 작품들 가운데에서 으뜸이다. 왜냐하면 나중에 아테네에서 영웅 관련 내용의 4편의 비극 다음에 마지막으로 한 편의 희극이 상연되었듯이, 『일리아스』와 『오디세이아』가, 전자는 왕의 취향에서 후자는 시민의 취향에서 점했던 그 지위를 『마르기테스』는 아마도 매우 기쁜 것과 희극적인 것에서 점했을 것이기 때문이다. 『마르기테스』는 이를테면 [서사시]권의 목록을 마무리지었다. 운명은 아리스토텔레스도 자주 언급한 바[43] 있는 몹시도 탐나는 우리의 이 시를 시샘했다. 그러나 이 시의 몰락의 원인은 곧 들여다볼 수 있다. 왜냐하면 인간 풍속의 희극성은 『오디세이아』 혹은 『일리아스』의 대상이 변하는 것보다 더 빠르게 변하기 때문이다. 시

41 헤르더가 '권'(Zyklus)이라고 표현했는데, 이는 실은 '서사시권'(der epische Zyklus)을 가리킨다. 서사시권은 『퀴프리아 *Κύπρια*』, 『마르기테스 *Μαργίτης*』, 『호메로스 찬가 *Ομηρικοί Ύμνοι*』처럼 원래 호메로스가 지었다고 하는 문학작품들을 일컫는다. 이에 대해서는 FHA 8, 1009 참조. 천병희(「호메로스의 작품과 세계」, 실린 곳: 『일리아스』, 숲 2007, 752-753쪽 참조)에 따르면 서사시권은 트로이 전쟁을 노래한 '트로이아 서사시권'과 오이디푸스와 그의 아들들에 관련된 '테바이 서사시권'으로 구분된다.

42 (옮긴이의 주) 『마르기테스』는 우둔한 마르기테스를 주인공으로 한 풍자적 서사시로 현재는 남아 있지 않다.

43 "[…] 그[호메로스]의 『마르기테스』가 희극에 대하여 가지는 관계는 『일리아스』와 『오뒷세이아』가 비극에 대하여 가지는 관계와 같[다]."(『시학』 1448b 35-1449a 5; 천병희 역, 39쪽)

대 취향의 우스운 것이 시간과 더불어 지나가 버리고 미래 세대의 관심을 덜 끈다할지라도, 신들과 영웅들의 특성, 지역, 섬, 자연의 기적, 왕국, 세대는 지속된다.

따라서 우리가 비록 **호메로스에서 알아둘 만한 것의 범위**에 속하는 바의 주요 부분을 절취당한 상태에 있을지라도, 『일리아스』와 『오디세이아』 자체만은 심지어 가장 불필요한 것으로 생각되는 점에도 주의를 가지고 바라볼 필요가 있다. 이는 당시 그리스에서 알아둘 만한 것으로 여겨졌던 바의 범위에 대한 생각을 의심하지 않기 위함이다.[44] 이런 목적으로 그리스의 배와 나라와 가문의 목록을, 아킬레우스의 방패 위에 새겨진 부문들을, 『오디세이아』를 포괄하는 전체를 면밀히 검토하라. 두 시에 나타난 비유, 특성, 풍속, 상황, 동양과 서양의 지배방식을 주의 깊게 관찰하라. 그런 다음 추측하면서, 가장 유명한 [서사시]권 시인들이 지은 다른 노래의 내용을 면밀히 검토하라. 이 시인들은 각자 힘닿은 대로 호메로스에게 부족해 보였던 점을 그에게 덧붙였다. 그렇다면 내 생각에 사람들은 계속 형성하는 시간이, 가장 완전한 것으로 간주되었고

44 (원주) 오해를 미연에 방지하기 위해 **신화권** 혹은 **서사시권**, 즉 알렉산드리아 문헌학자들이 확정했던 바 고대 시인과 동화(童話)의 완결된 모음집은 여기에서 논의하지 않는다는 점을 덧붙인다. 이런 정리는 단지 문학적이고 사서(司書)와 관련되었던 것 같다. 우리는 여기에서 특정 사고방식과 관찰방식에 있어서 알아둘 만한 것의 범위에 대해 말한다. 그러한 범위는 모든 서사시인들 속에, 당대의 개념에 따라서는 각 시인 속에 놓여 있다. 그 범위는 호메로스, 단테, 아리오스트, 밀턴 등의 시인 속에 있다. 그것은 시인이 알지 못하는 사이에 형성된다. 왜냐하면 시인은 자기 안에 하나의 세계를 품고 자기 시에서 그 세계를 위한 공간을 찾기 때문이다. 저 때에는 생생한 노래가 그것도 서사적 이야기의 분위기 속에서 모든 책을 대신했기 때문에, 시를 짓는 다른 방법들, 예를 들면 희극, 비극 등을 아직은 알지 못한 가운데 노래 자체가 유일한 **교수법**이었기 때문에, 이를테면 의도하지 않았는데도 하늘과 땅에서 인류의 관심을 끌었던 것 모두를 가장 좋아하는 노래 속에 담는 것을 지향할 수밖에 없었다. 이것이 사태의 본성이었고, 영원히 계속해서 형성하는 시대의 업적이었다. 이전에 호메로스가 시인들의 영웅이자 가장 사랑받는 가인이 되었을 때, 사람들은 모든 것에 대해 올림포스 산의 유피테르나 팔라스 아테네와 같은 존재에게 하듯이 그에게 문의했다. 이 점이 그의 업적을 보다 완벽하게 보여줄 수 있었다.

실제로도 그러했던 일련의 높이 평가받던 노래에서 점점 더 일종의 백과사전을, 즉 당시 인류의 영역에서 알아둘 만한 것의 윤곽을 겨냥하고 이 점에 계속 매진할 수밖에 없었다는 견해를 사태의 본성에 합당하다고 여길 것이다. **노래들**(서사시), 게다가 이런 형태의 노래는 당시에는 유일한 것이었고 만족스러운 가르침의 수단이었다. 그 때문에 사람들은 이 수단 속에 알고 있었거나 알아둘 만하다고 생각했던 모든 것을 넣어두었다. 만약 지금은 우리에게 없지만 그리스인들의 모든 [서사시]권 시인들이 있다고 한다면, 우리는 스스로 **취향의 유형들**을 결정할 수 있을 것이다. 이 취향의 유형들 안에서 사람들은 호메로스 학파 안에서든 그의 학파 밖에서든 이 알아둘 만한 것을 서로 배열하고 계속 형성했던 것이다. 이제 우리는 호메로스의 이름으로 되었거나 그의 학파에서 나온 정말로 얼마 안 되지만 매우 소중한 파편과 단편을 알고 있는데, 이것들은 우리에게 바로 위와 같은 점 또한 보여준다.

호메로스의 이름으로 된 작품으로 예를 들면 『개구리와 쥐의 전쟁』[45]이 있다. 누가 이 작품을 썼던지 간에 이 작품을 보면 즉시, 그 훌륭한 조상[호메로스]의 것으로 간주되는 몇몇 **유희**와 **농담**뿐만 아니라, 그가 신들과 인간들을 관찰하는 방식 전체도 기억난다. 그 방식은 가볍고 유쾌하다. 따라서 호메로스 학파에서는 『개구리와 쥐의 전쟁』이 『일리아스』와 『오디세이아』 다음 가는 세 번째로 탁월한 작품이자, 『일리아스』와 『오디세이아』 못지않게 호메로스의 취향으로 된, 인간적인 것들에 대한 하나의 관찰방식이었다. 이 관찰방식을 따라하는 호메로스 풍의 몇몇 모방작이 있었는데, 『거미의 전쟁』, 『두루미의 전쟁』, 『매미』, 『염소』가 그것이다. (그 때문에 사람들은 이 작품들 또한 호메로스의 것으로 간주한

---

45 (옮긴이의 주) 『개구리와 쥐의 전쟁 *Βατραχομυομαχία*』은 『일리아스』와 『오디세이아』의 패러디이다.

다.) 그리고 바라건대 이 관찰방식을 따라하는 유쾌한 모방자들이 있었으면 한다. 대체로 호메로스의 두 시[46]에서는 그 어떤 다른 시인의 작품에서와는 달리 **고요한 이성**과 **얽매이지 않은 유쾌한 자기만족**의 합이 현저히 드러난다. 이 유쾌한 자기만족은 호메로스 파 시인들의 아버지가 가문에 물려준 유산 상속분(分)이었던 것 같다. 그 때문에 그리스인들의 **건전한 지성**과 **유쾌한 감각**은 호메로스의 시와 그의 사고방식에서 기인할 수 있었을 뿐만 아니라 거기에서 계속해서 퍼낼 수 있었다.

『호메로스 찬가』[47] 또한 이에 대한 증거이다. ["]그 찬가들 가운데 어떤 것이 호메로스의 것일까?["]라는 질문에 어쩌면 누구도 대답하지 못할 것이다. 그런데 그 찬가들 모두다 호메로스로부터 유래한다. 왜냐하면 모든 찬가가 그의 사고방식으로 되어 있기 때문이다. 분명히 노래의 자유로운 서곡이었던, 이 호메로스 파 시인들의 32편 혹은 34편의 찬가 대신에 이 학파에서 나온 그만큼의 찬가를 우리에게 다시 한 번 달라. (오르페우스 학파에는 86편의 찬가가 있다.) 그러면 우리는 여기에서도 호메로스 파 시인들의 찬가 범위가 오르페우스 찬가권(圈)보다 더 아름답고 더 효과적임을 보게 될 것이다.

호메로스 학파의 모든 작품이, 이 학파의 주요작품조차도 항상 생생하고 왕성한 기억 속에 다 보존될 수는 없었다는 점이 사태의 본성이었다. 어쩌면 호메로스 학파의 작품이 너무 많았거나, 아니면『일리아스』와『오디세이아』로 인해 다른 작품들은 밀려났을 것이다. 밀려난 작품들은 사라졌다. 이는 이전에 좀 더 나이 먹고 좀 더 거친 시인들의 노래가

---

46 (옮긴이의 주)『일리아스』와『오디세이아』.

47 (옮긴이의 주)『호메로스 찬가』는 기원전 7세기와 기원전 6세기 사이에 쓰인 33편의 고대 그리스 시를 모아놓은 것이다. 내용은 그리스 신들을 찬양하고 이들에게 간구하는 것이며, 시행의 길이는 3행에서 580행에 이르기까지 다양하다. 제목에 "호메로스"가 붙은 것은 호메로스의 서사시처럼 6보격시행을 사용하고 호메로스의 형식과 방언을 구사한 데서 기인한다.

이 밀려난 작품들로 인해 사라졌던 것과 같다. 인간의 기억 판은 협소한 판이다. 그 판 앞에 시간은 앉아 있어 덧붙여 쓰고 바꾸고 지우는 일로 끊임없이 바쁘다. 이 판은 가장 알아둘 만한 것만을, 가장 탁월한 것만을 보존하게끔 되어 있다. 우리를 위해 호메로스의 작품 중에 『일리아스』와 『오디세이아』를 보존한 이 판에 감사하라. 우리는 호메로스 학파에서 나온 이 두 작품 외에 몇몇 찬가와, 헤시오도스와 오르페우스 학파의 것으로 아직 남아 있는 약간의 작품을 (오르페우스 학파로부터는 어쩌면 메아리의 메아리만이라도) 소유하고 있는 것에 만족할 수 있다. 우리는 **비교할** 수 있고 비교를 통해, 호메로스 학파가 모든 시대를 위해 진정 좋고 확실한 취향의 토대를 닦았다는 판단에 이를 수 있다.

10.
호메로스를 위해 리쿠르고스와 솔론과 페이시스트라토스 일족이 세운 공로

의심할 여지없이 사람들은 그리스의 가장 위대한 두 입법가인 리쿠르고스와 솔론이 우리를 위해 호메로스의 작품을 보존하는 일에 나름 기여했다는 점에 대해 상당한 고마움을 느끼고 있다. 그런데 그들은 우리를 위해서 이 일을 한 것이 아니었다. 그들 나름의 신조와 입법의 목적이 그러한 것을 요구했다. 그리스의 어떤 군주와 현자도 **의도적으로** 야만인이고자 하지 않았고, 하물며 야만 민족이 문명 민족보다 지배를 더 잘 받을 수 있다고 생각하지도 않았다. 문화의 토양 위에서 그리스인들의 명성의 싹이 트였다. 자신을 야만인들과 구별하는 것은 변함없이 그들의 사후에도 명성을 증가시켰다.

마찬가지로 페이시스트라토스와 힙파르코스[48]에게 영광스러운 일은, 이들이 솔론의 길을 계속 걸으며 호메로스의 노래를 **판아테나이아 제전**[49]에 도입한 것이었다. 다만 리쿠르고스와 솔론, 페이시스트라토스와 힙파르코스라는 이 위인들의 공로를 개별적으로 평가해보자.

리쿠르고스는 호메로스의 시를 아시아에서 자기가 살던 도시[50]로 가져왔다. 어떻게 가져왔는지, 문서로 혹은 살아있는 가인들의 입에 담아서 가져왔는지는 모른다. 적어도 호메로스의 문학은 라케다이몬에서는 결코 번성하지 않았다.

300백년 후에 솔론은 호메로스의 시를 아테네로 가져와서는 차례차례로, 말하자면 가인들이 번갈아가며 그 시를 노래하도록 명령했다. 만약 호메로스의 시가 정리정돈 되어 있지 않았다고 한다면, 우리가 그 자신의 시를 알고 있는 솔론이 호메로스의 시를 정리정돈 할 수 있기는 힘들었을 것이다. 따라서 솔론이 『일리아스』와 『오디세이아』를 **창작했다**고 믿지 말라. 그는 가령 공개 낭독할 때의 광시(당시에 그것이 있었던 한에서)의 순서를 정리하고 가인의 입장에서 이에 대비했다. 솔론이 호메로스 작품의 보존을 위해 세운 공로는 **정치적**이었다.

페이시스트라토스와 힙파르코스의 공로 또한 그러했다. 그 밖의 다른 점에서도 공로가 있는 이 인물들이 호메로스의 작품을 위해 **시인으로서 공로**를 세우고, 존재하지 않았던 것을 호메로스의 작품 안에 담을 수

---

48 힙파르코스(Hipparchos)는 아테네 참주로 아버지 페이시스트라토스(Peisistratos)가 죽은 후 형 힙피아스(Hippias)와 함께 아테네를 다스렸다. 아버지 페이시스트라토스가 처음으로 호메로스의 노래를 기록하게 했다면, 힙파르코스는 아나크레온과 다른 시인들을 아테네로 불러들였다. 이렇게 페이시스트라토스 일족은 아테네에서 예술을 장려하고 촉진했다.

49 (옮긴이의 주) 판아테나이아 제전(Panathenaia)은 아테네 수호신인 아테네 여신을 기리는 축제로 매년 개최되었다. 특히 4년마다 더욱 성대하게 치러졌는데, 이때는 음악 경연 외에 행렬, 육상경기, 전차경주도 열렸다.

50 (옮긴이의 주) 스파르타(일명 라케다이몬).

있었을까 하는 점에 대해서는 회의적이다. 그들은 군주로서 정리했고 규정했다. 그때 그들은 규정 회의에서 당시의 모든 현자들의 도움을 받았는지도 모른다. 우리는 시모니데스,[51] 아나크레온, 오노마크리토스[52] 등을 이들 자신의 시를 읽고서 알고 있다. 이들이 살던 때는『일리아스』와『오디세이아』를 창작했던 저 정신이 사라진지 오래였다. 이들은 존재하지 않는 것을 만들어낼 수 있는 능력은 거의 없었지만, 존재하는 것은 **개관하고 편집하며 고치고 정리할** 수 있었다.

이후의 호메로스 해석의 역사를 보면 사람들이 나중에는 이 편집을 거의 아랑곳하지 않았음을 알 수 있다. 그럼에도 불구하고 솔론과 페이시스트라토스와 힙파르코스가 자신들이 받았던 바 호메로스의 시를 영원히 몰락에서 구제하고 흡사 팔라스의 베일 속에 숨겼다는 점은 이들 위대한 이름들에게는 불멸의 공로로 남는다. 그 후 호메로스의 시는 5년마다 판아테나이아 제전에서 끝까지 다 불리었을 뿐만 아니라, 문서들의 모국인 아테네에서는 **문서**로 시인들, 소피스테스들, 연설가들, 정치가들과 철학자들의 수중에 들어갔다. 호메로스의 시는 (당시에는 학교가 거의 없었지만) 모범적인 교과서가 되었으며, 더욱이 시 혹은 산문 낭독에 전념했던 모든 교양인들의 고전이 되었다.

51 (옮긴이의 주) 시모니데스(Simonides)는 케오스 섬 출신으로 기원전 5-6세기에 활동한 고대 그리스의 서정시인이다.

52 (옮긴이의 주) 오노마크리토스(Onomakritos)는 신탁 수집가로 오르페우스의 제자인 무사이오스의 예언을 편찬하기도 했다. 그는 한때 페이시스트라토스의 아들 힙파르코스에 의해 추방당한 적이 있었다. 하지만 그는 페이시스트라토스 일족이 페르시아 왕 크세르크세스에게 도피 중에 있었을 때 페르시아인들에게 불길한 신탁을 말하지 않고 상서로운 신탁만 골라 들려줌으로써, 페이시스트라토스 일족이 크세르크세스 왕에게 그리스를 침공하게끔 설득하는 데 도움을 줬다. 이에 대해서는 헤로도토스의『역사』제7권 6(천병희 역, 633-634쪽) 참조.

11.
결론

내가 틀린 것이 아니라면 호메로스의 행운은 세 가지 것에 달려 있었다. 그런데 이 세 가지는 모두 다 시간의 지배를 받았다. 우리는 그것을 **서사시**, **노래**, **광시**라는 세 가지 말로 반복하고자 한다.

서사시는 **생생한 말**이자 **태곳적 목소리**였다. 태곳적 목소리는, 흡사 시간의 날개를 타고 더 높이 날아올라 번성했던 형상과 전설을 아득한 고대에서 끄집어 내려놓았다. 베르길리우스가 소문의 여신에 대해 노래하는 것은,

> Mobilitate viget, viresque adquirit eundo;
> Parva quidem primo: mox sese attollit in auras
> Ingrediturque solo et caput inter nubile condit;[53]

예언하고 가르치는 어조처럼 태곳적부터 전해져 미래에 계승된 저 신성한 목소리에 더 고귀하게 적용된다. **기억의 무사 여신**은 자신의 가인을 신성하게 하여, 그가 이 목소리를 제 것으로 삼아 순화하고 이것을 사람들에게 좀 더 인간적으로 불어넣도록 했다. 아킬레우스와 율리시스는 호메로스의 시에서 자신들을 재인식할까? 힘들 것이다. 그들의 모습은 시간의 날개 위에서, **생생한 말과 노래**의 날개 위에서 너무 영웅적이

---

53 (원주) "그녀[소문의 여신]는 움직임으로써 생기를 띠고 나아감으로써 힘이 커진다./그녀는 처음에는 왜소하지만 금세 하늘을 찌르고,/아래에서는 지면을 걸어도 위에서는 머리를 구름 속에 숨기고 있다."[위 구절은 헤르더가 『아이네이스』 제4권 175-177행을 직접 독일어로 번역한 것이다. 해당 구절의 한국어 번역은 다음과 같다. "그녀는 움직임으로써 강해지고 나아감으로써 힘을 얻는다./그녀는 처음에는 겁이 많아 왜소하지만 금세 하늘을 찌르고,/발로는 땅 위를 걸어도 머리는 구름에 가려져 있다."(천병희 역, 개정판, 숲 2007, 125쪽)]

고 신적이며 위대해졌기에, 여기에서[호메로스 시에서] 그들은 죽을 수 밖에 없는 인생과는 다른 존재이다.

서사시는 **세계의 유년기**에 속한다. 그때 미신적인 귀는 태곳적 목소리를 경청하고서 보다 고차적인 놀라운 형상을 즐거이 꿈꾼다. 눈이 냉정하게 보는 것은 말을 통해서, 특히 세대에 걸쳐 계속 울리는 말을 통해서, 도취한 열광 속에서처럼 계속 다듬어지고 증가한다. 이때 호메로스가 정곡을 찔렀다. 그는 태곳적 전령이었지만 당대에는 현명했고 모든 점에 윤곽을 그렸다. 그 윤곽은 숙고 된 것이자 쉽게 개관할 수 있으며 균형 잡히고 유쾌한 것으로, 우아함과 품위로 미래 세대의 눈을 영원히 꽉 붙들었다. 이 일을 하도록 그를 도와준 것은 단일한 강(江)인 그의 **노래**였다. 그 강 속에는 온갖 교훈이 흘렀고, 그 강은 아직 서정적인 강과 드라마적인 강으로, 다채로운 **곡류천**으로 분할되지 않았다. 노래와 드라마, 수사학과 철학은 그 속에서 여전히 하나의 나무 위에서 꽃을 피웠다. 후대에 들어서야 비로소 각자 따로따로 심어졌다. 왜냐하면 무사 여신의 입에서 나온 **노래를 배열하고 정돈하**는 호메로스의 **기법**으로부터, 다수가 일자에 가장 쉽게 순응했던 이 단순한 예술작품으로부터, 바로 시대의 손을 거치는 가운데 각각 다른 예술과 문학이 유래했기 때문이다. 예술과 문학 이 둘은 항상 **여러 가지 속에서 하나 됨**을, 따라서 **행위**, **뒤얽힘**, **전도**(傳導), **해결**을 좋아한다. 호메로스만이 거의 눈에 띄지 않는, 거의 지각할 수 없는 손으로 이 노래의 끈을 매었다. 이 고대 선지자에게 한 **가문**을, 다시 말하면 자손들을 허용한 것은 호의적이고 유리한 **시간**이었다. 이 자손들은 그가 맨 끈을 계속 끌어당겨 지속적으로 묶었다. 모든 예술의 어머니인 사랑스러운 이오니아 지방이 호메로스를 낳았다. 서구세계에까지 이르는 **그리스 섬들**은 그의 노래를 가르쳤다. 아테네는 그 노래를 받아들여 드라마와 그 밖의 다양한 분야에서 그것을 육성하고 그것에 대해 이야기했다. 결국 알렉산드리아에서 그의 노래는 수많은 질문과 의혹을 거친 후에 단검표와 별표[54]로 장식된 채, 시간이 우리에게 넘겨줬던 그 모습에 이르렀다.

내가 로마에서 〈호메로스의 신격화〉라는 저 유명한 기념물[55]을 보았을 때, "유피테르와 아폴로와 므네모시네와 무사 여신들은 호메로스 위에 순서대로 쭉 높은 암석 지역에 있다. 호메로스는 거기에서 신처럼 앉아 있다. 『일리아스』와 『오디세이아』는 의자 옆에 무릎을 꿇고서 의자를 떠받친다. 그 위에 앉아있는 호메로스에게 날개달린 **시간**과 사람이 거주하는 **대지**가 왕관을 씌운다. 호메로스 앞에는 제단이 하나 있는데, 그 곁에서 **신화**가 사내아이로서 시중을 들고, **역사**는 그 위에 향을 바치고 있다. **시**와 **비극**과 **희극**은 봉헌가(奉獻歌)를 부르기 시작한다. 이 축제에는 아이인 **자연**, **남성적인 덕**, 보존하는 **기억**, **충실함**, **지혜**가 참석하고

---

54 (옮긴이의 주) 문헌비판 편집부호에서 '단검표'(†)는 미심쩍은 구절을, '별표'(*)는 중복된 구절을 나타냈다.

55 (원주) 알다시피 쿠퍼와 쇼트 등은 이 작품을 설명했다. 나는 호메로스의 또 다른 신격화를 빙켈만의 『[고대] 미술사』(드레스덴 판[1764], 339쪽)에서 직접 인용한다. "이 시인[호메로스]은 독수리 위에 앉아 있고, 독수리는 그를 공중으로 데려간다. 양측에는 두 여성상(像)이 난장이들의 장식물 위에 앉아 있는데, 둘 다 단검을 옆에 차고 있다. 오른쪽의 여성상은 투구를 갖고 있고 오른손으로는 칼을 붙잡고서 머리를 떠받친 채 깊은 생각에 잠겨 앉아 있다. 다른 여성상은 율리시스가 받았던 뾰족한 모자를 가지고 있고 마찬가지로 한 손은 칼에 두고, 또 다른 손으로는 노(櫓)를 붙잡고 있다. 전자[오른쪽 여성상]는 『일리아스』를, 후자[왼쪽 여성상]는 『오디세이아』를 의미한다. 신격화된 형상 위의 장식물 밑에 있는 백조들 또한 나름대로 이 시인을 가리키고 있다." 은그릇 위에 새겨진 이 신격화는 우아한 반면, 콜론나(Colonna) 궁전에 있으며 분명히 고대 예술작품을 따라 만들어졌던 저 신격화는 위대하다. ([호메로스의 신격화는] 동판화로 새겨지고 『티슈바인이 고대의 모범에 따라 그린 호메로스 *der Tischbeinische Homer nach Antiken gezeichnet*』(제1권, 3호)에서 상술되고 있다. [〈호메로스의 신격화 *Apotheose des Homer*〉는 기원전 1세기 그리스 조각가 아르켈라오스(Archelaos)가 조각한 부조물이다. 쿠퍼(Gisbert Cuper)와 쇼트(Andreas Schott)는 각각 『호메로스의 신격화 혹은 축성(祝聖) *Apotheosis vel consecratio Homeri*』(1683)과 『하급학교와 상급학교에서 하는 호메로스 연구에 관해 *Über das Studium des Homers in niederen und höheren Schulen*』(1783)를 저술했다. 『티슈바인이 고대의 모범에 따라 그린 호메로스』는 아마도 『하인리히 빌헬름 티슈바인이 고대의 모범에 따라 그린 호메로스와 크리스티안 고트로프 하이네의 상술 *Homer nach Antiken gezeichnet von Heinrich Wilhelm Tischbein mit Erläuterungen von Christian Gottlob Heyne*』(1801-04)을 가리킨다.]

있다." 이때 이 영광스러운 시대의 아들의 행운이 모두 기억났다. 그는 자기 자리에 서서 조상들로부터 풍부한 보화를 받았다. 그는 취향을 통해, 그것도 실은 순수한 인간 감정에 대한 진정한 취향을 통해 그 보화를 순화할 수 있었고, 그럼으로써 계속 연구하는 숭배자들의 영원한 학파를 설립했다. 시인들은 그를 따라 계속 노래했고, 입법자들은 그를 존경했으며 그의 노래를 도입했다. 아이스킬로스는 그의 식탁에서 나온 부스러기로 먹고 살았다. 아이스킬로스의 동료들, 이들과 더불어 각각 다른 장르의 시인들은 그의 샘에서 물을 길었다. 최초의 역사기록자는 그를 본받아 자신을 갈고닦았으며, 예술은 그와 경쟁했다. 그리고 그는 페이디아스에게는 자신의 유피테르와 자신의 팔라스 아테네를 주었다. 철학자들은 그에 대해 이야기했고, 연설가들은 그의 작품에서 가져와 말을 했다. - 그리하여 결국 문학과 문화가 민족들 사이에 퍼졌으며, 호메로스는 그 문학과 문화의 최초의 후원자였다. 시간이 날개 위에 싣고 이리저리 돌아다닌 그의 **생생한 말**은 아테네 팔라스 신전에서 성대한 영원한 문자가 되었고, 케크로피아 암석[56]에서 울려 여전히 계속해서 사람들의 영혼 속으로 파고든다. 그에 대해 이렇게 말할 수 있다. 호메로스는 말의 기술(技術)을 통해 시간의 비상(飛上)을 속박했다. 시간은 기꺼이 꽃의 사슬을 받아들였고, 그 대신에 그에게는 영원한 명성의 화관을 씌워주었다.

56 케크로피아(Kekropia) 암석이란 아테네의 아크로폴리스를 말한다.

호메로스와 오시안

Homer und Ossian

일러두기

1. 번역 원본으로는 FHA 8, 71-87을 사용했다.

2. 참고한 번역본은 다음과 같다.
   Homer and Ossian, in: Philip V. Bohlman, *Song Loves the Masses: Herder on Music and Nationalism*, University of California Press 2017, pp. 172-185.

사람들의 예술작품을 조명하고 정신의 생생한 산물을 자라게 하며 이 산물에 풍부함과 개화(開花)를, 결국에는 다른 창작물의 결실을 베풀어 주는 것은 시대의 손에 맡겨진 위대한 과업이다. 이 과업은 **인간 정신의 황금 사슬**을 형성한다. 완전함의 지점에 맞닥뜨린 그 어떤 이름이 과거로부터 나타나면, 조만간 이 이름에는 그의 업적을 계속해서 추진했던 사람들의 이름이 결부된다. 어쩌면 이 사람들의 이름은 사라질지도 모른다. 그러나 그 업적은, 그 선도자의 이름은 남는다. 그들의 노력 자체는 그 업적에 새로운 광채를 부여했다. **가진 자는 받는다.**[1] 그러면 후세대 전체는 이 위대한 거장의 학교에서 공부한다.

오리엔트에서는 솔로몬, 로크만[2] 등의 이름이 알려져 있다. 자연과 격언과 우화에 담긴 지혜에 있어서 나중에 만들어졌던 것은 불멸의 신전에 있는 저 이름들과 결부되어 로크만의 지혜, 솔로몬의 지혜라 불렸다. 그와 같이 가장 최근의 시편은 여전히 다윗의 시편이라 불렸다. 근동 전역에서 알렉산더 대왕은 온갖 위대하고 화려한 것의 파괴자로, 쉴레이만 대제[3]는 이것들의 건설자로 유명하다. 그들은 시간의 제국에서 계속 살아 있는 군주로 간주된다. - 그리스인들에게 있어서도 이와 다르지 않다. 호메로스, 헤시오도스, 이솝, 아나크레온, 사포, 테오그니스[4] 등의 대열에 낄 수 있었던 사람들은 이들의 대열에 끼었다. 이후의 전사들은 이름 없이 이 늙은 최고 사령관들의 일원이 되었다. 그런데 최근의 비평가들은 자주 이러저러한 업적에서 원조(元祖)와 시간을 구분하려고 거의 무

---

1 (옮긴이의 주) 누가복음 19장 26절 참조. "무릇 있는 자는 받겠고 없는 자는 그 있는 것도 빼앗기리라"(개역개정판)

2 로크만(Lokman, لقمان)은 아랍의 전설적인 격언 시인이자 우화 작가이다.

3 (옮긴이의 주) 오스만 제국의 술탄이었던 쉴레이만(Süleyman) 대제는 수많은 대외원정을 통해 오스만 제국의 최전성기를 이룩했다.

4 (옮긴이의 주) 테오그니스(Theognis)는 기원전 6세기 후반에 활동했던 그리스 시인이다.

익한 노력을 하고 있다. 피타고라스와 플라톤은 기원후에 두 번째로 철학 유파에서 다시 살아났다. 그들이 때때로 사유했을 리 만무한 것이 그들의 사유로 간주되었다. 그들의 모습은 시간의 날개 위에서 자랐다.

오시안은 이와 다를까? 우리는 주장하려고 하지 않는다. 오히려 호메로스에서처럼[5] 오시안에서도 그를 우리에게 드러내준 시간의 추이를 따라가고자 한다.

1.

많은 독자들은 1761년부터 1765년까지 오시안의 작품이 출판되었을 때 어떤 감미로운 놀라움이 있었는지 기억할 것이다. 먼저 짧은 노래들이 『단편』[6]으로 나왔다. 그리고 어쩌면 몇몇 오시안 애호가들은 처음에 그를 이런 모습으로 알게 되어 이런 모습으로 된 그의 작품을 여전히 가장 많이 좋아할지 모른다. 우리는 짧은 낭만적인 이야기 속에서 실리크와 빈벨라를, 콘날과 크리모라를,[7] 론난과 리비나를, 핑갈과 오시안과 오스카와 미노나[8]를 알게 되었다. 우리는 「셀마에 대한 노래」를 들었다. 「코말라」, 「카르톤」, 「쿠훌린[9]의 죽음」, 「베라톤」, 「캐릭투라」가 출판됐

5 (옮긴이의 주) 헤르더는 이미 「시대의 총아 호메로스」라는 글을 실러가 발간하는 『호렌 *Die Horen*』 지(誌) 1795년 9월호에 기고한 바 있다.

6 맥퍼슨이 1760년에 펴낸 『고대 시가 단편』을 가리킨다.

7 (옮긴이의 주) 실리크(Shilric)와 빈벨라(Vinvela), 콘날(Connal)과 크리모라(Crimora)는 오시안의 시 「캐릭투라」에 등장하는 인물들로 각각 대화 상대자이다.

8 (옮긴이의 주) 미노나(Minona)는 토르만(Torman)의 딸이자 용사 모라르(Morar)의 누이이다.

9 (옮긴이의 주) 쿠훌린(Cuchulain)은 켈트족 신화에 등장하는 영웅으로 전설적인 얼스터(Ulster, 현 북아일랜드의 지역) '붉은 가지 기사단'의 일원이다.

다.[10] 도처에서 우리는 순진함, 우정, 부성애(父性愛), 자식의 사랑, 형제애와 자매애의 장면을 보았고, 이별한 연인들과 부부들의 비애가 담긴 가장 감동적인 어조를 들었다. 이 이야기들의 갈기갈기 찢긴 모습과 이것들에서 느껴지는 상당한 소박함, 그리고 이렇게 말해도 된다면, 이것들에서 나타나는 **낮은 하늘**과 **좁은 테두리**는, 이것들이 모든 사람, 특히 젊은이의 영혼에 끼쳤던 인상에 분명히 기여했다. 우리는 마치 먼데서, 동굴에서, 바다 위를 넘어, 계곡에서 혹은 안개 낀 섬의 산악지대에서 들려오는 듯한 달콤한 목소리를 들었고, 마치 꿈속에서처럼 구름에 감싸인, 귀인들과 연인들의 비좁은 오두막을 보았다.

『핑갈』이 출판되었다. [그 후에] 곧 다른 시들과 함께 『테모라』도 출판되었다. 이것들은, 호메로스와 경쟁하고 어쩌면 심지어 그를 능가할지 모르는 서사시로 예고되었다. 오시안 작품의 불멸의 편집자인 맥퍼슨조차 몇몇 주석에서 이 점을 목표로 삼았다. 휴 블레어의 「비판적 논문」[11]과, 더욱이 이 시들을 손수 이탈리아어로 번역한 세자로티의 주석[12]도 마찬가지이다. 그 결과 데니스는 서정적 운율과 섞어 듣기 좋은 호메

10 (원주) 이 개별적인 시들은 1764년 함부르크에서 "고대 스코틀랜드 하일랜드 지방의 시문학 단편 Fragmente der alten hochschottländischen Dichtkunst"[『고대 시가 단편』을 가리킴]이라는 제목으로 번역되어 출판되었다. 『영웅시 핑갈. 오시안의 상이한 다른 시들과 함께 *Fingal, ein Heldengedicht, nebst verschiednen andern Gedichten Ossians*』[『핑갈』을 가리킴] 또한 1764년 함부르크에서 출판되었다.

11 (원주) 데니스는 [블레어(Hugh Blair)의 논문을] 자신이 번역한 오시안 시집[『고대 켈트족 시인 오시안의 시』] 제3권에서 번역했다. 그리고 시집 전체에 걸쳐 세자로티(Melchiorre Cesarotti)와 맥퍼슨의 주석 또한 번역했다. [블레어의 논문(1763)의 원제는 "핑갈의 아들 오시안의 시에 대한 비판적 논문 A Critical Dissertation on the Poems of Ossian, the Son of Fingal"이다.]

12 『고대 켈트족 시인, 핑갈의 아들 오시안의 시. 최근 제임스 맥퍼슨이 발견하여 영어 산문으로 옮김 *Poesia di Ossian Figlio di Fingal, antico Poeta Celtico, ultimamente scoperte, e tradotte in prosa Inglese da Jacopo Macpherson*』(1763).

로스의 6보격시행으로 이 시들을 독일인들에게 들려주었고,[13] 이를 통해 이 시들에 단조롭게 지속되는 전체의 모양을 더욱 부여했다. 몇몇 산문번역이 뒤를 이었다. 그러나 동시에 전혀 상이한 유형의 **이의**와 **회의**(懷疑)도 출판되었다.[14]

내 생각에 아일랜드 측의 회의[15]는 가장 중요하지 않았다. 다시 말하면 아일랜드에서는 핑갈과 오시안을 동향인이라 하여 이들을 가로채고자 했다. 아일랜드에서는 그 가인[오시안]과 그 영웅[핑갈]에 대한 권리를 주장했던 것이다. 핑갈은 렌스터[16]의 왕인 피온 혹은 핀이었고, 오시안은 피온의 아들인 오이신이었다는 등의 이야기를 했다.[17] 내 생각에는 이 모든 것에 대해 간단히 이렇게 대답할 수 있다. "**그가 그였음을 입증해보시오**. 아일랜드의 노래를, 스코틀랜드 사람들이 만들었던 것보다 더 멋진 노래를 만들어보시오. 그러면 우리는 당신네들의 말을 믿겠소." 역사에서 핑갈이 그 누구이든지 간에, 오시안 시에서는 더 이상 렌스터의 피온 혹은 핀이 아니다. 오히려 그는 인간들의 왕이자 영웅들의 선도자인 핑갈이다. 노래가 그를 날개 위에 실어 죽을 수밖에 없는 인간들 위로 드높였다. 아킬레우스와 아약스, 율리시스, 페넬로페, 아가멤논은 호

---

13 데니스의 번역시집 『고대 켈트족 시인 오시안의 시』는 결국 헤르더가 「오시안과 옛 민족들의 노래에 관해 주고받은 편지 발췌」를 쓰게 되는 계기를 마련해주었다.

14 (원주) 오시안을 옹호하는 글의 전체 목록은 이 글의 범위를 벗어난다. 어쩌면 이미 다른 사람들이 그 목록을 제공했을지도 모른다.

15 1764년에 처음으로 오브라이언(John O'Brien)은 'M. de C.'라는 가명으로 『학자들의 소식지 *Journal des Sçavans*』에 기고한 「맥퍼슨 씨의 시에 대한 M. de C.의 논문 *Mémoire de M. de C. sur les Poèmes de M. Macpherson*」에서 오시안 시에 나타나는 오류와 모순점을 지적하며, 맥퍼슨이 수집했다고 하는 시는 실은 맥퍼슨 자신이 쓴 것이라고 주장했다.

16 (옮긴이의 주) 렌스터(Leinster)는 아일랜드 지방이다.

17 (원주) 이에 관한 논문 한 편[「맥퍼슨 씨의 시에 대한 M. de C.의 논문」]이 『환담 *Unterhaltungen*』 지(誌)(함부르크 1766. 1권. 329-330쪽)에 번역되었다. 우리가 그와 같은 몇몇 논문에 시달리지 않은 것은 다행이다.

메로스의 이미지 속에서 자신을 인식할까? 그러기 힘들 것이라고 생각한다. 아르투스 왕, 카를 대제, 고트프리트 폰 예루잘렘[18] 혹은 아리오스트의 영웅들은 그들을 부른 시인들의 노래에서 자신을 거의 인식하지 못할 것이다. 바로 **변신**에 의해서만 그들은 **서사시의 영웅**이 되었다. 그들은 전설을 통해 구전되었고, 그들의 모습은 하늘과 땅 사이에서 자랐다. 가인은 그들을 받아들여 불멸하게 했다. 그들의 일상적인 평범한 모습은 가인에게는 창작 대상이 아니었을 것이다. 핑갈, 오시안, 오스카는 전설의 자식이자, 드높이는 계속 노래하는 시대의 형성물이다.

도대체 이 사안에서 지리적 역사적 연대기적 경쟁이란 무엇이란 말인가? 오시안 시는 **게일족** 전체의 소유이다. 아니, 바다 이편에 혹은 저편에 살던지 간에 게일족의 원어를 이해하거나 오시안을 존중할 줄 아는 모든 이의 소유이다. 실은 그리스인들 또한 호메로스가 누구에게 속했는지를 놓고 서로 싸웠다. 이것과 관련해서는 7개 이상의 도시와 나라가 경합을 벌였다. 그러나 그들이 이를 통해 전승된 호메로스의 노래를 비방하고자 하는 의도로 그렇게 했던 것은 아니다. 어쩌면 여러 변화가 있기는 하지만 모든 이들이 노래했던 것은 하나의 호메로스였다. 그리고 스코틀랜드 사람들과 아일랜드 사람들 또한, 아일랜드에서 나름의 방법으로 맥퍼슨이 표현한 것 보다 더 다정스러운 오시안을, 더 고귀한 핑갈을 불러내기까지는, 그토록 오랫동안 하나의 오시안을 읽고, 그토록 오랫동안 하나의 핑갈을 믿었는지도 모른다. 그렇다면 낭만적 전설에 감사하자. 이 전설은 실은 두 방언에는 상이하게, 하지만 각 방언에는 탁월하게 보존되어 있다. 지금까지 아일랜드의 시 가운데에서 스코

---

18 (옮긴이의 주) 고트프리트 폰 예루잘렘(Gottfried von Jerusalem)은 고드프루아 드 부용(Godefroy de Bouillon)을 가리킨다. 그는 제1차 십자군 원정에 참여하여 1099년 예루살렘을 탈환한 뒤 팔레스타인 지역에 세워진 예루살렘 왕국의 초대 통치자가 되었다.

틀랜드의 시에 필적하는 것은 아무것도 알려져 있지 않다.

2.

위에서 제기된 회의보다 훨씬 더 중요한 것은 **맥퍼슨이 출판한 오시안 작품**의 신빙성에 대해 제기된 회의[19]였다. 그리고 놀랄만한 점은 영국인들이 이 회의를 대담한 방식으로 표명했음에도 불구하고, 이 회의가 지금까지도 아주 불만족스럽게 해결되었다는 것이다. 맥퍼슨은 이것을 가장 쉽게 해결할 수 있었다. 심지어 만약 그가 "**자신이 각** 작품을 **어디에서** 얻게 되었는가? 자신이 그것을 받았을 때 **어떤 모습**이었는가? 그리고 그것에서 **자기 것**은 무엇인가?"를 일일이 충실하게 알렸더라면, 그는 그 회의를 단번에 일소할 수 있었다. 이 파손된 형태의 노래들의 원문은, 여기에는 운율과 창법이 들어 있고 몇몇 오시안 숭배자들은 이것들의 매력적인 소박함과 변화를 칭찬하는데, 온갖 비판적인 메모가 없더라도 현세와 후세에 [맥퍼슨이 펴낸 오시안 시의] 진실성을 증명해줄 것이다. 그 어떤 영국인도 그 어떤 존슨[20]도 이 증명을 부인하는 목소리를 낼 수 없었을 것이다. [그런데] 내가 알기로 이런 일[21]은 발생하지 않았다. 그 일이 발생하지 않아서, 맥퍼슨 자신도 그 일을 하지 않

19 게르스텐베르크는 『문학에서 주목할 만한 것에 관한 편지』의 8번째 편지(1766)에서 맥퍼슨이 편찬한 오시안 시의 진정성에 대해 의심했는데, 이에 대해서는 「오시안과 옛 민족들의 노래에 관해 주고받은 편지 발췌」의 각주 8번 참조. 그리고 아일랜드 태생의 해롤드 남작(Edmund von Harold)은 오시안 시를 손수 번역하여 출판(1775년)하면서, 오시안 시는 최근에 지어졌고 맥퍼슨의 텍스트는 위조된 것이라고 주장했다.

20 (옮긴이의 주) 새뮤얼 존슨은 맥퍼슨이 펴낸 오시안 시를 연구한 후에 이 시들이 가짜라고 확신했다.

21 (옮긴이의 주) 맥퍼슨이 펴낸 오시안 시의 진실성 증명.

아서 의혹이 늘어난 것은 물론이다. 너희 스코틀랜드 사람들이여, 너희들은 도대체 그리스의 호메로스보다 우위에 두고 찬양하는 **너희들의 호메로스**[오시안]를 너희에게 있는 바, 너희에게 여전히 불리고 있는 바 원어로 멜로디와 언어 설명을 덧붙여 공개하지 못할 정도로 그렇게 가련하단 말인가? 오시안은 거의 망각되고 있는데, 그를 망각의 심연에서 구제하고 그에게 단번에 불멸성을 보장하며 이를 통해 너희들의 언어에 불멸성을, 실은 가장 고귀하고 고전적인 불멸성을 확보해 줄 수 없을 정도로 그렇게 가련하단 말인가? 아니면 너희들은 너희 언어로 쓰인, 오시안보다 더 멋진 작품을 기대하는가? 아니면 사람들이 어쨌든 이 노래를 계속 부를 것이라고 믿고 있는가? 아니면 너희들이 원어에서는 이 시들의 형용할 수 없는 아름다움을, 창법에서는 황홀하게 하는 매력을 주장할 때 사람들이 **실제로 해보지 않고서** 뭔가를 생각한다고 착각하고 있는가? 요구와, 결국에는 싫증이 그와 같은 무력한 찬양을 일깨운다. **실제로 해보는 것, 실제로 해보는 것**만이 확실함과 교훈을 준다.[22]

---

22 (원주) 불행하게도 지금까지는 아직 오시안의 참된 멜로디에 대해 아무것도 모른다. 어스어로 된 오시안 정본에 대해서도 아는 바가 아무것도 없다. 『테모라』 제7권에 있는 견본을 가지고는 아무것도 결정할 수 없었다. 맥퍼슨은 그것을 어디에서 얻었을까? 이 모든 것이 발견되었을 때 인쇄된 것과 같은 상태였나? 그것은 생생한 노래에서 취했나 아니면 필사본에서 취했던가? 필사본은 서로 일치하는가? 각 필사본은 생생한 노래와 일치할까? 노래와 필사본의 어법은 어느 시대 것일까? 그런 유의 연구와 가르침은 오시안에 대한 온갖 찬양보다도 더 유익할 것이다. - [스미스(John Smith)의] 『게일족의 고대 유물 *Galic Antiquities*』[(1780)]은 실은 "션 다나 Sean Dana"라는 제목 하에 [1787년에] 어스어로 발행되었다고 한다. 그러나 맥퍼슨의 오시안이 아니라 이 책이, 내가 알고 있는 한, 전혀 비판 없이 발행되었다는 점은 우리에게 아무런 도움도 되지 않는다. 1784년에 어서 영(Arthur Young)이라는 아일랜드 사람이 『게일족의 시 *Galische Gedichte*』[원제는 "1784년에 스코틀랜드 하일랜드 지방에서 수집한 피안스 종족과 관련된 옛 게일족의 시 Ancient Gaelic Poems, respecting the Race of the Fians, collected in the Highlands of Scotland in the year 1784"]를 북부 스코틀랜드에서 수집했다.(독일어로는 1792년에 번역되었다) 이 책은 아직 내 수중에는 없다. 이 책에서 중요할 [그래터(Friedrich David Gräter)가 낸] 적절한 공지문은 『일반 문학편지 *Allgeimeine Literatur-Zeitung*』 제139편(1795)에 실려 있다. 만약 다른 사람들이, 특히 게일족 사람들 자신이 이 길로 해서 계속 나아간다면 목표에 도달할 것이다. 그러나 먼저 발생해야만 했던 일은

오시안을 이렇게 다루는 것이 틀림없이 매우 유익하리라는 점은 이미 명백하다. 왜냐하면 그것이 유일하면서도 합리적인 취급이기 때문이다. 어찌 되었든 이로부터 하나의 결과가 나온다고 하자. 그 결과가 맥퍼슨의 명성에 해를 끼칠 수는 없다. 모든 것은 그가 펴냈듯이 전통으로부터 취했다고 하자. 그는 그것을 수집했고, 그는 그것을 펴냈다. 그는 솔론이자 힙파르코스로서 이 호메로스[오시안]의 노래를 망각에서 빼내 교양세계 전체가 받아들일 수 있게 했으며, 분별 있는 사람들의 귀 속에서, 느끼는 사람들의 가슴 속에서 울려 퍼지게 했다. 그의 이름은 잊히지 않을 것이다. 아니면 그는 재료를 날것으로만 받아 창조자의 손으로 자신이 표현한 것을 짜맞추었다. 이는 그에게 더욱 명예로운 것이고 우리에게는 더욱 교훈적이다. 그런 다음 그는 여기서는 질이 떨어지는 것을 생략하고, 저기서는 히브리인들, 그리스인들 혹은 근대인들에게 유사하고 좀 더 세련된 점을 가져와 덧붙여서는 전체를, **자신의 핑갈**을, **자신의 오시안**을, **자신의 브라겔라**[23]를 가장 고귀하고 가장 섬세하게 구성했다. 이는 더더욱 좋다. 그는 영리한 사람이면 틀림없이 했을 것처럼 행했다. 그는 자신이 그런 유형의 독특한 노래를 만들만큼 충분히 유능하다고는 거의 느끼지 않았다. 그러나 그의 조국과 조상의 정신, 그의 언어와 그 언어로 불린 노래의 정신이 그를 사로잡았다. 따라서 그는 다른 시대에서 수집한 많은 아름다움의 보화 내지는 자기 가슴의 느낌의 보화를 노래에 집어넣었다. 그렇다면 그가 오시안의 가면을 쓰고 이 일을 했다는 것은 용서받을 수 있을 뿐만이 아니다. 오히려 어쩌면 이 일에

일반적으로 가장 늦게 발생하거나 아니면 전혀 발생하지 않는다. 나중에 몇몇 시들이, 예를 들면 『칼레도니아 음유시인의 작품 *The Works of the Caledonian Bards*』이 출판되었는데, 이 작품의 신화는 심지어 맥퍼슨의 오시안과는 차이가 나는 것 같다. 어쩌면 외견상 오시안의 창법처럼 그렇게 용이하게 계속 노래할 수 있는 노래 유형은 없을지도 모른다.

23 (옮긴이의 주) 브라겔라(Bragela)는 쿠훌린의 아내이다.

대해 그에게 감사해야 했고, 어쩌면 이 일은 그에게 부득이한 것이었다. 그는 그런 노래 속에서 교육을 받았고, 그것은 그의 속마음을 일깨웠으며, 그는 그것의 날개 위에서 날아올랐다. 게다가 영국인들의 유행 시가 과도하게 지배하던 때에 이런 유형의 성스러운 기만은 거의 불가피했다. 이 무역 민족이 *Grimaces, Faces, Graces*처럼 유행에 따르는 시에 대해, pleasure's, measure's, treasure's처럼 운이 맞는 시행에 대해 갖는 자긍심에 견줄만한 것이 무엇이 있는가? 소박하고 단순한 오시안보다 이것들에 더 대립했던 것이 무엇이 있던가? 맥퍼슨이 런던 소재 문학 소매상들의 상점 안에 오래된 필사본을 놔두어 이들이 지겹도록 이것을 볼 수 있게 했던 것은 아주 적절했다. 그는 그들이 그것을 가지고 아무것도 하지 않을 것임을 알고 있었다.

그러나 맥퍼슨이 하지 못했던 것을 이제는 그의 친구들 가운데 한 사람이 했으면 한다. 몇몇 친구들은 분명히 이 사안에 대해 가장 정확한 지식을 갖고 있을 것이다. 계속 영국인이나 아일랜드 사람이 이리저리 여행하게 놔두지 말고, 오시안과 맥퍼슨의 명예를 위해 이 사안의 상태를 비판적으로 명확하고 진실 되게 깨달았으면 한다. 조금 꼼꼼하게 살펴볼 때 이 경우에 이 전설의 기원과 유포와 보존과 변화를 고려하면, 이 시들의 도덕적 정신적 정치적 개념을 고려하면, 이 노래들의 가치에 대한 온갖 미학적인 가르침을 훨씬 능가하는 연구물이 틀림없이 나올 것이다. 적절한 때가 되면 이 글 또한 **그런 연구물이 나오는** 데 이바지할 것이라고 믿는다.

3.

호메로스와 오시안을 전반적으로 비교해보면 뭐라고 말할 수 있을까? 호메로스는 오시안이 아니고, 오시안은 호메로스가 아니라고 할까? 누가 이 점을 의심했을까?

지구상에는 여러 기후가 있다. 종족에는 여러 가문이 있다. 이오니아는 스코틀랜드가 아니며, 게일족 사람들은 그리스인들이 아니다. 스코틀랜드에는 트로이도 헬레네도 키르케의 궁전도 없다. 쓸데없이 무엇을 비교하고자 하는가? 두 국가의 지역, 세계, 언어, 전체 시각과 사고방식은 다르다. 호메로스와 오시안이 상이한 시대에 살았던 점은 완전히 제외하고도 말이다. 천 년의 세월과 천 마일의 거리가 양측을 가르고 있는데, 너희들은 그것을 **함께 엮어** 하나의 형식으로 묶으려고 하는가?

이렇게 말해도 된다면 호메로스는 **순전히 객관적으로**, 오시안은 **순전히 주관적으로** 시를 쓴다는 점만으로도 전자는 후자와 완전히 구별된다. 호메로스는 단지 이야기꾼에 불과하다. 그의 6보격시행은 내용이 그것에 부과하는 것 외에는 전혀 관심을 보이지 않은 채 단조롭고도 다양하게 진행된다. 말하자면 이 **한결 같은** 6보격시행에 호메로스의 전체 기예가 결부된다. 그 속에서 그는 온갖 정열을 낭독한다. 그 속에서 그는 하늘과 땅과 명부에 있는 모든 대상과 상황을 묘사한다. 그것을 가지고 그는 신들과 영웅들과 인간들을 **같은 방식으로** 잰다. 따라서 호메로스의 **같은 모양의** 6보격시행과, 그에게 생기를 주는 **고요한 지혜**로부터 저 그리스의 양식이 나왔다. 이 양식은 그리스 민족의 명랑한 사고방식을 입증해준다. 이 양식에 기대어 헤로도토스는 낭독과 복문에 맞게 이야기를 구성했으며, 이 양식에 따라 신화학과 예술과 철학의 체계가 형성되었다. - 오시안의 시에서는 모든 것이 **느낌의 하프**에서, **가인의 심정**에서 나온다. 그는 주위에 청중이 모이면 그들에게 자신의 **속마음**을 전한다. 그는 그들을 이 세계 속으로 끌어들이며 자기 주변에 이 마법의 세계를 퍼뜨린다. 따라서 그는 경청자들을 노래 속으로 유도함으로써 그들의 영혼을 흡사 자기 분위기에 조율하고 끼워 맞추듯 한다. 그는 주변의 대상을, 장소와 낮 시간과 계절을 그린다. 대개 그는 **귀**로 듣는 어조를 통해 대상을 그린다. 왜냐하면 귀로 듣는 어조는 눈으로 봐서 갖게 된 견해보다 심성을 더 많이 규정하기 때문이다. 이제 그는 시작한다. 각 전설은 사랑의 손가락으로 한 것처럼 그 나름의 개인적인 느낌으로 묘사되어 있다. 그리고 그가 할 수 있게 되자마자 사건 자체는 **목소리**, **비애의 탄식**, **하프에 따라 부르는 노래**가 된다. 『핑갈』과 『테모라』와 같은 장시(長詩)에서도 모든 것은 외로운 하프의 음색에서 나와서 이것으로 되돌아간다. 하프의 현에는 가슴의 온갖 감정과, 방탕으로 쇠약해진 조상의 운명이 매달려 있다. 그런데 노래는 **각** 느낌에 따라 변한다. 스코틀랜드 사람들은 부드럽거나 슬프거나 야생적이고 대담한 운율의 예기치 않은 각 변화에서 느껴지는 감동적인 면을 칭찬하는 데 여념이 없다. 그런데 호메로스는 이 모든 것에 대해 아무것도 모른다. 그는 지치지 않은 채 항상 동일한 사랑스러운 현 위에서 헤매다가 그 위에서 모든 대상과 상황에 맞는 화음의 모범이 되었다. 그가 **순전히 서사적인** 시인이라면, 오시안은 원컨대 **서정적 서사적** 시인이다.

이 상이한 노래 유형과 더불어 두 시인의 **전반적인 천재성** 또한 구별된다. 호메로스의 작품에서는 모든 인물이 트인 청명한 하늘 아래에 있는 것처럼 밝은 빛 속에서 걸어 나온다. 그들은 입상(立像)으로 서있다. 아니면 오히려 행동하면서 **생생하게 완전한 진실 속에서** 성큼 나아간다. 그의 모든 비유와 자연풍경 또한 이 완전한 **가시성**에 참여한다. 그것들은 서서히 사방에서 뒹구는데, 이는 흡사 모든 면에서 그것들의 본성의 불변성을 영원하고 확고하게 표현하고 제공하기 위함이다. 트로이 앞의 벌판보다 더 밝은 곳은 없다. 항상 밝은 아시아의 하늘 아래에서 영웅들의 모습이 차례차례 나와, 말하건대 어떤 행동의 추이도, 함께 활동하는 어떤 일원도 불확실한 해석 속에 놔두지 않는다. 호메로스는 격렬한 전투의 혼잡 속에서조차 목격자의 눈이 안개와 혼란 없이 있게 할 정도로 무리를 가르는 일에도 신경을 썼다. 그리고 시의 실마리에 관련해서 말하자면, 그것은 마치 운명의 여신의 손에 이끌리듯이 그렇게 끊임없이 가만히 이야기의 실타래에서 풀린다.

오시안의 시에서는 모든 것이 다르다. 그가 그리는 인물들은 안개에 싸인 인물들이며 그런 인물들일 것이다. 그들은 느낌의 가벼운 입김으로 만들어져 바람처럼 빠져 지나간다. 이렇게 구름에 사는 저 영들만 나타나는 것은 아니다. 이 영들을 통해 별은 넌지시 드러난다. 오시안은 연인들의 모습 또한 표현하고 그리기보다는 암시한다. 그들의 걸음 혹은 그들의 목소리가 들린다. 그들의 팔과 얼굴에 어린 미광이 미끄러져 지나가는 빛처럼 보인다. 그들의 머리카락은 바람에 부드럽게 날린다. 그들은 그렇게 빠져 나와서는 그렇게 빠져 지나가 버린다. 이와 마찬가지로 그는 영웅들을 있는 그대로가 아니라, 다가오듯이, 나타나서는 사라지듯이 그린다. 오시안의 시에 영의 세계가 있다고 한다면, 호메로스의 작품에서는 그 대신 생생한 육체의 세계가 움직인다. 호메로스의 작품에서 **보는** 행동을 오시안의 시에서는 걸음과 표시와 작용을 통해 마치 **예감하는** 듯할 따름이다. 결국 **시의 도입부**(Exposition)와 관련해서 말하자면 맥퍼슨과 블레어는 이 점에서 두 시인을 단지 비교만 하게 되지 않도록 조심했어야 했다. 호메로스의 작품에서는 모든 것이 저절로 이야기된다. 하나의 이야기는 계속해서 다른 이야기로부터 나온다. 이에 반해 『핑갈』과 『테모라』는 모호하게 정렬된 시로 삽화가 가득하지만, 이 삽화를 감각적으로 뒤따라가는 것은 때때로 힘들다. 오시안은 개별적인 작은 이야기 속에서 가장 사랑스러운 모습을 만든다. 이 이야기는 때로는 영웅적인 로만체로, 때로는 감동적인 전원시로, 때로는 순수한 서정적 작품으로 간주될 수 있다. 그런데 몇몇 이야기는 예를 들면 「코말라」는 드라마에 근접한다. 그런 이야기들 속에서 오시안의 **정신적 묘사**가, 비애와 사랑과 순진함으로 가득한 그의 마음이 나타난다. 어쩌면 오로지 맥퍼슨이 이야기를 서사적으로 계속 이끌어 가는 방식을 좀 더 큰 작품에 도입했는데, 이는 오시안의 묘사방식에 완전히 낯선 것 같다.

그 결과 두 시인은 전혀 상이한 영향과 결과를 초래했음이 틀림없다. 신들과 영웅들을 **형상화하**려는 자는 오시안이 아닌 호메로스에게로 가라. 오시안의 시에서는 하나의 인물이든 다른 인물이든 본래 **예술가를 위해서** 그려진 것은 없다. 오시안에 열광하는 화가는 자기 자신 속에서 퍼내야 한다. 그가 그 자신의 시인[오시안]에게서 이용할 수 있는 것은 느낌의 색채와 상황의 명암뿐이다. 이와는 달리 오시안의 시에서 감정의 샘은 가장 다정스럽고 윤리적인 신념으로 가득 차 있다. 이런 신념을 호메로스는 자신의 영웅들에게 부여할 수 없었다. 이 점에서 두 시인이 구별되는데, 이는 **알프스 산맥 이쪽 세계와 저쪽 세계**가 구별되는 것과 같다. 북구에서 자연은 인간에게 더 많은 압박을 가했고, 인간에게 더 딱딱한 피질에다 외부로부터 더 많은 수고를 주면서 그의 가슴속에 어쩌면 윤리적 감정의 더 깊은 바위샘을 팠다. 더 따뜻한 남구 지역에서는 자연이 더 많이 펼쳐진다. 인류는 더 느슨하게 흩어져서는 주변에 있는 모든 것에 더 쉽고 더 생생하게 자신의 생각을 털어놓는다. 이에 반해 북구의 하늘과 외로운 교제와 곤궁과 위험만이 형성해줄 수 있었던 느낌은 어쩌면 일깨워지지 않는다. **비록 비교적 좁은 영역에서이지만 노래의 집중적인 힘**은 오시안의 큰 장점이다. [이와는 달리] **가장 폭 넓은 전달의 벌판**에서 작용하는 **포괄적인 힘**은 호메로스의 큰 장점으로 남는다.

따라서 오시안의 시대에는 펼칠 수 없었던 것이 호메로스에서 생겼다. 호메로스는 신생 민족과 더불어 개화했고 그의 월계수는 이 민족의 각 새로운 명성의 화관 속에 엮어 넣어졌다. 그는 그리스 전체가 감행한 최초의 전쟁을 노래했다. 이후에 그리스가 페르시아 사람들에 대항하여 더 큰 시도를 끝냈을 때에는 아이스킬로스와 소포클레스 등이 호메로스의 향연을 가지고 좀 더 새로운 취향에 맞게 조리해서는 동료 시민들에게 대접할 수 있었다. 전체 그리스 종족의 영광은 호메로스의 노래에서 싹이 텄고, 이 민족의 제각기 새로운 근면함과 더불어 온갖 유형의 풍성한 꽃을 피우고 온갖 유형의 열매를 맺었다. 왜냐하면 이 꽃과 열매 위에 비교적 청명한 하늘이 비쳤기 때문이다. 그것들 주위에서는 이오니아와 그리스와 이탈리아의 바람이 불었다.

4.

그런데 오시안은? 어떤 나무에서 그것이 본성상 맺을 수 없는 열매를 기대하는 것은 부당하다. 오시안이 자기가 살던 곳에서는 호메로스였다고 하자. 다만 그는 전혀 다른 입장에 있었다. 그는 조상인 영웅족 가운데에서 최후까지 살아남은 사람이자, 명성 많은 핑갈이 거둔 업적의 증인이며 그 업적의 조력자이고, 이제 노령에는 약해져가는 후세를 위한 영웅시대의 마지막 목소리이다. 이것이 그 가인의 관점이며, 이 관점에는 동시에 그의 작시법의 전체 특성이 들어 있다. 그는 **이전 시대의 목소리**이다. 하지만 후일을 일깨우는 호소를 수반하지 않은 서글픈 목소리이다.

각 나라에서는 국가의 대내외적 계기에 따라 민족의 노래가 형성된다. 그 다음에는 이 노래가 이런 계기의 한 지점 위에 가만히 서서 특성을 얻는다. 그리스인들에게는 **트로이 전쟁**이 이와 같은 특성 지점(Charakter-Punkt)을 부여했고, 호메로스는 가인으로서 이 전쟁을 확인했다. 게일족 사람들 사이에서는 **영웅족의 종말**이 특성 지점이었으며, 오시안은 이것의 서글픈 공표자였다. 여러 시대 중에 이처럼 비탄하는 **시기**와, 이와 더불어 후대에게는 사실 애잔하지만 동시에 진정시키는, 고대 전설의 어조는 도대체 어디에서 게일족 사람들에게 왔을까? 그런 어조를 야기한 것은 이민족의 억압이었나? 아니면 기독교 수도사인 **쿨디들**[24]의 밀고 들어오는 종교이었나? 시를 보면 이 두 가지 요소가 암시된다. 그런데 도대체 왜 그렇게 애매할까? 가령 지금까지 수집가들은 단지 예의상, 게일족 사람들의 목소리가 이들의 옛 영웅의 명성의 몰락에 부여했던 가혹한 구절과 어조를 비밀로 했을까? 아니면 이 목소리는 참으면서 흡사 침묵했고 어쩌면 침묵해야만 했을 정도로 그렇게 잔잔했던가? 어찌되었든 이에 대해서는 알려줘야만 할 것이다. 왜냐하면 한 민족이 **하소연하**지 않은 채, 자기 파멸의 원인을 알리지 않은 채, 그리고 비록 공허한 시도일지라도 조상의 정신을 다시 불러들여 고무하지 않은 채 **탄식**만 한다는 것은 불가능해 보이기 때문이다. - 오시안의 노래에서는 이에 대한 흔적이 거의 보이지 않는다. 구름 낀 지역이, 하늘에 있는 조상의 거처가 이들의 유일한 위로이다. 지상에서 이들은 서글픈 황야와 사라진 걸음을 본다. 이들은 점차 사그라지는 어조를 듣는다. 이로 보건대 이 노래는 선조의 명성과 행복을 즐길 수 없었던 **억압당하며 견디는** 민족 속에서 계속 불려졌다.[25]

자연에 몇몇 계절이 있듯이, 인간의 역사에도 그런 것이 있다. 민족들 또한 나름의 봄, 여름, 가을과 겨울이 있다. 오시안의 시는 **자기 민족의**

---

24 (옮긴이의 주) 쿨디(Culdee, 헤르더는 'Culdäer'로 표기)는 '신의 숭배자'라는 뜻으로 9세기경 아일랜드와 스코틀랜드에 있었던 수도회의 수도사를 일컫는다.

25 (원주) 아일랜드 [왕립] 학술원은 오시안이 한 기독교 사제와 나눈 대화를 공개했는데, 이것은 독일어로도 번역되었다. 거기에는 거친 구절들이 들어 있어, 그중 몇 구절의 공개는 보기에도 통제했어야만 했다. 하지만 분명한 점은 그것들이 후대의 것이고 오시안의 다른 시를 특징짓는 고귀한 특성이 없다는 것이다. [오시안과 기독교 사제가 나눈 대화에 대해서는 SW 24, 38-42 참조.]

가을을 표현한다. 잎은 물들고 구부러지며 노르스름한 빛깔을 띠다가 떨어진다. 잎을 떼어내는 미풍에는 상쾌한 봄기운이라고는 없다. 그럼에도 불구하고 미풍이 지는 잎과 더불어 하는 유희는 서글프면서도 유쾌하다.

탄식 또한 우아함이 없는 것은 아니다. 밈네르모스[26]와 솔론의 비가, 「예레미아」와 「시편」에 실린 유대인 포로생활에서 나온 비탄은 우리를 감동시킨다. 이것들보다 더 강력한 감동을 주는 것은 욥의 절규이다. 그리고 지적 장애자인 아들과 아버지, 버림받은 신부, 홀로된 남편, 사라지는 영웅족에 대한 오시안의 탄식에 이제껏 심금이 울리지 않았던 사람이 있었던가? 탄식의 어조는 언어의 뿌리 속까지, 말의 파생과 연결 속까지 파고들었을 정도로 이 무사 여신의 특징이었다. 모든 보고에 따르면 같은 말의 울림과 노래의 창법은 동일한 표현을 지닌다.

내가 오시안이 오용될 수 있다고 인정하는 경우는, 그의 느낌은 없는 채 그의 어조를 따라 부를 때뿐만 아니라, 지나치게 홀로 비애에 찬 그의 감정에 잠기고 무기력하게 그의 이미지를, 그의 달콤하고 모호한 위로를 즐기는 때도 그렇다. 그럼에도 불구하고 그의 노래에는 인류의 가장 내밀한 관계와 상황에 대한 아주 순수한 개관 또한 있어, 이렇게 말해도 된다면 나는 이 **순수한 인간적인 입장과 느낌**이 진주가 박히듯이 모두 작곡되기를 바랐다.[27] [그렇게 된다면] 저절로 그 노래는 여기에서는 부드러운 레치타티보가, 저기에서는 비애에 찬 느낌의 외침이 되고, 여기에서는 정열적인 낭독이, 저기에서는 이에 귀와 마음을 거의 닫을 수 없는

---

26 (옮긴이의 주) 밈네르모스(Mimnermos)는 기원전 7세기경에 활동했던 그리스 시인이다.

27 (원주) 우리는 이 작곡을 위해 그러한 정선된 오시안 구절들의 모음집이 곧 출판될 것이라는 희망을 줄 수 있다.

목소리와 합창의 교대가 될 것이다. 예를 들면 지그문트 제켄도르프[28]가 펴낸「다르툴라의 만가(輓歌)」[29]를 현악에 맞춰 부르는 것을 들었던 사람이라면 다음과 같은 부름에

다르툴라여, 깨어나라!
봄은 바깥에 있고 바람은 살랑거리며
푸른 언덕 위에는 아리따운 소녀가
꽃을 엮고 있구나! 작은 숲속에는 싹트는 잎이 물결친다.

그리고 다음과 같은 서글픈 이별에

결코, 오 다시는 태양이 네 쉬는 곳에 와
너를 깨우지 않을 것이니 깨어나라!
네가 무덤 속에서 오랜 잠을 자고 있으니
네 아침놀은 아득하구나.

그럼, 영원히, 영원히 피하거라, 태양이여
콜라의 그 소녀를. 그녀는 잠자고 있다!
결코 그녀는 부활하여 다시 아름다움을 회복하지 못하리
결코 너는 그 사랑스러운 소녀가 거니는 것을 더 이상 보지 못하리!

내적으로 감동을 받지 않겠는가. 내가 이 노래와, 마찬가지로 제켄도

---

28 제켄도르프(Karl Siegmund von Seckendorff)는 군인이자 시인이며 작곡가로서 3권으로 구성된 모음집『피아노 반주를 곁들인 민요와 다른 노래 *Volks- und andere Lieder, mit Begleitung des Forte piano*』(1779-82)를 펴냈다.

29 「다르툴라의 만가 *Darthula's Grabesgesang*」는『피아노 반주를 곁들인 민요와 다른 노래』에 실렸고『민요집』(FHA 3, 319; SW 25, 423)에도 수록되었다. 다르툴라(Darthula)는 콜라(Colla)의 딸로 나토스(Nathos)를 사랑했는데, 아일랜드의 권좌를 찬탈하려는 카이바르(Cairbar)의 구애를 받는다. 나토스는 카이바르와의 전투에서 전사하고, 그녀 자신도 화살에 맞아 치명상을 입는다.

르프가 작곡한 탄식하는 빈벨라를 들었을 때, 그의 영이 떠돌다 사랑스러운 소리로 내려와 함께 그 소리를 경청한다는 생각이 들었다.

이탈리아는 말할 것 없고 모든 국가에서 오시안은 시련을 이겨냈다. 우리 독일인이 오시안에게 빚진 것은 게르스텐베르크의 『미노나』,[30] 클롭슈토크의 『송가』,[31] 코제가르텐[32]과 데니스의 시 등에서 보이는 몇몇 섬세한 어조뿐만이 아니다. 오히려 몇몇 유럽 국가 간에 벌어진 시대의 운명을 목소리에 담고자 하는 사람이라면 오시안과는 다르게 노래하고 탄식할 수 있을까?

5.

뷰캐넌[33]의 저서 『1782-1790년 동안 서부 헤브리디스 제도 일주여행』[34]을 읽어보라. 이 고결한 저자는 자신의 보고에서 한 치의 거짓이 있으면 입증해달라고 모든 이에게 요청한다. - 어째서 이 고귀한 고대 종족들은 평가 절하되고 있단 말인가! 그들은 어떤 상태에 빠졌단 말인가! 뷰캐넌은 말한다. "우리가 전에 했듯이 서부 헤브리디스 제도를 전반적으로 개관하면, 서글픔과 억압의 이미지가 가장 빈번하게 나타나

---

30 『미노나』(1785)의 원제는 "미노나 혹은 앵글로색슨인들 Minona oder die Angelsachsen"이고 "4막으로 구성된 비극적인 멜로드라마 ein tragisches Melodrama in vier Akten"라는 부제를 지니고 있다.

31 클롭슈토크의 『송가 *Oden*』는 1750년에 출판되었다.

32 (옮긴이의 주) 코제가르텐(Ludwig Gotthard Kosegarten)은 독일 시인이자 번역가이며 목사이다. 12권으로 구성된 그의 『문학작품집 *Dichtungen*』(1824-27)에는 많은 시가 수록되어 있다.

33 뷰캐넌(George Buchanan)은 스코틀랜드 학자이자 역사가이다.

34 (원주) [『1782-1790년 동안 했던 서부 헤브리디스 제도 일주여행 *Reisen durch die westlichen Hebriden während der Jahre 1782-1790*』은] 1795년 베를린에서 번역되었다.

고 도처에서 두드러진다. 전체적으로 보아 이 섬들은 비탄과 다양한 모습의 비참함의 우울한 거처이다. 왜냐하면 거주민들은 짐 나르는 짐승 취급을, 이보다 더 나쁜 취급을 받고 있기 때문이다. 궁핍과 피멍 자국이 노예를 종속에, 쌓여가는 조소와 치욕에 완전히 무감각하게 할 수 없다면, 억압당하더라도 결코 감각과 정신을 잃지 않는, 구성원 수가 많은 민족의 눈물과 탄식과 비명은 틀림없이 위정자에게 동정과 구제를 구한다."[35]

수 백 년 동안 억압당한 후에도 오시안의 게일족 사람들은 여기에서도 여전히 식별할 수 있다. 뷰캐넌은 말한다.[36] "전체적으로 서부 헤브리디스 제도 거주민들은 타고난 좋은 능력을 지니고 있어 더 빨리 파악하며 어쩌면 어딘가 내륙에 거하는 사람들이 흔히 하는 것보다 더 깊이 대상에 파고든다. 이럴 수밖에 없는 이유는 그들이 상이한 정서를 지닌 사람들과 아주 많이 교제하기 때문이다. 그들은 항해로 인해 매일 이들을 접하며 이들 때문에 조심스럽고 활동적이며 호의적이게 됨에 틀림없다. 또한 그들은 상존하는 위험으로 인해, 끊임없이 전념하는 생활공간에서 불가피하게 자기보존을 위해 눈과 감각이 항상 경계태세를 갖도록 할 수밖에 없다. 그리고 이런 지속적인 훈련이 그들에게는 확고한 습관이 되어, 이는 삶 속에서 활동할 때마다 그들에게 나타난다."

"그들은 문학과 성악과 기악에 대한 적절한 소질을 지니고 있다. 특히

---

35 (원주) [뷰캐넌의 저서의] 독일어 번역 174쪽, 175쪽을 보라. 이 작은 책을 처음부터 끝까지 읽되, 특히 43쪽, 44쪽, 184쪽을 읽어라. 저자는 보기 드문 박애적인 방법으로 이 민족[게일족]을 위해 애썼다. 섭리가 그의 진지한 노력을 축복해주기를 빈다. 그가 약속하고 있는 저서 『핑커턴에 맞서 게일족 사람들의 구제 혹은 게일족의 고대 유물 *Rettung der Galen gegen Pinkerton oder die Galischen Altertümer*』은 우리가 오시안에 대해 원하는 점에 있어서도 어쩌면 우리에게 도움이 될지 모른다.

36 (원주) [뷰캐넌의 저서의 독일어 번역] 71쪽-73쪽, 74쪽, 75쪽, 125쪽을 보라.

유이스트[37] 양(兩) 섬에서 그렇다. 여기에서는 단지 부자연스럽지 않은, 오히려 매우 날카롭고 신랄한 풍자의 순간적인 토로를 듣게 되는데, 이는 골수에 사무치고 가시가 앉게 한다."

"바로 이 노래를 관통하는 것은 깊이 느낀 감동의 섬세하고 부드러운 소리이다. 이는 영혼에 진심어린 감정과 사랑을 느끼게 해준다. 또한 상실한 연인과 친구에 대한 비애에 찬 탄식과 비탄의 어조가 들린다. 그리고 그러한 가인들은 고귀한 사람들 사이에만 있는 것이 아니라, 오히려 최하위 계층 가운데에 있다. 이 점에서 이들의 노래는 지금까지 알려진 영국과 스코틀랜드의 모든 옛 노래를 능가하며, 진정한 노래 전문가들 사이에서도 아주 많은 합당한 갈채를 받았다. 게일어가 충분히 알려진다면, 그들의 음악이 가미된 명작들은 취향과 우아함이 지배하는 모두 무대에서 자랑거리가 되고 경탄을 자아낼 것이다."

"그들의 **루이냐크**[38]와, 스며드는 모든 목소리의 조화는 형용할 수 없을 정도로 듣기 좋다. 그들이 빙 둘러 서서 손과 천을 움직이는 것을 보면 눈 또한 바빠진다. 성악과 기악은 그들의 사교 오락이다. 춤의 능숙함에 있어서 그들은 아마도 다른 모든 민족을 능가한다."

"서민들은 이해력이 놀랄만하게 빠르다. 부녀자들은 남정네와 마찬가지로 능숙한 직조공이다. 그들은 몇 개월 만에 이 기술을 배운다. 그때 그들은 힘차게 **유럼**[39]과 **루이냐크**를 부른다. 한쪽이 주성부를 이루고 다른 쪽은 합창을 이루며, 합창은 각 노래 법칙에 따라 두 번 혹은 세 번 반복된다. 그들의 노래의 달콤한 소리는 대개 수많은 경청자들을 끌어와

---

37 (옮긴이의 주) 유이스트(Uist) 섬은 아우터 헤브리디스 제도에 있는 섬으로 북쪽 섬과 남쪽 섬으로 나뉘져 있다.

38 루이냐크(Luinneag)는 게일족의 시 형식이다.

39 유럼(Jorram)은 루이냐크와 마찬가지로 게일족의 시 형식이다.

이들은 함께 합창하게 된다."

뷰캐넌은 세인트 킬다 군도[40]에 대해 이렇게 쓰고 있다. "[이 섬의] 남녀들은 노래를 좋아하며 아름다운 목소리를 갖고 있다. 그들의 천부적인 시작(詩作)의 소질과 성향은 다른 헤브리디스 제도 원주민들의 그것들 못지않다. 그들의 노래를 들으면 그들이 묘사를 좋아하고 비범한 상상력을 지니고 있음을 알 수 있다. 노래 대상으로는 연인의 매력과 새잡이 혹은 어부의 영웅적 행동, 그리고 낭떠러지 사이에서 이들에게 닥치는 서글픈 죽음도 있다."

"해리스[41]에서처럼 남정네들은 노를 저으며 노래하고, 일할 때는 두드리면서 박자를 맞추는 노래시합과 합창을 통해 생기를 북돋는다." - - 이 불쌍한 게일족 사람들에게 제2의 핑갈이 다시 온다면, 그의 아들 오시안도 나타날 것이다. [그러면] 오시안은 **핑갈이 선창했고 서글픈 시대가 유감스럽게도 계속 노래해야만 했던** 영웅들의 몰락, 억압, 비탄과 비애를 더 이상 노래하지 않을 것이다. - -

---

40 세인트 킬다 군도(St Kilda)는 아우터 헤브리디스 제도에 속하는 섬이다.

41 해리스는 헤브리디스 제도에 있는 루이스 앤드 해리스 섬(Lewis and Harris)의 남부지역을 가리킨다.

헤르더의 오시안 관(觀)[1]

1. 18세기 독일에서의 오시안 수용

18세기에는 루소의 문화염세주의 영향으로 자연인과 야생적인 민족에 대한 관심이 많았다. 이는 멀리 떨어진 이국적인 세계에 대한 동경과 어우러져 북구 및 이곳의 거칠고 때 묻지 않은 자연을 노래한 음유시인에 대한 주목으로 이어졌다. 특히 전설적인 켈트족 시인인 오시안에 대한 관심은 범유럽적인 현상이었지만, 독일에서처럼 오시안이 열광적으로 수용된 곳은 없었다. 오시안 시에서 느껴지는 우울하고 감상적인 정조는 봉건절대주의 체제와 규범화된 틀 속에서 살고 있었던 당대 독일 청년들의 정서에 부합했던 것이다. 독일에서의 오시안 수용은 1760년대 말부터 1770년대 초에 절정에 이른다.

맥퍼슨은 『고대시가 단편』과 『핑갈』, 그리고 『테모라』에 이어 1765년에는 오시안 전집인 『핑갈의 아들 오시안의 작품』을 출판했다. 맥퍼슨이 오시안 시를 발견한 것은 "금세기의 가장 중요한 사건들 중의 하나"로 인식될 만큼 독일에서 그 영향력은 막강했다.

데니스는 그동안 숙원사업이었던, 오시안 시의 최초 독일어 완역본인

1 이 글은 옮긴이의 논문 「헤르더의 오시안 관(觀)」(『독일문학』(112(2009), 105-127쪽))을 수정한 것이다.

『고대 켈트족 시인 오시안의 시』를 출간했다. 헤르더는 오랫동안 고대하던 독일어 완역본을 보고 데니스의 "상당한 성실성과 취향"을 느꼈으며, 이 번역본으로 인해 오시안이 널리 알려졌음을 인정했다. 헤르더는 데니스의 공적을 시인하면서도, 그가 오시안 시를 6보격시행으로 옮겨 본래의 시에 담긴 맛을 제대로 살리지 못한 것에 대해, 오시안의 손에 있던 "아주 많은 현으로 된 탁월한 황금 하프"가 번역자의 손에서는 "두 개의 북채가 딸린 목재 북"으로 변질되었다고 비판했다.

데니스의 번역에 실망한 헤르더는 신구(新舊)논쟁의 관점에서, 그리고 민요와 관련지어 오시안에 대한 생각을 정리하여 「오시안과 옛 민족들의 노래에 관해 주고받은 편지 발췌」를 집필했다. 데니스가 영역본 오시안 시를 번역하여 오시안 수용의 토대를 마련했다면, 헤르더는 위 논문을 통해 오시안에 대한 이론적 기초를 닦았다고 할 수 있다. 그리고 괴테는 오시안 수용의 대표적인 문학적 성과물인 『젊은 베르터의 고뇌』를 창작했다.

오시안 시에 대한 열광적인 수용과 더불어 그의 시의 진위 문제는 처음부터 제기되었다. 맥퍼슨은 『핑갈』에 대한 서문에서 밝히기를, 지인들의 권유로 스코틀랜드 하이랜드 지역을 방문하여 오시안 시를 찾아 수집한 상태 그대로 독자 앞에 내놓았다고 한다. 그리고 「오시안 시대에 대한 논문」에서는 "직역"을 원칙으로 삼아 원문의 문장과 문체를 모방하려 했다고 주장한다. 이로써 그는 오시안 시의 수집활동에 담긴 자신의 진정성을 강조한다.

헤르더가 "탁월한 주석가"의 전형이라 칭했던 블레어는 「핑갈의 아들 오시안의 시에 대한 비판적 논문」에서 맥퍼슨이 수집하여 번역했다고 하는 오시안 시가 진짜라고 주장한다. 그 증거로 그는 "필적"과 "살아있는 수많은 증인"을 내세운다. 또한 그는 문화사적인 측면에서 오시안 시에서 드러나는 인류 초기의 생활양식인 "수렵생활"을 지적하면서, 이는 그의 시가 그만큼 오래되었음을 방증하는 자료라고 주장한다. 그 밖에 그는 오시안 시에서 종교나 씨족에 대한 언급이 없는 것도 거론한다. 그에 따르면 오시안이 살던 당시에는 고대 켈트족의 고위 성직자였던 드루이드들이 몰락했고, 씨족이 아직 형성되지 않았다.

오브라이언은 1764년에 'M. de C.'라는 가명으로 논문을 기고했는데, 그 일부가 『환담』 지(誌)에 실렸다. 그는 블레어와는 달리 맥퍼슨이 펴낸 오시안 시의 진정성에 의문을 제기함으로써 독일에서 처음으로 오시안 시의 진위 논란에 불을 지폈다. 오브라이언은 오시안 시에 나타나는 오류와 모순점 등을 지적하며, 맥퍼슨이 수집했다고 하는 시는 실은 맥퍼슨 자신이 쓴 것이라고 주장한다. 게르스텐베르크 또한 『문학의 기이함에 대한 편지』에서 맥퍼슨이 발간한 오시안 시의 진정성을 의심한다.

그러나 헤르더는 「오시안과 옛 민족들의 노래에 관해 주고받은 편지 발췌」에서 자신을 오시안 작품의 진정성을 옹호하는 "변호인"으로 소개하며, 맥퍼슨이 오시안 시를 창작했을 가능성을 배제한다. "그런 것을 맥퍼슨이 지어냈을 리 만무하다! 그런 것은 금세기에는 지어낼 수 없다!" 하지만 「호메로스와 오시안」에서는 더 이상 오시안 시의 진위에 얽매이지 않는다. 이 논문에서 그는 맥퍼슨이 오시안 시를 수집하여 그대로 펴냈을 경우와 기본 자료를 토대로 창작했을 경우, 이 두 가지 가능성 모두를 열어놓고 논의를 전개한다. 먼저 헤르더는 솔론과 힙파르코스가 호메로스의 작품을 망각의 늪에서 건져내 후세에 전했음을 거론하고, 이들에 빗대어 맥퍼슨을 "오시안 작품의 불멸의 편집자"라 칭하며 그의 공적을 치하한다. 그러나 맥퍼슨이 "오시안의 가면을 쓰고" 수집한 자료에서 질이 떨어지는 것은 제하고, 당대나 고대에서 우수한 것을 골라 이에 덧붙여 오시안 시라고 내놓았다 할지라도, 헤르더는 맥퍼슨의 이런 행위를 나쁘게 평가하지는 않는다. 오히려 이것을 불가피한 상황에서 어쩔 수 없는 "성스러운 기만"으로 간주한다. 이로 보건대 오시안 시에 대한 문헌학적 측면의 평가는 헤르더에게 그리 큰 의미를 지니지 못한다. "오시안 노래의 진정성에 이론(異論)이 제기되었을 때, 나는 이런 논란 때문에 오시안의 하프 주변에 맴도는 영령의 목소리를 귀담아듣는 데 방해를 받지 않았다."

오시안 시의 진위에 대한 비판적인 검토 이외에 오시안 시의 원전이나 영역본을 독일어로 번역하려는 노력도 있었다. 데니스 이외에 일례로 괴테를 들 수 있다. 그는 슈트라스부르크에 머무는 동안 이곳에 잠시 들른 헤르더를 통해 오시안에 관심을 갖게 된다. 언어에 능통했던 괴테는 맥퍼슨의 영역본에 만족하지 않고 『테모라』 제7권의 일부를 원어인 게일어(語)에서 직접 독일어로 번역한다. 괴테는 번역한 『테모라』를 헤르더에게 전달하여 그에게 원어로 오시안 시를 읽고자 하는 욕구를 불러일으켰을 뿐만 아니라, 맥퍼슨의 영역본에 대한 그의 견해에도 영향을 준다. 또한 괴테가 오시안 시의 영역본을 독일어로 옮긴 것도 간과할 수 없다. 『젊은 베르터의 고뇌』의 말미를 보면 베르터가 번역한 오시안 시를 로테에게 읽어주는 장면이 나오는데, 이것은 오시안 시의 영역본 「셀마에 대한 노래」와 「베라톤」 일부에 해당한다. 이를 통해 오시안이 괴테에게 끼친 영향력을 가늠할 수 있다.

2. 헤르더와 오시안

2.1 고대 스코틀랜드에 대한 헤르더의 열광

헤르더는 고대 스코틀랜드인이 강한 시적인 본성을 지녔다고 본다. 그에 따르면 이 민족의 영혼은 용맹과 장엄한 사랑에 불타오르고, 이 민족의 사고방식은 영웅의 진지함으로부터 모종의 우울한 색채를 부여받았다. 특히 감정의 측면에서 볼 때 스코틀랜드인의 노래는 타의 추종을 불허한다. 심지어 헤르더에게 스코틀랜드인은 독일의 "조상"이며, 스코틀랜드 언어는 독일어의 "원천이고, 이들의 거친 노래는 태곳적 독일 정신을 반영해주는 "거울"이다. 스코틀랜드인의 노래에 매료된 헤르더는 비록 실현되지는 않았지만, 이들이 노래를 불렀던 그 현장에 가고 싶어 하는 강한 열망을 표현한다.

> 영국 여행[에 대한 계획]이 여전히 제 영혼 속에서 살아 움직였을 때 – 오, 벗이여, 당신은 제가 그 당시에 이 스코틀랜드 사람들을 [만나보는 것] 또한 얼마나 기대했는지 모르실 겁니다! […] 스코틀랜드 사람들에게로! 맥퍼슨에게로! 거기에서 저는 살아 있는 민중의 노래를 생생하게 듣고, 이것이 끼치는 모든 영향을 보며, 시(詩) 도처에 살아있는 장소를 보고, 이 옛 세계의 풍속에서 이 세계의 자취를 연구하고자 했습니다! 잠시 동안 옛 칼레도니아 사람[스코틀랜드 사람]이 되려고 했습니다.

뿐만 아니라 헤르더는 스코틀랜드에서 살고 싶어 한다. 왜냐하면 그가 꿈꾸는 "에덴"은 "거친 산 위에 있는, 서리와 폭풍과 안개에 휩싸인, 켈트족이 살던 낡은 오두막"이기 때문이다.

그렇다면 헤르더가 오시안을 비롯한 스코틀랜드인들에게 이처럼 열광하는 이유는 무엇인가? 길리스는 그 이유를 헤르더 특유의 "정신적인 기질"에서 찾는다. 그에 따르면 오시안 시에서 느껴지는 황량하고 우울하고 감상적인 분위기는 외롭고 어두우며 비통했던 삶속에서 형성된 헤르더 특유의 성향과 잘 들어맞는다. 하지만 헤르더는 「오시안과 옛 민족들의 노래에 관해 주고받은 편지 발췌」에서 그 이유를 난파당했던 개인적인 체험과 연관시킨다. 1770년 1월 프랑스에서 안트베르펜을 거쳐 암스테르담으로 여행하는 도중 헤르더가 탄 배가 헤이그 근처에서 좌초된다. 그때 그는 밤새 구조를 기다리며 『핑갈』을 읽게 되는데, 한밤중 바다에서 읽었던 오시안 시는 그의 뇌리에 깊은 인상을 남겼다.

그리고 헤르더는 신구논쟁의 측면에서 스코틀랜드인을 비롯한 야생적인 고대 민족의 노래에 대한 열광을 설명한다. 그에 따르면 근대인은 "모호한 개념과 어설픈 이념과 문자의 상징적인 의미"에 사로잡혀 있어서, 이들의 노래에는 "허위와 약함과 인위성"이 들어있다. 이에 반해 야생적인 고대인은 감각적이고 직관적이다. 이들의 "영혼과 입"은 밀접하게 연관되어, 이들의 노래에는 "진정한 생생함과 진실함"이 배어있다. 근대인은 감관을 사용하여 느끼기보다는 골몰하는 데 여념이 없지만, 야생적인 고대인은 감각을 통해 살아 있는 세계를 느끼며, 이 느낌을 즉각적으로 표현한다. 그래서 야생적인 고대인의 노래에는 "비약과 대담한 뚝 던짐"이 풍미한다. 이런 측면에서 헤르더는 근대인과 야생적인 고대인의 노래를 각각 "순간을 묘사하는 죽은 그림"과 "계속 진행되고 움직이는 생생한 장면"으로 극명하게 대비한다.

2.2 오시안에 대한 헤르더의 시각

2.2.1 근대문학의 활력소

블레어는 「핑갈의 아들 오시안의 시에 대한 비판적 논문」에서 오시안 시를 "마음의 시"라고 규정한다. 그에 따르면 이 시인의 마음은 충만하여 상상력을 자극하고, 그 속에는 고귀한 감정과 열정이 스며있다. 그의 시는 간단하고 간결하며 추상적인 개념을 찾아보기 힘들다. 그가 묘사하는 장면은 직접 접한 자연에서 나왔기에 생생하고 가식이 없다. 그의 시에서 풍부한 상상력과 숭고한 감정과 순수한 격정을 느낀 블레어는 그의 작품을 "보기 드문 진정한 천재성의 열매"라고 극찬한다.

블레어의 논문으로부터 많은 영향을 받은 헤르더는 오시안 시를 다음과 같이 표현한다.

> 소탈하고 소박하고 역사적인 오시안! […] 오시안은 행위, 사건, 과거지사를 노래한다. 이것들을 가장 간략하고 간결하며 진실한 말로 노래한다. 바로 진실함, 충동, 이와 동시에 자연스럽고 꾸미지 않은 단순한 상(像), 느낌, 표현방법. 이것들은 숭고하다! 이것들은 감동적이다! 우리는 순전히 살아있는 세계를 느끼고 보고 듣는다. 그 시인의 하프는 자연스러운 매체에 불과한 것으로 이를 통해 사건의 소리가 우리에게 밀려온다.

그런데 헤르더가 오시안 시에서 느끼는 꾸밈없음, 감정에 충실함, 진솔함, 생생함 등은 그가 야생적인 민족의 노래에서 확인하는 특징이기도 하다.

> 어떤 민족이 야생적일수록, 다시 말하면 생동할수록, 자유롭게 활동할수록, […] 그 민족에게 노래가 있다면, 그 민족의 노래 또한 더욱더 야생적임에, 다시 말하면 더욱더 생생하고 자유롭고 감각적이며 서정적으로 작용함이 틀림없습니다!

「오시안과 옛 민족들의 노래에 관해 주고받은 편지 발췌」의 논문 제목이나 내용을 보면 알 수 있듯이, 헤르더는 오시안 시, 페루인과 라플란드인 등의 노래를 야생적인 고대인의 노래라는 범주에 넣고, 이것들을 생기를 잃어가는 근대문학의 대안으로 제시한다. 이로 보건대 그는 오시안 시를 '야생적임'이라는 "원시주의적인 담론"의 측면에서 고찰한다. 그렇다고 그가 루소처럼 문화염세주의의 세례를 받아 당대 문화 자체를 무시하는 것은 아니다. 그가 비록 오시안 시와 야생적인 민족의 노래에 열광하는 것은 사실이지만, 개화된 당대 문화를 폄하하지는 않는다.

헤르더는 '야생적임'을 문화가 아직 발달하지 못해 교화가 필요하다는 계몽 중심적인 시각보다는, 오히려 이것의 순기능에 주목한다. 그가 볼 때 오시안 시를 비롯한 야생적인 민족의 노래에서는 생동감, 자유로움, 감각성, 서정성이 느껴지며, 이러한 특성들은 오시안과 야생적인 민족에게는 자연스러운 것이다. 하지만 근대인의 경우, 이 자연스러움이 사라지고 대신 그 자리에 가식과 꾸밈이 들어선다. 그리고 근대 문학에서는 딱딱한 "종이"와 "죽은 문자로 이루어진 시행"이 풍미한다. 헤르더는 그 원인을 현실과의 직접적인 교감을 상실하고 사유에만 치중하여 불구가 된 근대인의 성향에서 확인하다.

> 우리는 더 이상 거의 보고 느끼지 못하며 오히려 생각하고 골몰할 뿐입니다. 우리는 생생한 세계에 대해서, 그 세계 속에서, 그런 대상과 그런 느낌의 질풍과 합류 속에서 시를 짓지 않습니다. 오히려 주제 혹은 주제를 다루는 방법 아니면 이 두 가지를 꾸밉니다. - 그런데 이미 아주 오랫동안, 너무나 자주, 너무 어려서부터 이것을 꾸며왔기에 이제는 물론 더 이상 자유로운 육성이 거의 성공하지 못할 겁니다. 왜냐하면 다리가 마비된 사람이 어떻게 걸을 수 있겠습니까?

따라서 헤르더는 오시안 시를 비롯한 야생적인 고대인의 노래에 담겨 있는 근원성과 자연성을 수용하여, 인위성의 범람으로 인해 점차 생명력을 잃어가고 있는 근대문학에 활력을 불어넣고자 한다.

2.2.2 독일 민족문학과 민요에 대한 관심 촉발

헤르더는 근대문학의 불구상태를 염려하듯이, 침체에 빠진 독일문학의 현실을 개탄한다. 다른 나라는 그래도 그 나라 특유의 전통과 문화유산을 소중히 여기고 활용하여 나름 민족문학을 꽃피웠던 반면, 독일문학에서는 여전히 외국 작품을 모방하는 데 급급하여 "다른 사람이 발로 짓밟은 것을 다시 씹는 머슴근성"이 아직도 지배적이었다. 헤르더가 근대문학의 건강을 회복시키려고 고대 민족의 세계로 거슬러 올라갔던 것처럼, 그는 독일문학의 독자성과 독창성을 일깨우기 위해 독일의 과거 문화유산에 눈을 돌린다. 그가 과거로 회귀하는 것은 과거 속에 현재와 미래의 보고(寶庫)가 묻혀있다고 생각하기 때문이다. 그는 한 예로 영국을 거론하면서, 고대 영국 시가라는 "씨앗"으로부터 셰익스피어와 같은 "훌륭한 숲"이 생겼다고 주장한다.

헤르더는 1773년 3월 11일 니콜라이에게 보낸 편지에서 밝히기를, "그 논문[「오시안과 옛 민족들의 노래에 관해 주고받은 편지 발췌」]을 집필하게 된 유일한 목적은 민중의 입에서 나온 남아 있는 민족가요를 수집하도록 촉구하는 것"이라고 했다. 그가 이처럼 잊혀져 가는 민요에 관심을 갖게 된 것은 한편으론 퍼시의 『옛 영국시의 자취』의 영향과 리가에서 직접 접한 라트비아 민요 때문이다. 그러나 다른 한편으론 민요의 주체인 민중에 대한 남다른 시각 때문이기도 하다. 현학자들이 무미건조한 정해진 틀에 갇혀 사유하고 구체적인 상이 떠오르지 않는 대상을 논하며 거짓으로 열정을 꾸며낸다고 하면, 민중은 감정과 상상력이 풍부하여 내면의 느낌을 진솔하게 직접적으로 표현한다. 그리고 민중은 민족문학의 핵심이다. "우리에게 민중이 없다면, 청중도, 민족도, 언어도, 우리의 것으로 우리 속에서 살아 움직이는 문학도 없다." 게다가 민중은 "청중 가운데 위대하고 존경할 만한 부류"이자, "우리 시대의 유일한 최고의 연설가"이다.

헤르더는 오시안 시와 고대 민족의 노래를 촉매로 사용하여 민요에 대한 관심을 불러일으키고자 한다. 그에게 오시안 시는 "배우지 못한 감각적인 민중의 **노래**"이다. 그리고 그는 오시안 시와 고대 민족의 노래에서 근대문학과 독일문학이 지향해야 할 특징들을 보는데, 이러한 특징들을 바로 독일 민요에서도 확인한다. "제가 여러 지역에서 알고 있는 민요와 향토가와 농부가는 분명히 언어의 생동감과 리듬과 소박함과 힘에 있어 스코틀랜드의 많은 로만체에 전혀 뒤지지 않을 겁니다.”

헤르더는 민요에 대한 관심을 자연스럽게 민요 수집으로 이어가 『민요집』를 출간하지만, 독일에서 민요수집의 어려움을 토로하기도 한다. “우리 독일인에게는 거리와 시장 구석구석에 그와 같은 노래[퍼시의 『옛 영국시의 자취』에 나오는 노래]가 틀림없이 있습니다. 그러나 우리들 경직된 바보들은 그 노래를 부끄러워합니다. 그 노래가 너무 모험적이고 제대로 운율에 따라 낭독되지 않기 때문이죠.” 그럼에도 불구하고 헤르더는 계속해서 민요 수집을 촉구한다.

> 다만 그것들[민요, 향토가, 농부가]을 수집할 사람은 누구일까요? 누가 그것들에 신경을 쓸까요? 누가 거리와 골목과 어시장에서 들리는, 시골주민의 현학적이지 않은 돌림노래로 불리는, 민중의 노래에 신경을 쓸까요? 누가 운율에 따라 낭독되지 않고 제대로 운이 갖춰져 있지 않은 경우가 허다한 노래에 신경을 쓸까요? 누가 그것들을 수집하고자 할까요? - 누가 아주 능숙하게 음절을 셀 수 있고 운율에 따라 낭독할 수 있는 우리 비평가들을 위해 그것들을 인쇄하고자 할까요?

2.2.3 고대 그리스 문학의 권위에 대한 도전

북구, 특히 오시안에 대한 관심은 고대 그리스와 로마를 중심으로 하는 18세기 당대 문화지형에 변화를 초래한다. 음유시인 오시안의 시가 발견되자 서양문학의 전범으로 간주된 호메로스의 절대적인 권위는 도전을 받는다.

> 고대인의 작품이라고 하면, 도대체 왜 고대 그리스인과 로마인의 작품만을 생각해야만 하는가? 다른 민족의 고대 시인 또한 [···] 고대 그리스인과 로마인의 시민권을 얻을 수 있지 않을까? — 그럼에도 불구하고 다른 어떤 민족의 위대한

> 정신이 만들어낸 말은 기껏해야 하나의 드문 현상으로 치부되곤 한다. 이런 말을 듣고 감히 감탄하려고 하지 않는 이유는 이로 인해 고대 그리스인과 로마인을 모욕한다고 생각하기 때문이다. 그런데 이들에게서 감탄할 점이라고는 이들의 작품이 희랍어나 라틴어로 쓰였다는 것뿐인 경우가 허다하다.

심지어 이 익명의 평론가는 고대 그리스인과 로마인을 제외한 다른 고대인들에 대한 편견과 선입견을 가리켜, 이들을 "이단자로 몰아세우는 행위"라고 비판하면서 당대의 편협한 세계관에 일침을 가한다.

마담 드 스탈은 오시안을 "북구의 호메로스"라 칭했다고 하며, 이로써 그동안 주목을 받지 못했던 오시안의 존재를 부각한다. 블레어는 오시안을 "문학의 천재"로 받들며 그를 여러 관점에서 호메로스와 비교한다. 그에 따르면 호메로스는 이념, 지식, 지성의 측면에서 탁월한 반면, 오시안은 마음과 느낌과 상상력의 측면에서 호메로스를 앞선다. "어떤 시인도 [오시안 보다] 마음을 더 잘 파악하여 녹일 수 없었다. 느낌의 품위를 고려할 때 오시안이 분명히 우위를 점하는 것은 당연하다."

오시안의 막강한 영향력은 괴테의 『젊은 베르터의 고뇌』에서도 드러난다. 이 작품에서 오시안의 세계는 호메로스의 세계의 대척점에 서 있으며, 작품의 주도권도 호메로스에서 점차 오시안으로 넘어간다. 베르터는 목가적인 분위기에서 호메로스의 작품을 읽으며 마음의 안정을 찾는다. 그러나 로테와의 사랑이 좌절되어 헤어 나올 수 없는 절망에 빠지자 죽음과 방황으로 점철된 오시안의 세계가 그의 마음을 사로잡는다.

> 내 마음속에서 오시안이 마침내 호메로스를 쫓아버렸다. 그 얼마나 굉장한 세계 속으로 이 영웅이 나를 끌어들이는가! 오시안은 자욱한 안개에 싸여, 어스름 달빛 속에서, 선조들의 영혼을 이끌어가는 비비람에 휘말리면서 끝없는 황야를 방랑한다. […] 아아, 친구여, 나도 마치 숭고한 용사의 한 사람이 되어 검을 뽑아들고 서서히 숨을 거두는 단말마의 고통으로부터 우리 영주 오시안을 단번에

> 해방시켜주고 싶다. 그리고 해방된 그 반신(半神)의 뒤를 좇아 나 자신도 저승으로 건너가고 싶다.

헤르더는 변화를 강조하고, 각 개체(민족, 문화, 시기 등)의 고유성을 중시하며, 특정 개체를 보편적인 규범으로 설정하는 것을 비판한다. 이러한 역사주의 입장에서 그는 호메로스의 절대적인 권위에 의문을 제기한다. 「시대의 총아 호메로스」에서는 이 시인을 가리켜 "최고(最古)의 시인"이자 "태곳적 세상사 지식과 세계사의 시조"로 떠받들며 그에게 "영원한 명성의 화관"을 씌워주지만, 「호메로스와 오시안」에서는 점차 이목을 끌고 있는 오시안을 부각하며 호메로스를 상대화한다.

먼저 헤르더는 풍토설의 관점에서, 즉 호메로스가 살았던 남구 그리스와 오시안이 활동했던 북구 스코틀랜드의 기후 차이를 언급한다. 하늘이 청명하고 기후가 온화한 그리스에서는 사람들이 쾌활하고 활달하며 이야기하기를 좋아한다. 이에 반해 폭풍우가 몰아치고 안개와 구름이 자욱한 스코틀랜드에서는 사람들이 움츠러들기 마련이다. 이에 따라 호메로스와 오시안이 지닌 시적인 힘은 차이가 난다. "**비록 비교적 좁은 영역에서이지만 노래의 집중적인 힘**은 오시안의 큰 장점이다. [이와는 달리] **가장 폭 넓은 전달의 벌판**에서 작용하는 **포괄적인 힘**은 호메로스의 큰 장점으로 남는다."

대상을 묘사하는 방법에서도 이 두 시인은 다르다. "다시 말하면 호메로스는 태곳적 이야기를 눈에 띄는 특별한 공감 없이 서술하는 반면, 오시안은 상처 입은 마음에서, 슬프고 기쁜 회상에서 그 이야기를 노래한다." 따라서 호메로스가 "단지 이야기꾼"의 입장에서 대상을 "**순전히 객관적**"으로 묘사한다면, 오시안은 "**가인의 심정**"에서 "**순전히 주관적**"으로 노래한다.

감각기관과 관련해서 볼 때 호메로스와 오시안의 차이는 두드러진다.

호메로스는 "목격자의 눈"으로 등장인물과 사건 등을 명확하게 그려내기에, 그의 작품에서는 "생생한 육체의 세계"가 움직인다. 이에 반해 오시안의 세계에서는 귀에 들리는 "외로운 하프의 음색"에 실려 전해오는 고통과 비애감과 애처로움이 주조를 이루기에, 그의 작품에서는 "영의 세계"가 느껴진다.

헤르더는 민족의 흥망성쇠라는 관점에서 호메로스와 오시안의 세계를 계절과 연관시킨다. 호메로스의 세계는 봄의 세계이다. 그는 "번성하고 있는 많은 종족과 섬으로 이루어진 신생 민족" 속에서 활동했으며, 후세대를 위한 "민족의 가장 광범위한 지혜의 근원"이 되었다. 이와는 달리 오시안은 노래를 통해 핑갈을 비롯한 조상들의 영웅적인 행위를 찬양했지만, 그 노래는 "축출된 한 민족의 마지막 목소리"로서 저물어가는 "**자기 민족의 가을**"을 묘사하고 있다. 오시안은 비록 호메로스와 대등한 문학적인 자질과 독창성을 지녔지만 더 이상 후세대를 기대할 수 없기에, 그의 시에는 우울한 정조가 지배적이다.

헤르더는 다방면에 걸쳐서 호메로스와 오시안을 비교하는데, 이는 그동안 독점적인 위치를 점했던 고대 그리스 문학의 권위에 대한 도전이자, 이에 상응하는, 아니면 이를 능가하는 "문학적인 대안" 찾기의 방편이라 할 수 있다.

3. 헤르더의 오시안 수용의 한계와 의미

오시안 시의 맥퍼슨 영역본에 대한 연구에 따르면, 맥퍼슨은 자신의 주장과는 달리 오시안 시를 전적으로 '직역'하지 않았고, 오히려 그의 시를 조작하거나 위조했다. 이로 보건대 헤르더의 오시안 수용은 재고해 볼 필요가 있다. 헤르더는 맥퍼슨의 영역본을 제대로 알지 못한 상태에서 오시안에 대한 견해를 피력한다. 그는 1771년 늦여름에 「오시안과 옛 민족들의 노래에 관해 주고받은 편지 발췌」를 집필하지만, 그 이후인 1771년 말에야 비로소 괴테로부터 맥퍼슨 영역본을 받고 이를 약 일 년 동안 연구하게 된다. 그리고 고대 게일어(語)나 에르스어(語)의 지식을 바탕으로 오시안의 시를 역사·비판적으로 검토하기 전에 오시안에 대한 이상적인 형상을 그린다는 점에서는 그의 "성급한" 면모가 드러난다. 따라서 헤르더는 오시안을 제대로 검증하지 않은 상태에서 이 음유시인에 열광하기 때문에 오시안에 대한 그의 평가에는 "과장된" 점이 있다는 비판은 타당하다.

그러나 헤르더의 오시안 관이 문헌학적으로 볼 때 비록 미흡한 점이 있을지 모르지만, 미학적이고 문화사적인 측면에서는 시사하는 바가 크다. 그는 오시안을 창조적으로 '오독'(誤讀)하면서 그의 작품에 내재해 있는 '정신'을 직감한다. 그는 이 '정신'을 원용하여 생기를 잃어가는 근대문학에는 활력을 불어넣고, 모방하기에 급급한 독일문학에는 자생력을 부여하고자 한다. 또한 민족 고유의 문화유산인 민요와 민요 수집에 대한 관심을 촉구함으로써 독일문학의 독자성과 독창성을 북돋는다. 게다가 당시 문화의 주류를 형성했던 남구의 고대 그리스·로마 문화의 일방주의에 대한 비판이자 대안으로 북구의 오시안을 제시함으로써 문화의 다양성 확보에도 이바지한다.

헤르더의 셰익스피어 관(觀)[2]

1. 18세기 독일에서의 셰익스피어 수용사

18세기에 독일문학은 아직 민족문학으로서의 기틀을 다지지 못했기에 외국문학의 영향을 많이 받았다. 이런 상황에서 18세기 독일문학에 가장 강력한 영향을 끼친 두 인물을 꼽으라고 한다면, 오시안 이외에 영국 극작가 셰익스피어를 들 수 있다. 셰익스피어는 16세기 말부터 영국 유랑극단을 통해 독일에 알려진 이후 수많은 찬반론을 야기했으며, 특히 질풍노도문학 운동가들 사이에서는 그를 숭배하는 현상까지 일어났다.

셰익스피어에 대한 지적 욕구는 폰 보르크의 『줄리어스 시저』 번역을 계기로 빌란트와 에셴부르크의 산문 번역과 슐레겔(A. W. Schlegel)과 티크의 운문 번역을 통해 충족되었다. 이 영국 극작가에 대한 이론적 고찰은 고트셰트와 슐레겔(J. E. Schlegel)을 시작으로 레싱과 빌란트와 게르스텐베르크를 거쳐 헤르더와 괴테에 이르기까지 활발히 진행되었다. 그리고 셰익스피어 수용의 대표적인 문학적 성과물로는 괴테의 『괴츠 폰 베를리힝엔』과 『빌헬름 마이스터의 수업시대』를 들 수 있다.

그럼, 이제 고트셰트부터 괴테에 이르는 셰익스피어 수용에 대해 살펴보자. 고트셰트는 셰익스피어가 독일에 소개되고 알려지는 것에 대해 극히 부정적인 반응을 보였다. 그의 규범 시학적 시각에서 볼 때, 이 영국 극작가의 작품은 "무대의 규칙과 건전한 이성의 규칙에 반(反)하는

2 이 글은 옮긴이의 논문 「헤르더의 셰익스피어 관(觀)」(『괴테연구』(30(2017), 61-82쪽))을 수정한 것이다.

잘못과 실수로 가득 차" 있어 "무질서와 비개연성"이 농후하다. 특히 그는 당시 폰 보르크가 번역한 셰익스피어의『줄리어스 시저』를 놓고서는 고상한 것과 저속한 것을 비롯한 온갖 것이 뒤섞여 있어 "역겨움 없이는" 도저히 읽을 수 없는 작품이라고 혹평하며, 번역가에게 이왕이면 셰익스피어 작품보다 더 좋은 것을 골라 번역하기를 바란다는 의견을 피력하기까지 한다.

슐레겔(J. E. Schlegel)은 폰 보르크의 번역에 나타나는 여러 잘못된 점을 지적하면서도 번역가의 수고와 노력은 높이 산다. 그는 고트셰트와 마찬가지로 삼일치 법칙에 대한 위반과 고귀한 인물들의 입에 오르내리는 거친 언사와 욕설 등에서는 셰익스피어 작품의 결점을 인정한다. 하지만 인간에 대한 심오한 지식과 스스로 인물을 창안하는 셰익스피어의 능력에 대해서는 감탄하며 고트셰트에 의해 실추된 그의 명예를 복권하고자 한다.

레싱은 프랑스 고전주의 연극을 모범으로 삼는 고트셰트와는 달리 영국 연극을 대안으로 제시한다. 프랑스 연극보다는 영국 연극이 독일인의 취향에 제격이라고 보기 때문이다. 레싱은 아리스토텔레스를 본받아 비극을 감정이나 정열을 환기해야 한다는 영향 미학적 측면에서 고찰한다. 그에 따르면 고대 그리스 비극의 규칙을 알지 못하는 셰익스피어가 이것에 정통하다고 하는 프랑스 극작가들 보다 비극의 목적을 더 달성하며, 바로 그렇기 때문에 그는 이들보다 훨씬 위대하다. 비록 그는 셰익스피어를 중점적으로 연구하지는 않았지만, "우리에게 천재가 있다면 그것은 바로 셰익스피어다."라고 말할 정도로 이 영국 극작가를 극찬한다.

셰익스피어와 관련하여 빌란트가 세운 업적은 무엇보다도 1762년부터 1766년까지 진행된 번역작업이다. 빌란트는 셰익스피어 작품에서 발견한 결점들조차도 생략하지 않고 그것들을 "일종의 아름다움"으로 간주하고 번역했음을 밝힌다. 부족한 영어실력과 불충분한 참고자료에도 불구하고, 번역하지 않고 넘어간 구절들이 있음에도 불구하고, 그의 번역은 셰익스피어에 대해 관심이 많았던 당시 독자들의 호기심을 충족시키기에 충분했다. 괴테는 빌란트의 번역을 가리켜 "일반적으로 이해가 쉽고 또 어떤 독자에게도 적합한 읽을거리"라고 말하며 이것이 독일에 엄청난 영향을 끼쳤음을 인정한다.

게르스텐베르크는 괴테와는 달리 빌란트의 번역에 대해 "실패한 시도"라고 혹평을 가하지만, 셰익스피어에 대해서는 매우 긍정적인 입장을 표명한다. 비록 셰익스피어가 전통적인 연극의 규범을 지키지 않아 그의 작품이 무질서하게 보일지 모르지만, 창작자의 의도와 작품 구성이 조화를 이루고, 작품 전체와 부분이 적절한 관계를 맺는 것을 보면 그의 작품에는 나름의 질서가 존재한다고 주장한다. 특히 그는 셰익스피어가 각 대상의 특징을 사소한 것이라도 짚어내어 표현할 수 있는 능력에서는 그의 천재성을 확인한다.

괴테는 1771년 10월 14일 지인들의 모임에서 한 연설인 「셰익스피어 기념일에 즈음하여」에서 셰익스피어를 처음 접했을 때의 감흥을 이렇게 적고 있다.

> 내가 읽은 셰익스피어의 첫 한 페이지가 나로 하여금 일생 동안 그를 떠날 수 없게 만들었으며, 내가 처음으로 접한 그 작품을 다 읽고 났을 때 나는 마치 어떤 기적의 손길로부터 시력을 선사받은 맹인과도 같이 거기 멀거니 서 있었습니다. 나는 무한히 확대된 내 존재를 지극히 생생하게 인식하고 느낄 수 있었습니다.

셰익스피어를 경험한 괴테에게 전통적인 연극의 규칙은 작가의 상상력을 제약하는 "쇠사슬" 혹은 "감옥"으로 느껴졌다. 괴테는 「셰익스피어와 그의 무한성」에서는 셰익스피어의 위대성을 상술하며 그를 "세계정신"과 동일시하기까지 한다. 그리고 『시와 진실』에서는 슈트라스부르크 유학시절 친구들과 함께 셰익스피어 작품을 읽고 토론하며 그에게 열광한 나머지 그를 숭배하기에 이른 과정을 기록했는데, 당시 괴테에게 셰익스피어는 "우리들의 아버지이자 스승" 혹은 "우리[들]의 시조"였다.

헤르더가 셰익스피어에게서 느낀 이미지는 괴테의 그것과 크게 다르지 않다. 헤르더는 「셰익스피어」를 시작하면서 이 영국 극작가의 모습을 다음과 같이 그린다.

> 내가 어떤 한 남자를 볼 때, "암벽 꼭대기 위에 높이 앉아 있다! 발치에는 폭풍과 뇌우와 거칠게 날뛰는 바다가 있지만, 머리에는 환히 빛나는 하늘이 있다!"라는 이 어마어마한 이미지가 떠오른다면, 그것은 셰익스피어를 가리킨다! […] 밑에서는, 바위로 된 그의 보좌의 가장 아랫부분에서는 무리가 중얼거린다. 이들은 그를 - 해명하고 구제하고 저주하고 변명하고 경배하고 중상하고 번역하고 비방한다! - 그런데 그는 이 모두의 말을 듣지 않는다!

보좌에 앉아 있는 이 "남자"를 보면 거대한 신의 이미지가 떠오른다. 이로 보건대 헤르더는 셰익스피어를 높이 떠받들고 있음을 알 수 있다. 그런데 특이한 점은 이 "남자"의 보좌 밑에 앉아 있는 "무리"이다. 이들은 셰익스피어에 대해 찬반론을 펼치는 비평가들을 가리킨다. 한쪽에서는 셰익스피어를 "저주"하고 "중상"하며 "비방"하는 반면, 다른 쪽에서는 셰익스피어에게 있어 부족하다고 하는 점에 대해 "해명" 내지 "변명"하고 그의 작품의 "번역"을 통해 그를 "구제"하고자 노력하며 그를 "경배"하기에 이른다. 문제는 이 셰익스피어가 양쪽 모두에 무관심하다는 것이다. 이는 헤르더가 기존의 셰익스피어론을 탐탁지 않게 본다는 것을 의미한다.

헤르더에 따르면 셰익스피어 반대론자들은 그의 작품에서 기존의 연극 규범에서 벗어나는 점들을 들추어내 이것들을 그의 "결점"이라고 비난하고 조롱하는 데 치중한다. 이에 대해 헤르더는 만약 그들의 생각처럼 그의 작품에서 그런 "결점"을 없애버린다고 한다면, 더 이상 셰익스피어의 작품은 존재하지 않을 것이라고 반박한다. 이와는 달리 셰익스피어 옹호자들은 그의 "결점"에 대해, 이는 그의 작품에 드러나는 "아름다움"을 통해 상쇄된다고 변명하고, 그의 위대함을 돋보이게 함으로써 그를 신격화하기에 이른다. 이에 대해 헤르더는 기존의 셰익스피어 신화를 허물고 새로운 셰익스피어상을 정립하고자 한다. 그는 셰익스피어 찬반론의 문제점을 의식하고서 「셰익스피어」를 통해 기존의 찬반론에 의해 흐려지고 뒤틀린 셰익스피어가 아니라, 셰익스피어 본래의 모습을 고찰하여 그의 이미지를 복원하고자 노력한다.

2. 헤르더의 「셰익스피어」

2.1 헤르더의 역사주의적 관점

헤르더는 셰익스피어 본래의 이미지를 복원하기 위해 역사주의적 관점을 취한다. 그의 역사주의적 관점이란 모든 현상은 시간의 흐름 속에서, 그리고 상황에 따라 끊임없이 변한다는 시각을 말한다.

> 세상의 모든 것이 변하듯이, 본래 그리스 드라마를 창출했던 자연 또한 변했음이 틀림없다. **세계 체제**, **풍속**, **공화국의 상황**, **영웅시대의 전통**, **신앙**이 변했고, **음악**, **표현**, **환상의 정도**조차도 변했다. 그리고 플롯 소재도, 그것을 각색할 기회도, 그 목적에의 계기도 당연히 사그라졌다.

헤르더는 아리스토텔레스의 『시학』을 전거로 삼아 고대 그리스 비극의 기원으로 "즉흥적인 디튀람보스와 흉내 내는 춤과 **합창**"을 거론한다. 하지만 셰익스피어가 활동했던 16, 17세기 영국에서는 그리스 비극을 배태했던 그런 정치적 종교적 사회적 문화적 배경은 더 이상 존재하지 않았다.

> 이곳[영국]은 그리스와 얼마나 동떨어져 있는가! 역사, 전통, 풍속, 종교, 시대정신, 민족정신, 감동의 정신, 언어정신은 - 그리스와 얼마나 동떨어져 있는가! 독자가 두 시대를 많이 알든 거의 알지 못하든 간에, 그는 [두 시대 간에] 아무런 유사성이 없다는 것을 한순간도 혼동하지 않을 것이다.

왜냐하면 "문화의 모든 수단이 동일하다고 해도 문화 자체는 결코 동일하게 형성되지 않[기 때문이다.] 자연의 변화로 인해 과거의 문화에 작용한 모든 영향이 결여되기 때문이다." 셰익스피어에게 있었던 것은 고대 그리스의 합창단이 아니라, 당시 영국에서 공연되었던 "정치극과 인형극"이었다. 그는 이것들을 가지고 나름대로 드라마를 창작했던 것이다. 따라서 근대 영국에서 활동했던 셰익스피어에게 고대 그리스 비극을 창작하라고 요구하는 것은 "양이 사자 새끼를 낳아야 한다고 요구하는 것"보다 더 지독한 처사라 할 수 있다. 이러한 맥락에서 헤르더는 다음과 같이 주장한다.

> 그리스에서는 북구에서 생길 수 없었던 드라마가 생겼다. 그리스에서는 북구에서 있을 수 없는 것이 있었다. 따라서 북구에서는 그리스에 있었던 것이 있지 않으며 있을 수도 없을 것이다. 따라서 소포클레스의 드라마와 셰익스피어의 드라마는 별개의 것으로 어떤 점에서 보면 거의 그 명칭[드라마]을 공유하지 않는다.

2.2 고대 그리스 비극과 셰익스피어 연극의 비교 · 분석

헤르더는 특이하게도 「셰익스피어」의 서론에서가 아니라 말미에 이르러서야 비로소 셰익스피어에 대한 자신의 주관심사를 밝힌다.

> 셰익스피어는 어떻게, 어떤 기법으로, 어떤 창작방법으로 형편없는 로맨스와 노벨레와 우화이야기를 그처럼 생생한 하나의 전체로 지어낼 수 있었을까? 그의 조처와 기교 각각에는 우리의 **역사적 철학적 드라마적 기법**의 어떤 법칙이 있을까?

위 인용문은 "셰익스피어는 어떻게 로맨스와 노벨레를 가지고 드라마를 지었을까?"라고 요약할 수 있다. 하지만 유감스럽게도 「셰익스피어」에서는 이에 대해 구체적으로 논의하지 않는다. 오히려 헤르더에게 중요한 점은, 셰익스피어가 "어떻게" 창작했는지가 아니라, 그가 영국 전통에서 소재를 취했다는 사실 그 자체이다. 이는 자국 문화에 대한 관심과 자부심이 부족했던 당시 독일의 현실을 바라보던 헤르더에게는 의미심장했다.

전통문화 수용 문제는 이후 「중세 영국 시문학과 독일 시문학의 유사성과 이로부터 파생하는 여러 가지 점」에서도 계속 논의된다. 헤르더가 볼 때, 영국에서는 독일에서와는 달리 자국의 고유한 문화유산을 높이 평가하고 이를 잘 활용한다. 대표적으로 퍼시와 맥퍼슨, 램지는 잊혀져 가는 선조들의 노래와 시를 수집하고 펴냈다. 그리고 호메로스가 그리스 신화를 토대로 작품을 창작했던 것처럼, 셰익스피어를 비롯하여 초서와 밀턴, 스펜서 같은 저명한 시인들과 작가들은 조상의 "옛 노래에 열광하는 사람들"로서 자국의 노래와 시를 적극 활용하여 창작했다.

이와 더불어 헤르더가 관심을 두는 사항은, 셰익스피어 연극이 고대 그리스 비극과는 전혀 다른 환경에서 생성되었음에도 불구하고, "가장 상이한 길"로 해서 고대 그리스 비극이 염두에 두었던 효과를 거두었다는 점이다. 다시 말하면 셰익스피어는 나름의 방식으로, 고대 그리스 비극처럼 아리스토텔레스가 『시학』에서 비극의 핵심정서로 언급했던 연민과 공포를 야기했다는 것이다.

그렇다면 헤르더가 언급한 셰익스피어 나름의 "가장 상이한 길"이란 무엇일까? 이 점은 결국 셰익스피어 연극과 고대 그리스 비극의 차이점에 관한 것이다. 헤르더는 비교 대상으로 삼일치 법칙을 언급한다. 삼일치 법칙이란 잘 알려진 대로 하나의 사건이 한 장소에서 하루 안에 마무리되어야 한다는 규칙을 말한다. 헤르더 또한 이와 같은 맥락에서 삼일치 법칙을 거론한다. 그에 따르면 플롯의 일치는 "행위의 일치"이되, 이 행위는 하나이어야 하고, 장소의 일치란 이 하나의 행위가 한 장소에서 일어나는 것을 말하며, 시간의 일치는 결국 플롯과 장소의 일치로부터 귀결된다.

고대 그리스 비극의 경우 삼일치 법칙은 하나의 규칙이라기보다는 오히려 자연스러운 현상이었다. "그리스인들의 규칙의 기교적인 면은 - 기교가 아니었다! 그것은 자연이었다!" 하지만 헤르더가 볼 때, 셰익스피어가 이해한 장소와 시간은 고대 그리스 비극에서의 그것들과는 다르다. 셰익스피어에게 공간과 시간이란 하나의 장소, 하루라는 정량화된 수치로 나타낼 수 있는 것이 아니라, 극작가가 임의로 창조하는 것이다.

> 시인이 묘사하는 사건의 진행 속에, **그의** 세계의 연속성과 동시성의 질서 안에, 거기에 그의 공간과 시간이 있다. 어떻게, 어디에서 그가 그대를 사로잡을까? 그가 그대의 마음을 낚아채가기만 한다면, 거기에 그의 세계가 있다. 그는 얼마나 빠르게, 얼마나 느리게 시간이 이어지게 하는가. 그는 시간이 이어지게 한다. 그는 그대의 마음에 이 이어짐을 각인한다. 이것이 그의 시간의 척도이다. - 그

런데 이 점에서 다시금 셰익스피어는 대가이다!

그리고 셰익스피어는 온갖 이질적이고 다양한 요소들을 통합하여 하나의 전체를 구성하는 능력이 탁월하다. 이 전체 속에는 단순한 하나의 이야기가 전개되지 않고, 독특한 성격을 지닌 다양한 신분의 등장인물들과 수시로 바뀌는 장면과 시간과 더불어 복잡다단한 상황과 반전이 펼쳐진다. 헤르더는 이 전체를 가리켜 "**사건**"이라고 칭하며, 하나의 행위가 지배하는 고대 그리스 비극과 대비시킨다.

헤르더는 셰익스피어를 읽은 후 다음과 같은 소감을 피력한다. "내[헤르더]가 그[셰익스피어]의 작품을 읽으면 무엇을 보는가! 극장, 무대배경, 희극배우, 모방은 사라졌다. 나는 세계, 인간, 열정, 진실을 본다!" 이는 마치 게르스텐베르크가 셰익스피어의 작품에서 "인간! 세계! 모든 것!"을 보았던 것과 일맥상통한다. 헤르더가 말하는 '세계', '인간', '열정', '진실'은 고대 그리스 비극에서처럼 추상적인 신화가 아니라, 구체적인 현실에 토대를 두고 있다. 왜냐하면 헤르더에게 셰익스피어 작품은 창작물이기에 앞서 "역사"이기 때문이다. 그것도 "드라마로 된 역사"이다. 그는 실재했던 역사를 자신의 상상력과 창작력을 통해 드라마로 만들었던 것이다. 그는 "역사를 그린 화가"로서 역사 그 자체를 그대로 기술한 것이 아니라, 관객에게 최고의 연극적 환상을 일깨우기 위해 이 역사를 이상화하여 드라마로 창작했던 것이다. 그렇기 때문에 그는 게르스텐베르크와는 달리 셰익스피어의 작품을 역사극으로 규정한다.

> [셰익스피어의] 그 어떤 작품도 그리스 비극, 희극, 목가극이지 않을 것이며, 그래서도 안 될 것이다. 각 작품은 가장 넓은 의미에서 역사극인데, 물론 역사극은 곧 다소간 비극, 희극 등의 뉘앙스를 띤다. - 그러나 색채는 그렇게 무한히 떠다닌다. 그러다가 결국 각 작품은 **그것인 바 역사극**으로 [···] 남으며, 그리고 그럴

수밖에 없다.

셰익스피어가 고대 그리스 비극과는 달리 신화의 세계가 아니라, 현실을 지향했다는 점은 질풍노도문학 운동가들에게는 큰 의미를 지닌다. 이들은 교훈적인 계몽주의 연극이나 외국의 것을 모방하기에 급급했던 궁정극이나 의고전주의 연극에 물렸던 터라, 실재하는 현실을 총체적으로 파악하여 이를 형상화했던 셰익스피어 작품에 열광했던 것이다. 특히 셰익스피어는 신분제한규정이나 삼일치 법칙 등 전래의 규범을 무시했기에, 당시 독일의 봉건절대주의 체제에 불만을 품고 있었던 이들에게 그는 컴컴한 터널 속을 비춰주는 빛과도 같았다. 이 점에서 볼 때, 독일에서의 셰익스피어 수용은 순수한 문학적인 차원을 넘어 일종의 "시민적 해방의지의 표현"으로도 해석할 수 있다.

헤르더는 고대 그리스 비극과 셰익스피어 연극의 차이점을 분석하면서도 유사성 또한 확인한다. 그가 볼 때 전혀 상이한 환경에서 작품 활동을 한, 고대 그리스의 대표적인 비극작가인 소포클레스와 영국의 셰익스피어는 "하나의 신성을 공유한 친구"이기도 하다. 소포클레스와 셰익스피어는 작품을 통해 각각 고대 그리스인들과 16, 17세기 영국인들에게 감동을 주고 이들을 교화시켰다. 그리고 이들의 연극은 전혀 다른 토양에서 생성되었지만 둘 다 자연에 충실했다. 소포클레스는 삼일치 법칙에 따라 한 장소에서 특정 시간에 일어나는 하나의 행위를 다루었지만, 이는 고대 그리스의 환경과 상황에서는 자연스러웠다. 셰익스피어는 비록 고대 그리스 연극의 규범을 지키지 않았지만, 세계적 사건을 "숙명의 법칙에 의한 것처럼" 나름 궁리한 시간과 장소에 적절하게 펼쳐 보임으로써 관객의 마음을 강력하게 사로잡았다. 그래서 헤르더는 다음과 같이 말한다. "따라서 바로 이 점에서 셰익스피어는 소포클레스의 형제이다. 셰익스피어는 겉보기에 소포클레스와 닮지 않았지만 내면에서는 전적으로 그와 같다.”

2.3 프랑스 고전주의 연극 비판

독일에서 셰익스피어 수용은 그에 대한 열광과 숭배로 이어져 영국 문학을 모범으로 삼는 계기가 된다. 하지만 이것으로 끝나지 않고 당시 독일 문단을 지배하던 프랑스 고전주의를 신랄하게 비판하는 실마리가 되기도 한다. 이로 보건대 독일에서의 셰익스피어 수용사는 프랑스 고전주의에 대한 “반발의 역사”라고 볼 수 있다.

레싱은『최근 문학 관련 편지』의 17번째 편지에서 셰익스피어는 “본질적인 측면에서” 고대 그리스인들에게 가깝지만, 프랑스 극작가들은 기계적으로 모방하는 차원에서만 그렇다고 주장한다. 그리고『함부르크 연극론』에서는 삼일치 법칙과 관련하여 프랑스 고전주의를 혹평한다. 레싱이 보기에 고대 그리스인들은 이 법칙의 의미를 제대로 이해하고 이것을 지켰던 반면, 프랑스인들은 이 법칙을 철저히 준수한 것처럼 보이지만, 실은 이 법칙의 맥을 제대로 짚지 못한 채 이것과 “타협”했을 따름이다.

괴테 또한「셰익스피어의 기념일에 즈음하여」에서 레싱과 동일한 맥락에서 프랑스 고전주의 연극을 비판한다.

> “왜소한 프랑스인이여, 고대 그리스인들의 무구(武具)를 갖고 어쩌려는 것이냐? 그것은 네게 너무 크고 무겁다!” 그 때문에 또한 모든 프랑스 비극들은 자기 자신에 대한 패러디이기도 합니다. 프랑스 비극들이 얼마나 규칙적으로 전개되는지, 그리하여 마치 구두 짝처럼 얼마나 서로 닮아 보이는지, 그리고 또한 때로는 얼마나 지루한지(일반적으로 특히 제4부에서 그렇지만)에 대해서는, 유감스럽지만 여러분께서도 경험으로 다 알고 계십니다.

헤르더는 역사주의적 관점에서 고대 그리스 연극과 셰익스피어 연극을 비교했듯이, 이 관점에서 프랑스 고전주의를 논한다. 헤르더가 볼 때, 셰익스피어는 "자기 역사에 따라, 시대정신과 풍속과 견해와 언어와 민족적 편견과 전통과 취미에 따라" 창작했던 반면, 프랑스인들은 고대 그리스 비극의 규칙을 빌려 썼다. 그럼에도 불구하고 이들의 작품에서는 그리스 연극의 "영혼"이 아니라, 이것의 "인형, 모상, 원숭이"만이 보인다. 프랑스 연극에서는 타의 추종을 불허하는 "**헤아림**과 **점잖음**과 **화려함**"이 그득하지만, 비극이 본래 환기하고자 했던 "**환상**"을 야기하지 못했다. 비록 프랑스 연극이 수많은 기교를 사용하여 멋지고 교훈적이며 탁월하게 보이지만, 거기에는 정작 고대 그리스 비극이나 셰익스피어 연극에서 느껴지는 '자연'이 없기에, 헤르더는 프랑스 연극을 가리켜 "역겹다!"고 외친다. 따라서 헤르더에게 있어 프랑스 연극은, 자국의 토양에서 자국의 소재로 창작한 셰익스피어의 작품과 같은 것도 아니고, 그렇다고 고대 그리스 비극도 아니다.

> 그러나 이 모든 점에도 불구하고 "그것[프랑스 연극]은 그리스 비극이 아니다! 목적, 영향, 특성, 본질 면에서 그리스 드라마가 아니다!"라는 압박하는 저항할 수 없는 감정이 있다. […] 하지만 이 모든 점을 인정하더라도 [프랑스] 드라마는 [그리스 드라마와] 같은 것이 아니다. 왜 그럴까? 그 이유는 본질적인 면에서 전자의 그 어떠한 것도 후자의 그것과 동일하지 않기 때문이다. 행위, 풍속, 언어, 목적, 그 어떤 것도 동일하지 않다. - 그렇다면 아주 정확하게 유지된 온갖 외적인 동일함[삼일치 법칙]이 무슨 도움이 되겠는가?

하지만 일각에서는 레싱과 헤르더 등의 독일 지식인들이 프랑스 연극을 비평한 것을 두고 문제를 제기하기도 한다. 한편에서는 레싱을 비롯한 독일 지식인들이 프랑스 연극에 대해 혹평을 가한 것은, 프랑스 연극 자체에 문제가 있다기보다는, 당시 독일 극단에 범람하던 프랑스 연극에 대한 불가피한 반발에서 생긴 "독일의 선입견"때문이라고 주장한다. 또 다른 한편에서는 프랑스 연극에 대한 헤르더의 논평은 부당하며, 당시 지배적인 프랑스 연극에 대해 논쟁하는 가운데 이에 대한 "왜곡된 상"이 형성되었고, 이와 더불어 셰익스피어에 대해서는 그를 "부각하는 상"이 생겼다는 의견을 개진한다. 이런 점에서 볼 때, 18세기 독일 지식인들 사이에서 있었던 프랑스 고전주의 연극에 대한 비판은 좀 더 신중하게 해석할 필요가 있다.

2.4 괴테에 대한 찬사: '독일적인 것' 추구

『독일의 기질과 예술에 대해』에 실린 여러 글을 보면 흥미로운 점이 엿보인다. 책 제목에서 이미 '독일'을 강조하듯이, 여기에 실린 괴테의 「독일의 건축술에 대해」와 뫼저의 「독일 역사」 또한 제목에서부터 '독일적인 것'을 표방하고 있다. 그런데 정작 헤르더가 기고한 두 글인 「오시안과 옛 민족들의 노래에 관해 주고받은 편지 발췌」와 「셰익스피어」에서는 제목만 봐서는 전혀 '독일적인 것'을 느낄 수 없다.

하지만 이 글들의 내용을 보면 그렇지 않다. 헤르더가 「오시안과 옛 민족들의 노래에 관해 주고받은 편지 발췌」에서 오시안의 시와 옛 민족들의 노래에 대해 언급하는 이유는 단순히 이국풍에 대한 호기심 때문이 아니라, 독일인들로 전래 민요에 관심을 갖고 이를 수집하도록 촉구하기 위함이었다. 그리고 이후에 헤르더가 민요집을 발간하게 된 계기도 다름이 아니라 "민족에 대한 사랑에서"였다.

「셰익스피어」에서도 이와 마찬가지이다. 헤르더는 이 글의 서두에서 다음과 같이 집필의도를 밝힌다.

> 오히려 내가 하고 싶은 것은 [⋯] 그[셰익스피어]를 설명하고, 있는 그대로 그를

> 느끼며, 그를 이용하고 - 가능하다면! - 우리 독일인들을 위해 그의 본래의 모습을 되찾을 생각을 갖는 것이다. 이에 이 글이 조금이나마 보탬이 되었으면 한다!

이 글에서 헤르더는 셰익스피어 연극을 고대 그리스 비극과 프랑스 고전 비극과 비교하며 셰익스피어의 탁월성을 주장하지만, 결국 그 이유는 "우리 독일인들을 위해"서이다. 독일인들도 셰익스피어를 본받아 전래 문화에 관심을 갖고 이를 토대로 작품을 창작하라고 자극하기 위함이다. 바로 이런 맥락에서 헤르더는 이 글의 말미에서 괴테를 격찬한다.

> 그대, 내 친구[괴테]여, 셰익스피어 작품을 읽으면서 자신을 인식하고 느끼며, 그의 성스러운 초상 앞에서 한 번 이상 내 포옹을 받았던 자네가 **우리 기사시대에서 소재를 취해** 아주 퇴화한 우리 조국에서 우리 언어로 셰익스피어의 기념비『괴츠 폰 베를리힝엔』를 만들겠다는 달콤하면서도 자네에게 합당한 꿈을 가질 수 있는 시대에 나는 여전히 살고 있네. 나는 자네의 꿈이 부럽네. 그리고 화관이 저 위에 걸릴 때까지 자네의 고귀한 독일적 활동을 중단하지 말게.

괴테는 라이프치히 시절 도드의『셰익스피어 드라마의 아름다움』을 통해 셰익스피어를 알게 된 이후 말년에 이르기까지 이 인물에 몰두하고 연구하며 그의 영향을 받아 창작하기도 했다. 그런데 헤르더가 괴테에게서 주목한 것은 무엇보다도 자기 "친구"가 "우리 기사시대에서 소재를" 가져와 "우리 조국에서 우리 언어로" 작품을 쓰려했다는 점이다. 다시 말하면 괴테가 헤르더의 본래 의도에 따라 셰익스피어처럼 자국의 문화유산(중세 독일의 기사 괴츠 폰 베를리힝엔)에 관심을 갖고 '독일적인 것'을 형상화하려고 했던 점이다. 따라서 헤르더는 괴테의 창작활동을 가리켜 "고귀한 독일적 활동"이라고 칭하고 계속 정진할 것을 당부하며「셰익스피어」를 끝맺는다.

헤르더는 켈트족의 전설적인 시인 오시안에 열광하며 "독일의 오시안"을 갈망했었는데, "셰익스피어의 기념비"를 세우고 있는 괴테를 보고서는 어쩌면 '독일의 셰익스피어'를 예감했는지도 모른다.

3. 나오는 말

헤르더의 논문 「셰익스피어」는 단독으로 출판되지 않았다. 이 논문은 세 차례에 걸쳐 수정된 후 결국 『독일의 기질과 예술에 대해』에 실린다. 그리고 이 책에는 또한 그의 글 「오시안과 옛 민족들의 노래에 관해 주고받은 편지 발췌」도 실려 있다. 우선 이 두 글을 보면 셰익스피어와 오시안, 그리고 "옛 민족들의 노래"인 민요가 논의되고 있음을 알 수 있다. 그렇다면 헤르더는 이 두 글 간에 어떤 연관성이 있기에 한 책에 같이 실었을까?

「오시안과 옛 민족들의 노래에 관해 주고받은 편지 발췌」에서는 셰익스피어 작품에 대해 자주는 아니지만 몇 차례 언급된다. 그리고 『옛 민요집』에서는 제1부 제2권의 제목을 "셰익스피어 작품에 들어 있는 노래들"이라 칭할 정도로 그의 작품에 많은 관심을 표명한다. 이는 헤르더가 셰익스피어를 오시안과 민요와 동일한 맥락에서 고찰하고 있음을 방증한다. 다시 말하면 헤르더의 「셰익스피어」를 이해하려면, 이 글만 따로 떼어놓고 보기보다는, 그의 오시안과 민요에 대한 견해와 관련지어 바라봐야 함을 말해준다. 헤르더는 오시안의 시와 민요에서 진솔함, 거침없음, 생동감, 자유로움 등 "자연의 정신"을 체감하는 데, 바로 이 정신을 "자연의 [충]복"인 셰익스피어에게서 느꼈던 것이다. 그리고 헤르더가 셰익스피어뿐만 아니라 오시안과 민요수집에 몰두한 것은 영국, 프랑스 등 주변국가에 비해 뒤떨어졌던 독일 민족문학의 발전을 도모하기 위해서였다.

그런데 헤르더의 셰익스피어 관에는 아쉬운 점이 있다. 첫째, 헤르더는「셰익스피어」의 핵심주제로 셰익스피어의 창작방법을 거론했음에도 불구하고, 정작 이에 대해서는 구체적으로 논의하지 않은 채 이 극작가가 영국의 전통문화를 수용했다는 점을 강조하는 데 그친다.

둘째, 헤르더가 공연용인 셰익스피어 연극을 무대에서 체험한 것이 아니라 독서를 통해 접했다는 점이다. "내가 그의 작품을 **읽으면** 무엇을 보는가! 극장, 무대배경, 희극배우, 모방은 사라졌다."(강조는 필자) 만약 헤르더가 직접 셰익스피어 작품 공연을 보았더라면 간접적인 독서를 통한 것과는 차원이 다른 비평이 나왔을지도 모른다.

1744년

8월 25일 동프로이센의 모룽엔(Mohrungen, 현 폴란드의 Morąg)에서 교회 종지기이자 학교 교사인 아버지 고트프리트 헤르더(Gottfried Herder, 1706-1763)와 어머니 안나 엘리자베트(Anna Elisabeth, 1717-1772) 사이에서 태어남. 이후 모룽엔 라틴어 학교 다님.

1761년

부목사 트레쇼(Sebastian Friedrich Trescho)의 집에서 기거하며 그의 원고를 정서하는 일을 맡음. 트레쇼의 집에 소장되어 있던 고전 작가와 당대 작가의 책을 광범위하게 탐독함. 모룽엔에 주둔해 있던 러시아 군의관 슈바르츠-에를라(Schwartz-Erla)가 헤르더에게 쾨니히스베르크 대학에서 의학을 공부하도록 주선함.

1762년

쾨니히스베르크 대학에서 의학 공부를 시작하나 시체해부 시간에 실신하여 의학공부를 포기하고 신학부에 등록함. 프리드리히 학원(Collegium Fridericianum)에서 보조교사로 근무함.
칸트의 강의(논리학, 형이상학, 도덕철학, 수학, 천문학, 물리 지리학)를 들음.

1764년

하만(J. G. Hamann)을 사귐. 그와 함께 영국 작가, 특히 셰익스피어 작품을 읽음. 「존재에 관한 시론 *Versuch über das Sein*」, 「송가론 *Von der Ode*」(1764-65) 집필함. 하만의 주선으로 리가의 성당학교 보조교사로 부임함. 훈화문 「몇몇 학술어를 습득함에 있어 근면함에 대해 *Vom Fleiß in mehreren gelehrten Sprachen*」 출판됨.

1765년

목사후보생이 되어 이때부터 많은 설교를 하게 됨. 「카발라 산문으로 된 광시에 관한 디튀람보스적 광시 *Dithyrambische Rhapsodie über die Rhapsodie kabbalistischer Prose*」 집필함. 「철학이 어떻게 하면 민중을 위해 보다 보편적이고 보다 유익

해질 수 있는가 *Wie die Philosophie zum Besten des Volks allgemeiner und nützlicher werden kann*」 집필함. 「우리에게는 지금도 고대인들에게 있었던 청중과 조국이 있는가? *Haben wir noch jetzt das Publikum und Vaterland der Alten?*」 출판됨.

1766년

「서정시의 역사에 관한 시론 *Versuch einer Geschichte der lyrischen Dichtkunst*」 집필함. 「육체의 아름다움은 영혼의 아름다움의 전령인가 *Ist die Schönheit des Körpers ein Bote von der Schönheit der Seele*」 집필함. 「취향의 변화에 대해 *Von der Veränderung des Geschmacks*」 집필함. 『최근 독일문학에 관해 *Über die neuere deutsche Literatur*』(3집, 1766-67) 리가에서 익명으로 출판함.

1767년

리가 근교 두 교회의 부목사로 임명됨. 『최근 독일문학에 관해』 제1집을 개정함. 니콜라이(F. Nicolai)가 발행하는 잡지 『독일 일반 서평집 *Allgemeine deutsche Bibliothek*』에 서평을 기고하기 시작함(1773년까지).

1768년

『최근 독일문학에 관해』 제1집 개정판을 인쇄하나 배포는 하지 않음. 제2집과 제3집의 개정작업을 중지함. 「토마스 압트의 글에 관해. 그의 묘에 세워진 기념비의 토르소 *Über Th. Abbts Schriften. Der Torso von einem Denkmal, an seinem Grabe errichtet*」 익명으로 출판함.

1769년

『비평의 숲 *Kritische Wälder*』 리가에서 익명으로 출판함. 리가에서 고별설교(5월 28일), 바다여행(6월 5일-7월 15일), 낭트에 체류하며 『1769년 여행일지 *Journal meiner Reise im Jahr 1769*』 집필하나 사후(1846년)에 출판됨. 파리에 체류하며 많은 프랑스 학자를 만남.

1770년

브뤼셀과 안트베르펜을 거쳐 암스테르담 여행. 함부르크에 체류하며 레싱, 클라우디우스(Matthias Claudius), 바제도(Johann Bernhard Basedow), 출판인 보데(Johann Joachim Christoph Bode)를 만남. 뤼베크 세속 후작 주교 자제의 가정교사가 되어 함께 교양

여행(함부르크, 하노버, 괴팅엔, 카셀, 다름슈타트)을 떠남. 다름슈타트에서 장차 아내가 될 카롤리네 플라크스란트(Caroline Flachsland, 1750-1809)와 메르크(Johann Heinrich Merck)를 만남. 가정교사직을 그만둠. 눈병치료차 슈트라스부르크에 체류하며 괴테를 만남. 뷔케부르크 종교국 회원직(Konsistorialrat)을 수락함. 『언어기원에 관한 논문 *Abhandlung über den Ursprung der Sprache*』으로 베를린 학술원의 현상공모에 응모함.

1771년

다름슈타트를 거쳐 뷔케부르크로 감. 이곳에서 토마스 압트의 후임으로 백작령 샤움부르크-리페의 종교국 회원과 수석목사가 됨. 『언어기원에 관한 논문』이 베를린 학술원의 현상공모에서 수상작으로 선정됨.

1772년

괴팅엔에 살고 있는 하이네(Chr. G. Heyne)를 방문함. 『언어기원에 관한 논문』 출판됨.

1773년

『독일의 기질과 예술에 대해 *Von deutscher Art und Kunst*』(헤르더의 두 글 「오시안과 옛 민족들의 노래에 관해 주고받은 편지 발췌 *Auszug aus einem Briefwechsel über Ossian und die Lieder alter Völker*」와 「셰익스피어 *Shakespear*」가 실림) 출판됨. 카롤리네 플라크스란트와 결혼.

1774년

『인류의 태곳적 문서 *Älteste Urkunde des Menschengeschlechts*』(2권, 1774-76) 출판됨. 『인류의 교육을 위한 또 하나의 역사철학 *Auch eine Philosophie der Geschichte zur Bildung der Menschheit*』 익명으로 출판함. 『설교자에게 쓰는 15편의 교구편지 *An Prediger. Fünfzehn Provinzialblätter*』, 「고대인은 죽음을 어떻게 형상화 했나 *Wie die Alten den Tod gebildet*」 출판됨. 첫째 아들 고트프리트(1774-1806) 태어남.

1775년

뷔케부르크의 교구감독(Superintendent)이 됨. 베를린 학술원의 현상공모에 응모한 논문 「취향이 만개했을 때 여러 민족에게서 나타나는 취향의 타락 원인

Ursachen des gesunkenen Geschmacks bei den verschiedenen Volkern, da er geblühet」이 수상작으로 선정됨.

1776년

괴테의 주선으로 작센-바이마르-아이제나흐 공국의 교구총감독(Generalsuperintendent)에 임명됨. 둘째 아들 아우구스트(1776-1838) 태어남. 바이마르에 도착함. 빌란트가 발행하는 잡지 『독일의 메르쿠어 *Deutscher Merkur*』에 기고하기 시작함.

1777년

『시문학이 고대와 현대 민족의 윤리에 끼치는 영향에 관해 *Über die Wirkung der Dichtkunst auf die Sitten der Völker in alten und neuen Zeiten*』 집필하여 바이에른 학술원의 현상공모에 응모함. 부아(Heinrich Christian Boie)가 발행하는 잡지 『독일 박물관 *Deutsches Museum*』에 「중세 영국 시문학과 독일 시문학의 유사성에 대해 *Von Ähnlichkeit der mittlern englischen und deutschen Dichtkunst*」 기고함.

1778년

셋째 아들 빌헬름(1778-1842) 태어남. 『시문학이 고대와 현대 민족의 윤리에 끼치는 영향에 관해』가 바이에른 학술원의 현상공모 수상작으로 선정됨. 「빙켈만 기념 *Denkmal Johann Winkelmanns*」으로 카셀 왕립고대학회의 현상공모에 응모하나 수상되지 않음. 『조각 *Plastik*』, 『인간 영혼의 인식과 느낌에 대해 *Vom Erkennen und Empfinden der menschlichen Seele*』, 『민요집 *Volkslieder*』(2부, 1778-79), 『사랑의 노래 *Lieder der Liebe*』 출판됨.

1779년

넷째 아들 아델베르트(1779-1857) 태어남. 부아가 발행하는 잡지 『독일 박물관』에 「이전의 몇몇 독일 작가에 대한 회상 *Andenken an einige ältere deutsche Dichter*」 연재함.

1780년

『통치가 학문에 끼치는 영향과 학문이 통치에 끼치는 영향에 대해 *Vom Einfluß der Regierung auf die Wissenschaften und der Wissenschaften auf die Regierung*』가 베를린 학술원의 현상공모 수상작으로 선정되고 연말에 출판됨. 『신학 연구에 관한 편지 *Briefe, das Studium der Theologie betreffend*』(4부, 1780-81) 출판됨.

1781년

레싱의 죽음(2월 15일). 딸 루이제(1781-1860) 태어남. 『시문학이 고대와 현대 민족의 윤리에 끼치는 영향에 관해』와 「인문학이 고등학문에 끼치는 영향 *Über den Einfluß der schönen in die höhern Wissenschaften*」 출판됨. 『독일의 메르쿠어』 지(誌)에 기고한 글 「레싱의 죽음 *Lessings Tod*」, 「빙켈만, 레싱, 줄처 *Winkelmann, Leßing, Sulzer*」, 「사랑과 사욕 *Liebe und Selbstheit*」 출판됨.

1782년

『독일의 메르쿠어』지(誌)에 기고한 글 「윤회에 관한 세 번의 대화 *Über die Seelenwanderung. Drei Gespräche*」 출판됨. 『독일의 메르쿠어』지(誌)에 기고한 글 「명부와 극락 *Hades und Elysium*」 출판됨. 『히브리인의 시의 정신에 대해 *Vom Geist der Ebräischen Poesie*』(2부, 1782-83) 출판됨.

1783년

글라임(J. W. L. Gleim)이 살고 있는 할버슈타트와, 클롭슈토크와 클라우디우스가 있는 함부르크 여행함. 다섯 째 아들 에밀(1783-1855) 태어남. 괴테와 정신적으로 교류하면서 『인류 역사에 관한 철학에 대한 생각 *Ideen zur Philosophie der Geschichte der Menschheit*』(이하, 『생각』) 집필에 심혈을 기울임.

1784년

『생각』(4부, 1784-91) 출판됨. 스피노자를 집중적으로 연구함.

1785년

『흩어진 잎 *Zerstreute Blätter*』 (6집, 1785-97) 출판됨.

1786년

괴테, 이탈리아 여행(1786년 9월-1788년 6월)을 떠남.

1787년

스피노자에 관한 저서인 『신에 대해 몇 차례 나눈 대화 *Gott. Einige Gespräche*』 출판됨. 실러와의 첫 만남이 이루어짐. 여섯 째 아들 알프레트(1787-88) 태어남.

1788년

예나 대학 신학부 교수직에 지원하나 실패함. 아들 알프레트의 죽음. 괴테, 이탈리아 여행에서 돌아옴. 하만의 죽음(6월 21일). 11개월간의 이탈리아 여행(1788년 8월-1789년 7월)을 떠남.
로마에 도착함(9월 19일).

1789년

이탈리아 여행을 마치고 바이마르에 도착함. 프랑스 혁명이 발발하자 이를 환영함. 고등종교국(Oberkonsistorium) 부의장에 임명됨, 괴팅엔 대학 교수로 초빙되나, 괴테가 카를 아우구스트(Karl August) 공을 설득하여 재정적인 후원을 약속하며 헤르더를 붙잡음.

1790년

일곱째 아들 로날도 고트프리트(1790-1841) 태어남.

1792년

아헨에 머물며 요양함.

1793년

『인간성 촉진을 위한 편지 *Briefe zu Beförderung der Humanität*』(10집, 1793-97) 출판됨.

1794년

『기독교에 관한 글 *Christliche Schriften*』(5집, 1794-98) 출판됨.

1795년

『테르프시코레 *Terpsichore*』(3부, 1795-96) 출판됨.

1796년

바이마르에 온 장 파울(Jean Paul)과 교분 시작됨.

1799년

『순수이성비판에 대한 메타비평 *Eine Metakritik zur Kritik der reinen Vernunft*』 출판됨.

1800년

『칼리고네 *Kalligone*』 출판됨.

1801년

『아드라스테아 *Adrastea*』(6권, 1801-03) 출판됨.

1802년

바이에른 선제후로부터 귀족 작위를 받음.

1803년

12월 18일 바이마르에서 사망함.

인명

단행본, 시, 잡지, 개념 등